WÜSTENROT STIFTUNG

Wüstenrot Stiftung (Hrsg.)

GEBAUTE ORTE FÜR DEMOKRATIE UND TEILHABE

EIN BUNDESWEITER WETTBEWERB DER WÜSTENROT STIFTUNG

Beiträge zum Wettbewerbsthema

BEITRÄGE

DOKUMENTATION

ANHANG

BLAUE
BUDE
KLEINE ZECHE

VORWORT

Gebaute Orte für Demokratie und Teilhabe – das sind Grundpfeiler unserer Demokratie mit einer ganz besonderen Bedeutung für unsere Gesellschaft. Mit Hilfe eines Wettbewerbs sollten solche Orte entdeckt und gewürdigt werden. Etabliert oder neu, groß oder klein, in alten Gemäuern oder neu gebaut – gesucht wurden bundesweit Gebäude, Plätze und Orte, die die Haltung und Werte einer demokratischen Gesellschaft zum Ausdruck bringen und Räume für demokratische Diskurse verfügbar machen. Dabei ließ die Ausschreibung des Wettbewerbs bewusst Interpretationsspielraum zu und legte nicht im Voraus fest, wodurch sich solche Orte konkret auszeichnen.

Nach Abschluss des Wettbewerbs kann festgestellt werden: Diese Orte verkörpern demokratische Werte und Ideale, fördern Teilhabe in der gesamten Breite der Gesellschaft, stärken das demokratische Miteinander, sie sind Orte für Empowerment und des Willkommens, ermöglichen Vernetzung, Dialog und Begegnung, dienen – nicht nur für Schutzbedürftige – als sicherer Hafen, machen Geschichte erfahrbar und fördern Vertrauen und Zugehörigkeitsgefühl. Diese Einschätzung entspricht sowohl der eigenen Darstellung der Orte für Demokratie und Teilhabe als auch der Erkenntnis all derer, die an diesem Wettbewerb beteiligt waren. Nach intensiver Begutachtung und Erörterung, nach Vor-Ort-Besuchen und zahlreichen Gesprächen mit den engagierten Akteur:innen kann bestätigt werden, dass all diese Werte und Ziele mit großer Überzeugung gelebt, praktiziert und in die Gesellschaft hinein getragen werden.

Aus insgesamt 455 Einsendungen ist ein umfassender Überblick entstanden. Die Organisation des Wettbewerbs und die Vorprüfung hatte das Büro Urbanizers aus Berlin übernommen. In der Bewertung wurde die Wüstenrot Stiftung von einem Expertengremium unterstützt, das mithalf, die Projekte für eine Vor-Ort-Besichtigung auszuwählen. Die Prämierungen vergab ein fachübergreifend besetztes, unabhängiges Preisgericht unter dem Vorsitz von Prof. Dr. Dr. Udo Di Fabio. Die Wüstenrot Stiftung dankt allen im Preisgericht, im Expertengremium und in der Vorprüfung Mitwirkenden sehr herzlich für ihre engagierte und kompetente Arbeit. Nicht minder herzlicher Dank gilt allen am Wettbewerb Teilnehmenden für ihre Einsendung und die Bereitschaft, ihre Erfahrungen, Erfolge und Konzepte offenzulegen. Die Vielfalt der Initiativen und der große Reichtum, den sie als Ort für Demokratie und Teilhabe in sich bergen, sind ausgesprochen beeindruckend. Sie belegen eindrucksvoll, dass es in erster Linie die Menschen sind, die mit ihrem Engagement und ihrer Bereitschaft zur Übernahme von Verantwortung einen wesentlichen und nicht ersetzbaren Anteil an der Gestaltung einer demokratischen und offenen Gesellschaft haben.

Die prämierten Einsendungen sowie die Projekte der engeren Wahl werden in dieser Publikation, in einer Wanderausstellung mit Begleitbroschüre und einer digitalen Ausstellung unter https://www.orte-demokratie.de/dokumentation vorgestellt. Diese Publikation enthält zusätzlich Beiträge, die sich mit der komplexen Thematik auseinandersetzen und die Erkenntnisse erweitern, die aus dem Wettbewerb gewonnen werden konnten. Allen Autorinnen und Autoren sei an dieser Stelle herzlich für ihre Mitwirkung gedankt. Die Wüstenrot Stiftung möchte mit diesen Veröffentlichungen einen Beitrag dazu leisten, die „Gebauten Orte für Demokratie und Teilhabe" weiter zu verbreiten. Denn: die Vielfalt der mit dem Wettbewerb gefundenen Projekte und vor allen Dingen das beeindruckende und Mut machende Engagement so vieler Menschen sind ein Glücksfall für die Ziele der Stiftung, vor allem aber sind sie eine Chance für die Zukunft unserer Gesellschaft.

Stefan Krämer und Anja Reichert-Schick

Entdecken, erschließen, sichtbar machen: Der Bückeberg als Lernort der Demokratie ist eine Antwort auf neue Herausforderungen.

DEMOKRATIE UND TEILHABE – HERAUSFORDERUNG UND VERANTWORTUNG

Stefan Krämer

In Deutschland leben wir heute in einer offenen, demokratischen Gesellschaft. Demokratische Werte wie Freiheit, Selbstbestimmung, Solidarität und Toleranz erscheinen uns als die selbstverständlichen Grundlagen unseres Zusammenlebens. Dazu gehört der Anspruch, allen Menschen unabhängig von ihrer Herkunft, ihrem Geschlecht oder anderen Merkmalen eine faire Teilhabe an Bildung, Gesundheit, Lebensqualität und individuellen Zukunftschancen zu ermöglichen. Für die Umsetzung dieses Idealbildes in die Realität wurde ein vielschichtiges, juristisches, normatives und politisches System geschaffen, das allen Menschen, die hier leben, gleiche Rechte und gleiche Teilhabe-Chancen sichern soll. Formale und damit anerkannte Unterschiede gibt es darin nach der Staatsangehörigkeit und nach der Zeit der Zugehörigkeit zu dieser Gesellschaft.

Für die Mehrheit der Bevölkerung stimmt das Ziel einer juristisch-normativ-politischen Gleichheit weitgehend mit ihrer persönlichen Erfahrungswelt überein, manchmal mit einigen wenigen, überwiegend jedoch eher kleineren Abweichungen. Darüber hinaus gibt es aber in der praktischen Umsetzung nicht nur für einzelne Menschen, sondern ebenso für bestimmte Bevölkerungsgruppen in wichtigen Bereichen auch erhebliche Defizite. Nicht bei allen Angeboten und Gütern ist eine Teilhabe gleichermaßen oder uneingeschränkt möglich; nicht in allen Belangen funktioniert die repräsentative Demokratie ohne Probleme oder überzeugt als die bestmögliche Form demokratischer Beteiligung; nicht alle Menschen finden für ihre Anliegen angemessen und ausreichend Gehör; nicht für alle Lebenssituationen und die damit verbundenen Bedürfnisse ist unsere Gesellschaft gleichermaßen aufmerksam und sensibel.

Das Bewusstsein für solche Defizite scheint aufgrund verschiedener Ereignisse zuletzt gewachsen zu sein, ohne dass jedoch ein parteiübergreifender Konsens für eine Neuausrichtung der Politik erkennbar wäre.

NEUE HERAUSFORDERUNGEN

Lange Zeit konnten wir mit dem bestehenden System und seiner Umsetzung insgesamt zufrieden sein. Die genannten Unzulänglichkeiten bestanden oder entstanden in der Regel nicht gezielt und es gab stets ein gemeinsames Bemühen, sie zu beseitigen. Aufrütteln muss uns nun jedoch, dass in den vergangenen Jahren die Kluft zwischen normativer Gleichheit und empirischer Unterschiedlichkeit eher gewachsen als kleiner geworden zu sein scheint. Dafür gibt es viele Ursachen, die von exogenen, globalen Entwicklungen und Krisen bis zu endogenen Entwicklungen und sozialen Veränderungen reichen. Eine dieser Ursachen ist, dass die Lebenslagen der Menschen, ihre Lebensformen und ihre Lebenschancen sowohl komplexer als auch fragiler geworden sind als zu den Zeiten – Mitte des 20. Jahrhunderts –, in denen versucht wurde, ein möglichst faires und ausgewogenes demokratisches System in Deutschland zu etablieren. Dieses lehnte sich an die damaligen Lebenslagen und Bedürfnisse der Menschen an und wurde seither in großer Übereinstimmung von Institutionen, Parteien, Vereinen und Persönlichkeiten mit dem Ziel begleitet, eventuelle Defizite – Unterschiede zwischen normativem System und empirischer Ausprägung – schnell und bestmöglich aufzulösen.

Heute stellen wir fest, dass die Veränderungen auf vielen Ebenen – Individualisierung, Globalisierung, demografischer Wandel, um nur wenige Stichworte zu nennen – dazu geführt haben, dass sich diese Defizite schwerer schließen lassen und teilweise sogar größer zu werden scheinen. Die im System angelegten, inneren regulativen Kräfte wie beispielsweise ein sich ausdifferenzierendes Parteienspektrum oder die Erweiterung von institutionalisierten Repräsentationsformen reichen nicht mehr aus, um auf die Folgen der Auflösung traditioneller Orientierungen, erfahrbarer Zugehörigkeiten und sozialer Sicherheiten reagieren zu können. Vor allem die auf der politischen Ebene angesiedelten Selbstheilungskräfte des Systems können das Auseinanderdriften nicht verhindern, das zwischen pluralisierten Lebensformen und Interessenslagen einerseits und einem hochkomplexen, differenzierten, aber aufgrund vielfältiger Interdependenzen wenig flexiblen Beteiligungs- und Teilhabekonzept andererseits zu beobachten ist.

Deutlich erkennbar wird das auch an der Ambivalenz im Umgang mit individueller Identität und kollektiver Zugehörigkeit zu verschiedenen Bevölkerungsgruppen. Herkunft, Geschlecht, Alter oder Bildung sollten keine Unterschiede bei Politik und Gesetz verursachen dürfen, werden aber dennoch implizit als weiterhin wirksam für die Zuordnung von Menschen und Lebenslagen im politischen, repräsentativen System betrachtet. Mit der Auflösung der Bindungskraft tradierter Zuweisungen und die soziale Identität prägenden Faktoren ist an deren Stelle für die kulturell, sozial und ökonomisch erfolgreichen Bevölkerungsgruppen eine individuell wählbare Zugehörigkeit getreten und für weniger erfolgreiche oder kleinere Gruppen eine gruppenbezogene Fremdzuweisung. Beide Prozesse erschweren es, die mit Ressourcen, Kompetenzen und Sichtbarkeit verbundenen Unterschiede zwischen normativer Gleichheit und empirischer Ungleichheit innerhalb des bestehenden Systems zu überwinden.

NEUE GEFAHREN

Eine lebendige Demokratie und eine offene Gesellschaft benötigen für ihre Weiterentwicklung einen stetigen Austausch zwischen allen relevanten Akteur:innen, Gruppen und Institutionen. Formale, juristische und politische Gleichheit kann ohne faktisch gleiche Teilhabechancen diesen so wichtigen Prozess nicht offen halten. Im internationalen Vergleich können wir zwar immer noch feststellen, dass die Demokratie und das Zusammenleben in Deutschland insgesamt gut funktionieren. Unsere Rechte sind umfassend, sie sind weitestgehend gleich und sie können eingefordert werden. In dieser Hinsicht zählen wir uns zu der Gruppe der westlichen Demokratien, deren handlungsleitende Maxime bisher die Verwirklichung einer offenen, demokratischen und gerechten Gesellschaft ist.

Aktuell erkennen wir jedoch, dass auch in demokratisch verfassten Staaten gesellschaftspolitische und wirtschaftsstrukturelle Herausforderungen erkennbar werden, die demokratische Grundlagen und Werte gefährden und deren Selbstverständlichkeit in Frage stellen. Immer öfter wird ganz offen versucht, Menschen mit Lügen, Verschwörungsmythen und polarisierenden Stimmungsbildern zu beeinflussen und zu manipulieren. Selbst anerkannte und scheinbar fest etablierte Demokratien mit klarer, funktionierender Gewaltenteilung werden dadurch in ihren Grundfesten erschüttert und als Gesellschaft tief gespalten. Der Blick in die USA im Jahr 2020 hat gezeigt, welche fundamentalen Auseinandersetzungen und Konflikte über die scheinbar unbestreitbaren Grundlagen einer modernen Demokratie möglich sind. Das Prinzip „One man – one vote" wird dort teils offen, teils mit technokratischen Argumenten getarnt ebenso in Frage gestellt wie die moralische Selbstverständlichkeit gleichwertiger Rechte und Chancen unabhängig von Hautfarbe oder Herkunft. Vorhandene Defizite in diesen Bereichen sollen nicht mehr einvernehmlich und gemeinsam abgebaut werden, sondern werden zur Konfliktlinie zwischen verschiedenen Bevölkerungsgruppen, staatlichen Institutionen und politischen Parteien.

Europa ist von solchen Entwicklungen ebenfalls nicht verschont. Auch hier scheint ein chauvinistisch konnotierter Nationalismus im Aufschwung begriffen und zunehmend salonfähig zu sein. Dies zeigt sich keineswegs nur an den ernsthaften Differenzen zwischen der Europäischen Union und einzelnen Mitgliedsstaaten wie Polen oder Ungarn, die offen darauf hinwirken, die gemeinsame Solidarität in verschiedenen Bereichen aufzulösen. In Frankreich konnte Marine Le Pen mit ihrer rechtsextremen Partei Rassemblement National im April 2022 nach 2017 erneut in die Stichwahl um die Präsidentschaft einziehen und mit knapp 42 Prozent der Stimmen sich selbst wie auch ihre Partei wohl endgültig als wählbar für breite Bevölkerungsgruppen etablieren. Ein mit der Wahl von Marine Le Pen sehr wahrscheinlich zu erwartender Kurswechsel in der französischen Politik bis hin zu einer Neuorientierung Frankreichs im Verhältnis zur Europäischen Union hätte nicht nur erhebliche Folgen für die Idee von Gleichheit und Demokratie in Europa verursacht, sondern auch konkret für Deutschland und die sowohl für Europa als auch für beide Länder so wichtigen, weil engen deutsch-französischen Beziehungen.

Zugleich sind es nicht nur die Ereignisse in Hanau, Halle oder Kassel aus den letzten Jahren, die deutlich machen, dass auch in Deutschland Demokratie und Solidarität angreifbar und verletzlich geworden sind, und zwar in einem Maße, das dauerhaften Schaden befürchten lässt. Institutionelle und strukturelle Probleme, wie sie im sogenannten NSU-Prozess erschreckend klar erkennbar wurden, und der gezielte Aufbau antidemokratischer Strukturen durch rechtsextreme und -populistische Gruppen, wie ihn Christian Bangel in seinem Beitrag beschreibt (vgl. S. 46–53), tragen maßgeblich zur Gefährdung demokratischer Werte und Selbstverständlichkeiten in unserer Gesellschaft bei.

Als angemessene und wirkungsvolle Reaktion auf diese Prozesse und die damit verbundenen Absichten reichen einige wenige, eher kleinere Maßnahmen, um die vermeintlich letzten Unterschiede zwischen einem Idealbild und der Realität zu beseitigen, nicht mehr aus. Vielmehr geht es inzwischen um das Grund- und Selbstverständnis einer ganzen Gesellschaft hinsichtlich der Frage, worauf sie die Zukunftschancen der Menschen und damit auch ihre eigenen Perspektiven bauen möchte.

Gefordert ist hier die Reflexions- und Handlungsfähigkeit moderner Gesellschaften hinsichtlich der Risiken, die sie selbst erzeugen. Der Soziologe Ulrich Beck hat die Grundlagen des Verhältnisses von Gesellschaften zu den Entwicklungen, die eine Gefahr für die Grundannahmen der bisherigen Gesellschaftsordnung darstellen, bereits 1986 in seiner Analyse der Risikogesellschaft untersucht. Ein wichtiger Faktor ist seiner Auffassung nach, welche Institutionen und Personen in einer Gesellschaft ein Risiko definieren und den Umgang damit – Reaktion und Wahrnehmung – bestimmen können. Die Deutungshoheit nicht nur der öffentlichen Wahrnehmung, sondern auch die soziale und wissenschaftliche Rationalität werden in einer modernen Gesellschaft von einer wachsenden Werte- und Interessensvielfalt beeinflusst.

Beck hat diese Analyse lange vor der heutigen Situation mit globalen Verschwörungsmythen, homogenen Informationsblasen, „fake news“ und scheinbar allmächtigen, Daten sammelnden Unternehmen erarbeitet. Aktuell wird in Öffentlichkeit und Politik darüber diskutiert, ob es mehr Regeln und Restriktionen braucht, beispielsweise zur Kontrolle von Inhalten in den sozialen Medien. Solche Regeln sind wichtig und vor allem in Hinblick auf strafbare Handlungen unverzichtbar. Sie helfen jedoch nicht gegen die zunehmende Verbreitung von Unwahrheiten, von kruden Darstellungen, von manipulierenden, durch Algorithmen gesteuerten Kampagnen oder gegen den Aufbau und die Abschottung von in sich geschlossenen parallelen Weltbildern. Wer oder welche Institution sollten das in einer Demokratie auch kontrollieren, wenn ein demokratisch gewählter Präsident wie Donald Trump in den vier Jahren seiner Amtszeit selbst unglaubliche 30.573 unwahre Aussagen[1] treffen konnte, ohne dafür zur Rechenschaft gezogen oder von seinen Wählern abgestraft zu werden. Ein Verbot von Aussagen, die von der Mehrheitsmeinung in einer Gesellschaft abweichen, wäre zugleich nicht nur zutiefst undemokratisch, sondern für die Bewahrung einer lebendigen Demokratie in höchstem Maße kontraproduktiv.

Die Herausforderung entsteht aber nicht nur aus inneren Entwicklungen in den demokratischen Gesellschaften, sondern wird durch den zunehmenden globalen Wettbewerb unterschiedlicher Systeme verstärkt. Das europäische Ideal offener und demokratischer Gesellschaften, das in Europa lange Zeit als die beste aller möglichen Herrschaftsformen betrachtet wurde und von dem angenommen wurde, dass seine weltweite Verbreitung aufgrund seiner universellen Eignung nur eine Frage der Zeit sein konnte, hat ernsthafte internationale Konkurrenz erhalten. Nicht nur auf ökonomischer Ebene, sondern auch in Hinblick auf die Effizienz und die Zukunftsfähigkeit der Ideen und Konzepte, mit denen auf die aktuellen Aufgaben und Entwicklungen reagiert wird.

Im Kontext des globalen Wettbewerbs sagte der damalige Bundestagspräsident Dr. Wolfgang Schäuble dazu: „Im globalen Wettbewerb der Systeme werden wir Europäer unsere Relevanz nur dann sichern, wenn wir beweisen, dass das besondere europäische Modell auch für das 21. Jahrhundert taugt: die Verbindung von Freiheit und sozialer Gerechtigkeit, von Fortschritt und Nachhaltigkeit, von Demokratie, Rechtsstaatlichkeit und universellen Menschenrechten.“ (FAZ Frankfurter Allgemeine Zeitung, 6. Juli 2020)

Am 24. Februar 2022 hat Russland die Ukraine überfallen und einen vor allem für die dort lebenden Menschen schrecklichen Angriffskrieg begonnen. Begründet wird dieser Angriff mit einer Geschichte und Tatsachen verdrehenden Propaganda, deren Ziel die kontrollierte Desinformation der eigenen (russischen) Bevölkerung und die Verunsicherung der Menschen in demokratischen Gesellschaften ist. Der Soziologe Armin Nassehi hat am 25. Februar 2022 in einem Beitrag der Wochenzeitung DIE ZEIT überzeugend dargelegt, dass die tatsächliche Bedrohung, die der russische Präsident fürchtet und die ihn zu diesem völkerrechtlichen Verbrechen bewogen hat, die ergebnisoffene Demokratie moderner Gesellschaften ist (vgl. Nassehi 2022). Weil in modernen Gesellschaften prinzipiell wenig festgelegt ist, so Nassehi, sind diese Gesellschaften innovationsoffen und risikobereit, lösungsorientiert und grundsätzlich ergebnisoffen. Diese Ergebnisoffenheit und die Komplexität der modernen Gesellschaft fordern einerseits die in ihnen lebenden Menschen, die in der Lage sein müssen, eigene Entscheidungen zu treffen, und sind andererseits eine permanente Herausforderung für autoritäre Regime. Deren identitäre Idee einer gesellschaftlich-politischen Einheit zielt nicht auf einen Ausgleich von Individualität und Unterschiedlichkeit, weshalb sie auch die Potenziale der Ergebnisoffenheit und Selbstkorrektur einer demokratischen Gesellschaft nicht nutzen können.

Spätestens mit dem Ende des Systemantagonismus zwischen West und Ost wurden die westlichen Demokratien im Inneren mehr und mehr nicht als bestmögliches politisches System, sondern als eine Art von Dienstleister wahrgenommen, dem der Konsument (die Bevölkerung) das Vertrauen entziehen kann, wenn die Ergebnisse aus individueller Perspektive nicht stimmen. Ohne Alternativen, von denen es sich zu unterscheiden gilt, neigen Demokratien dazu, sich einfach vorauszusetzen und ihre eigenen Grundlagen nach innen zu wenig zu politisieren. Für Nassehi kann der Angriff Putins deshalb auch dazu beitragen, dass die Idee der Demokratie und die Ergebnisoffenheit demokratischer Prozesse einschließlich des Aushaltens von Unbestimmtheit wieder besser als Freiheit und als politisches Programm etabliert werden kann (vgl. Nassehi 2022).

DEMOKRATIE BRAUCHT MEHR ALS WORTE

Scheinbare Selbstverständlichkeit allein bietet keinen ausreichenden Schutz gegen die vielfältigen inneren Angriffe auf eine offene, demokratische Gesellschaft, wie sie in Deutschland zu verzeichnen sind. Stattdessen braucht es viel mehr bewusste Aufmerksamkeit und aktive Wertschätzung für lebendige, erfahrbare Werte und eine echte Teilhabe, unabhängig von Geschlecht, Herkunft oder sozialem Status. Sie zu sichern ist eine Gemeinschaftsaufgabe, die Engagement und – angesichts der neuen Herausforderungen – Kreativität auf vielen Ebenen erfordert. Diese Aufgabe kann nicht von den politischen Institutionen allein gelöst werden, zumal sich diese selbst seit einigen Jahren in Deutschland in einer Glaubwürdigkeits- und Legitimitätskrise befinden.

Wir sind an dieser Stelle als Gesellschaft gefordert und herausgefordert. Es geht nicht nur darum, in Form von regelmäßigen Bekenntnissen und anlassbezogenen Wortmeldungen zu antworten, sondern vor allem darum, auch im aktiven, konkreten Handeln, im Alltag ebenso wie in sozialen Netzwerken, in Institutionen ebenso wie in Initiativen und in allen Medien zu reagieren. Gemeinsam müssen wir zeigen und überzeugen, wie wichtig und wertvoll demokratische Werte sind, wie viel besser und freier es für alle ist, in einer offenen und vielfältigen Gesellschaft zu leben, welchen Gewinn für den Einzelnen und für die ganze Gesellschaft die vergangenen Jahrzehnte seit dem Ende des Zweiten Weltkrieges gebracht haben.

Der aus der Schweiz stammende und bis zu seinem Tod 2020 in Israel arbeitende und lebende Psychotherapeut Carlo Strenger hatte die Sorge, dass die größten Errungenschaften Europas seit dem Zweiten Weltkrieg von Rechtspopulisten ruiniert werden könnten, darunter vor allem die freiheitliche Ordnung, die Grundrechte jedes Individuums und der Schutz dieser Freiheiten. Er plädierte für eine selbstbewusste Verteidigung der freiheitlichen Werte des Westens, weil er nur darin die Chance sah, dass offene Gesellschaften sich in der Auseinandersetzung mit autoritären Ideologien und antiliberalen politischen Strömungen behaupten können (vgl. Strenger 2015). Strenger war der Auffassung, dass Freiheit auch verteidigt werden müsse. Grundsätzlich seien wir alle selbst verantwortlich für unsere Haltungen, Werte und Entscheidungen. Idee und Wesen der Freiheit muss immer durchdacht werden, weil sie und die zu ihr gehörende politische Ordnung fragil sei und deshalb gepflegt und geschützt werden müsse (vgl. Strenger 2017).

Es geht heute nicht mehr nur darum, „böse Geister" aus der Vergangenheit zu bannen und endgültig zurückzulassen. Diese kommen inzwischen zwar ebenfalls wieder ganz offen daher, zugleich aber auch in neuen Formen – und dieser Entwicklung dürfen wir nicht tatenlos zusehen. Scheinbar überwundene, antidemokratische Denkmuster werden verbunden mit neuen Facetten eines Populismus, für deren Verbreitung geschickt soziale Medien, informelle Netzwerke und virtuelle Foren genutzt werden. Die eigentliche Zielsetzung ist oft nur schwer erkennbar, weil weder Akteur:innen noch Aktionen auf den ersten Blick vertrauten politischen Mustern zugeordnet werden können. Außerdem spielen sie geschickt mit dem Gefühl von Gemeinschaft und gemeinsamen Interessen. Im Ergebnis sind es heute viel zu oft auch wieder junge Menschen jeglicher Herkunft, die den manipulierenden Einflüsterungen in ihrer an die heutige Situation angepassten Form erliegen. Jugendliche und junge Erwachsende glauben dann tatsächlich, dass eine offene, demokratische Gesellschaft mit möglichst gleichen Chancen für alle Menschen eine Bedrohung für sie persönlich und für ihre eigene Zukunft wäre. An dieser Stelle müssen demokratische Gesellschaften, müssen wir alle, mit ganzer Kraft und höchster Wachsamkeit reagieren.

Die Aufmerksamkeit zu stärken und ebenso frühzeitig wie konsequent zu reagieren, gilt mit Blick auf alle politischen Richtungen. Um diese Haltung geht es immer dann, wenn Gefühle von Identität und Zugehörigkeit dazu genutzt werden, andere Menschen auszugrenzen und eine vermeintliche Überlegenheit der eigenen Gruppe zu zelebrieren. Auch eine falsch verstandene oder für andere Zwecke instrumentalisierte Identitätspolitik birgt das Risiko, nicht zu einer selbstbewussten, dabei aber unverändert aufgeschlossenen Haltung zwischen verschiedenen Bevölkerungsgruppen beizutragen, sondern stattdessen eine soziale Spaltung voranzutreiben oder zu manifestieren. In den USA entstand 2016 nach der Wahl von Donald Trump eine Debatte darüber, welchen Anteil die an benachteiligten oder marginalisierten Bevölkerungsgruppen ausgerichtete Identitätspolitik der linken Liberalen in den USA an dessen Erfolg hatte. Der Politikwissenschaftler Mark Lilla vertrat die Auffassung, dass die mit der linksliberalen Identitätspolitik verbundene Vernachlässigung derjenigen Bevölkerung, die sich der Mehrheit zurechnet und die nicht einer der im Fokus von Parteiprogrammen stehenden spezifischen Gruppen angehört, wesentlich für den Erfolg von Donald Trump verantwortlich sei. Zugleich hätte eine vor allem auf sich selbst gerichtete Wahrnehmung der Linken den Blick auf das Alltagsleben größerer Gruppen der Bevölkerung getrübt. Dadurch sei eine Politik verhindert worden, die unterschiedliche Bedürfnisse und Lebenswelten verbinden kann. „In recent years American liberalism has slipped into a kind of moral panic about racial, gender and sexual identity that has distorted liberalism's message and prevented it from becoming a unifying force capable of governing. [...] But the fixation on diversity in our schools and in the press has produced a generation of liberals and progressives narcissistically unaware of conditions outside their self-defined groups, and indifferent to the task of reaching out to Americans in every walk of life." (Lilla 2016)

Eine andere Position in dieser vielschichtigen Debatte vertrat die Politikwissenschaftlerin Nancy Fraeser. Sie sieht wesentliche Ursachen in einem neoliberal orientierten Abbau von Sozialleistungen, den auch die Mehrheitsbevölkerung zu spüren bekomme. „The problem lies in the coalition with neoliberalism. During this period of time there has been an ongoing debate about diversity and empowerment. Liberal individualism has replaced what was an anti-hierarchical, class-conscious and egalitarian notion of emancipation. ... At the same time the majority of people had to live their lives out in the basement. ... and this has played into the hands of Trump's reactionary populism." (Fraeser 2017)

Unabhängig davon, welche der Positionen eine zutreffende Analyse der Hintergründe und Ursachen für die Entwicklung in den USA liefern: Die Konflikte sind anhaltend und manifest geworden. Es wird viel Engagement und Kraft erfordern, um die Folgen der binnen kurzer Zeit massiv gewachsenen Fronten und eskalierten Auseinandersetzungen wieder überwinden zu können.

In Deutschland gibt es viele formale, institutionalisierte und öffentliche Angebote, ebenso wie auch bürgerschaftliche und informelle Initiativen und Projekte, die die Werte und das Selbstverständnis einer lebendigen Demokratie und Gesellschaft vermitteln. Sie sind eine gemeinsam entwickelte Errungenschaft der letzten Jahrzehnte und bilden eine große Leistung ab, zu der unzählige Menschen, Initiativen, Vereine, Gesetze, Parteien und Institutionen beigetragen haben. Aktuell scheint es so, als ob dieses lange Zeit verlässliche Angebotsspektrum nun angesichts der aktuellen Herausforderungen nicht mehr ausreicht, um alle Angriffe auf den bisherigen Konsens über den demokratischen Kern dieser Gesellschaft abzuwehren. Ohne daran nun rückwirkend Kritik äußern oder die damit erbrachten Leistungen schmälern zu wollen, müssen wir heute dennoch konstatieren, dass die bisherigen Angebote und Konzepte ergänzt und in Teilen auch grundlegend erneuert werden müssen, um ihre Reichweite und Wirksamkeit verbessern zu können.

WAS KÖNNEN GEBAUTE ORTE FÜR DEMOKRATIE UND TEILHABE LEISTEN?

Für die Stärkung und Weiterentwicklung einer offenen und demokratischen Gesellschaft braucht es heute und in Zukunft mehr – mehr Bildung, Erfahrbarkeit, Anschaulichkeit, Empathie, Emotionalität und Begeisterungsfähigkeit. Dieses Mehr und dazu passende neue Angebote und Formen gehören zu den Voraussetzungen, um perfiden Verschwörungsmythen, populistischer Stimmungsmache und dem gezielten Missbrauch von Bildern und Ereignissen nachhaltig Einhalt gebieten zu können.

Gebaute, im Alltag erfahrbare Orte spielen eine wichtige Rolle für die Wahrnehmung von Identität und Zugehörigkeit. Sie bringen die demokratische Haltung und Orientierung in einer Gesellschaft zum Ausdruck und schaffen zugleich vielfältige Gelegenheiten für Teilhabe und Zugang.

BILDUNG

Erforderlich ist ein erweitertes, umfassendes Bildungsverständnis, das über die institutionalisierten Vermittlungsformen hinausgeht und dabei auch die Bedeutung der räumlichen Ebene berücksichtigt. Denn Bildung ist der Schlüsselfaktor für das Zusammenleben in einer offenen, demokratischen Gesellschaft und zugleich für deren Zukunftsperspektiven von entscheidender Bedeutung. Bildung in einer demokratischen Gesellschaft umfasst weit mehr als nur die curricularen Inhalte, die in den Bildungsinstitutionen und durch andere, formalisierte Bildungskonzepte vermittelt werden. Um die sich rasch wandelnden Anforderungen in den Lebenswelten aller Generationen adäquat erfüllen zu können, ist eine neue, darüber hinausgehende Angebotsvielfalt erforderlich. Dies gilt insbesondere auch unter den Aspekten von Verfügbarkeit und Zugänglichkeit, denn Bildung beeinflusst unmittelbar das Ausmaß gesellschaftlicher, politischer und sozialer Teilhabe, und diese ist auf vielen Ebenen ungleich verteilt. Vollständige Teilhabe und leichter Zugang wiederum sind wichtige Voraussetzungen dafür, dass Einzelne wie auch ganze Bevölkerungsgruppen die Chancen und Potenziale nutzen können, die in einer Gesellschaft zur Verfügung stehen.

Die räumliche Ebene spielt eine wichtige Rolle für die Nutzbarkeit von Angeboten und für das Ausmaß oder die Ausprägung von Restriktionen. Nicht nur in Form von Nähe oder Distanz, deren Einfluss wir an der Frage der Bildungschancen in Stadt und Land leicht erkennen, sondern auch bei der barrierefreien Zugänglichkeit von Angeboten und Perspektiven, die in einem informellen, in der Alltagswelt angesiedelten Kontext entstehen (vgl. Wüstenrot Stiftung 2015). Die räumliche Ebene ermöglicht es, spezifische Perspektiven aus der Alltagswelt und der Alltagskompetenz aufgreifen zu können, die ansonsten schwer zugänglich sind. Orte der Begegnung und des Austauschs, die keine funktionale oder gruppenspezifische Zuordnung aufweisen, können demokratische Werte und Umgangsformen breit und im sozialen Austausch erfahrbar machen. Sie können geübt, erlernt und weiterentwickelt werden, ohne dass die Menschen dafür einen besonderen Kontext herstellen oder aufsuchen müssen.

Ein Ort, der bei dieser Zielsetzung den Fokus auf junge Menschen richtet, ist der Erfahrungspark des Sport-und-Jugendclubs Hövelriege e.V. In der Verbindung mit den herkömmlichen

Angeboten eines Sportvereins entstand ein besonderer Lernort, an dem Kinder und Jugendliche schon früh lernen, sich mit der Geschichte der Demokratie westlicher Prägung von deren Anfängen bis zu ihren heutigen Ausprägungen in modernen Gesellschaften zu beschäftigen. Unabhängig von Alter, Geschlecht und Herkunft üben sie demokratische Prozesse und lernen, diese zu vertreten. Durch die Einbindung von jungen Menschen mit Fluchterfahrung und aus schwierigen sozialen Lagen fördert der Verein interkulturelle Begegnung und Verständigung (vgl. S. 194–197). So wird der „normale" Ort eines Sportvereins zugleich ein leicht zugänglicher Alltagsort, in dem Demokratie und Teilhabe erfahrbar werden.

BETEILIGUNG

Zu den Voraussetzungen für die Gestaltung einer gemeinsamen Zukunft gehört ein offenes und flexibles Konzept für eine möglichst umfassende Teilhabe. Nicht nur in Form von geregelten Partizipationsverfahren und Instrumenten wie Anhörungen, Zukunftswerkstätten, Bürger:innenräten oder Jugendparlamenten, um nur einige Beispiele zu nennen. Diese leisten zwar wichtige Beiträge und sollten deshalb auch noch weiter ausgebaut werden. Ergänzend dazu bedarf es aber neuer, vor allem offener Ansätze, die den bisweilen homogenen, manchmal auch elitären Kreis der Mitwirkenden erweitern. Sie können ephemer oder temporär konzipiert sein, sich an besonderen Aufgaben orientieren oder emotionale mit rationalen Motiven kombinieren. Wichtig sind für diese Konzepte als Ergänzung zu den bisherigen Instrumenten vor allem eine gleichberechtigte und vielschichtige Zusammensetzung. Eine interessensgeleitete Teilnahme ist dabei kein Widerspruch, solange alle unterschiedlichen Interessenslagen erkennbar und zugelassen sind.

Die Blaue Bude in Dinslaken ist eigentlich ein „normaler" Alltagsort in der Tradition der Büdchen im Ruhrgebiet. Das Besondere an dieser Bude ist ihre gezielte, erweiternde Öffnung für Begegnung, Austausch, Teilhabe und Erfahrbarkeit verbunden mit einer Einladung zur Identifikation mit dem konkreten Ort. So gelingt die bemerkenswerte Transformation von einem althergebrachten Ort des Austauschs und der Kommunikation zu einem neuen Ort demokratischer Aushandlung und sozialen Miteinanders, der für viele unterschiedliche Zielgruppen offen steht (vgl. S. 128–133). Die Erfahrbarkeit demokratischer Werte zieht in den Alltag und die Lebenswirklichkeit der Menschen vor Ort ein und stärkt auf diese Weise das Bewusstsein über ihre Bedeutung für das Funktionieren einer demokratischen Gesellschaft.

EMPOWERMENT

Wir sind alle gefordert, unsere aktiven Beiträge für die Zukunft einer demokratischen, offenen Gesellschaft zu leisten. Das geht nicht ohne Kompetenz, ohne Auseinandersetzung auf Augenhöhe, ohne Artikulationsfähigkeit und den Anspruch, dass sich alle Gruppen daran beteiligen und beteiligen können. Damit offene Teilhabekonzepte neben den etablierten Angeboten eine echte Chance erhalten, benötigt es wesentlich mehr Empowerment-Strategien und -Angebote, als bisher in unserer Gesellschaft zur Verfügung stehen. Die dafür geeigneten Formate und Inhalte können nicht pauschal bestimmt werden und sie sind als Top-down-Konzepte auch nicht für alle Bevölkerungsgruppen geeignet. Werden sie stattdessen als spezifische, prozesshaft entstehende Angebote entwickelt, dann können sie dazu dienen, Bedürfnisse und Interessen abseits des „Mainstreams" in einer Gesellschaft zum Ausdruck bringen zu können ebenso wie deren Wahrnehmbarkeit in den bereits vorhandenen Verfahren zu stärken.

Die Refugees' Kitchen versteht sich als soziale Skulptur, die Empowerment für Geflüchtete mit der Freude am gemeinsamen Essen und Feiern verbindet. Die Chance zur Schilderung persönlicher Erfahrungen bei Flucht und Vertreibung und die Mitwirkung in der mobilen Küche bei der Zubereitung interkultureller Gerichte vermittelt geflüchteten Menschen konkrete Wertschätzung, stärkt ihr Selbstbewusstsein und hilft ihnen, Ausbildungs- und Arbeitsplätze zu finden (vgl. S. 146–151).

Andere Projekte zielen darauf ab, mit spezifischen Strategien des Empowerment Orte für den Austausch zwischen Angehörigen einer Minderheit und anderen Bevölkerungsgruppen zu schaffen. Das Kulturhaus Romnokher in Mannheim fokussiert dafür auf Kultur und politische Bildung. Der Ort bietet Menschen mit Romani-Hintergrund verschiedene Angebote und Aktivitäten, um Identitätsbildung, Selbstentfaltung und Selbstermächtigung zu stärken. Der kulturelle Austausch und ein gemeinsames historisch-politisches Lernen liefern einen Beitrag für den Zusammenhalt der Gesellschaft und die gleichberechtigte Teilnahme einer stigmatisierten Minderheit (vgl. S. 190–193).

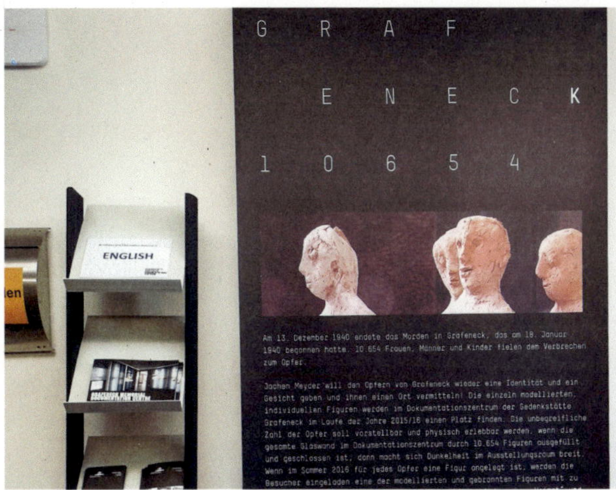

LEBENSWELTEN UND LEBENSWIRKLICHKEITEN

Verstärkt im Fokus muss zukünftig die Lebenswirklichkeit der Menschen stehen. Sie hat sich in den vergangenen Jahrzehnten vielfältig ausdifferenziert. Wir sind als Gesellschaft älter, bunter, freier und selbstbestimmter geworden, aber auch fragmentierter, ungebundener und in höherem Maße selbst verantwortlich für unsere eigene Lebenswelt. Die abstrakte Vorstellung einer weiterhin bestehenden Gleichartigkeit der unterschiedlichen Lebenssituationen sollten wir ersetzen durch die Orientierung an den tatsächlichen, empirischen Lebenswelten zwischen Arbeit und Freizeit, in der unmittelbaren Nachbarschaft, im eigenen Quartier, in der emotionalen wie regionalen (Wahl-)Heimat einschließlich den konkreten Perspektiven zukünftiger Entwicklung.

Wer bestimmt über die Lebensqualität für den Einzelnen? Wer gestaltet die gebaute Umwelt und wer prägt deren identitätsstiftende Wirkung? Wem gehört die Stadt (heute) und wer bestimmt darüber, welche Angebote sie als Grundlage des Zusammenlebens in Zukunft für die in ihr lebenden Menschen zur Verfügung stellt? Spätestens bei diesen Fragen wird deutlich, dass gebaute Orte eine wichtige Rolle für eine lebendige Demokratie und für die Erfahrbarkeit von Teilhabe spielen.

Beispiele dafür, wie „normale“ Orte der Begegnung ergänzt werden können und demokratische Werte und Teilhabe in der alltäglichen Lebenswelt der Menschen vor Ort erfahrbar und erlebbar machen, sind der Interkulturelle Garten „Bunte Erde“ in Chemnitz, in dem Demokratie über das Gärtnern vielfältig erlebt werden kann (vgl. S. 134–139), oder das Haus am Teuringer, in dem das neue Zentrum einer kleinen Gemeinde als ein inklusiver Begegnungs- und Lebensort entstanden ist (vgl. S. 230–233).

Andere gebaute Orte dienen in ihrer Ausrichtung und mit ihren Angeboten spezifischen Aufgaben oder der Lebenssituation bestimmter Gruppen. Hier werden und müssen Einschränkungen bei Freiheit und Zugänglichkeit in Kauf genommen werden. Beispielsweise wenn es um den Schutz von vulnerablen Gruppen geht, die sowohl aus persönlichen wie aus strukturellen Gründen noch nicht auf allen Ebenen frei und gleichberechtigt interagieren können. Ein Beispiel hierfür ist der Lebensort Vielfalt am Ostkreuz (LOVO). Er wendet sich an homosexuelle, trans- oder intergeschlechtliche Menschen, mit und ohne psychische oder geistige Beeinträchtigung sowie mit oder ohne Fluchterfahrung. Für diese Menschen ist LOVO ein temporärer Ort des Rückzugs, aber auch der Repräsentation, der die Sichtbarkeit marginalisierter Gruppen verbessert. Zugleich fördert er mit seinen Angeboten die Integration und die Teilhabe an der Erwerbsgesellschaft, um diese Menschen auf ihrem Weg in ein selbstbestimmtes und eigenständiges Leben zu begleiten (vgl. S. 186–189).

IDENTITÄT UND ERINNERUNG

Gebaute Orte können unser historisches, gemeinsames Erbe symbolisieren und zugleich Orientierung für die Zukunft geben. Sie erinnern uns an Erfolge und Misserfolge auf dem Weg zu einer demokratischen Gesellschaft und sie verdeutlichen, welche Vorstellungen und Erwartungen wir von Gegenwart und Zukunft haben. Architektur und die Gestaltung von gebauten Orten können diese wichtige Funktion ermöglichen und unterstützen, im negativen Fall auch erschweren oder verhindern.

Identität braucht Erinnerung, auch wenn diese Erinnerung nicht leicht fällt und schmerzhaft ist. Die Gedenkstätte Grafeneck ist eine der fünf deutschen Euthanasie-Gedenkstätten und ein Ort gegen das Vergessen. Sie ist Dokumentationszentrum, Begegnungsort, Betreuungs- und Wohnort für Menschen mit Behinderungen und ein Ort, an dem der 1940/41 ermordeten Angehörigen gedacht werden kann. An diese Opfer wird im Dokumentationszentrum erinnert und daran, dass diese Verbrechen unmittelbar verbunden sind mit dem mangelnden Respekt vor dem Leben von psychisch erkrankten Menschen und deren Recht auf Selbstbestimmung (vgl. S. 210–213).

Der Dokumentations- und Lernort Bückeberg erinnert ebenfalls an das Versagen einer Gesellschaft im Umgang mit Freiheit, Selbstbestimmung und Zusammenhalt. Er ist keine Gedenkstätte, sondern ein Ort, der die Gefahren der Verführung deutlich macht. Die alternative Wirklichkeit, die durch die populistischen Stilmittel von Fiktion und Inszenierung an diesem Ort geschaffen wurde, diente vor allem dazu, medial verbreitbare Bilder einer Volksgemeinschaft zu erzeugen und die Zugehörigkeit zu dieser Gemeinschaft zu zelebrieren. Die suggestive Verführungskraft dieser Bilder und des inszenierten Erlebens von Gemeinschaft an einem nur für diesen Zweck mit großem Aufwand nach Plänen von Albert Speer ab 1933 gestalteten Ort wird hier nachvollziehbar. Der Dokumentations- und Lernort sensibilisiert für die Gefahr, die aus der medialen oder lokalen Inszenierung von Veranstaltungen entstehen kann, die auf die Sehnsucht nach Zugehörigkeit ausgerichtet ist (vgl. S. 122–127).

GEBAUTE ORTE FÜR DEMOKRATIE UND TEILHABE – VIELFALT UND ENGAGEMENT

Demokratie und Teilhabe in einer Gesellschaft kann nicht gebaut werden. Gebaute Architektur schafft allein keine demokratischen Prozesse und Verhaltensweisen; sie kann gebaute Orte nur in einer gestalterischen Form zur Verfügung stellen, die offen für soziale Teilhabe ist. Damit gebaute Orte ihren Beitrag für Demokratie und Teilhabe in einer Gesellschaft leisten können, müssen wir sie mit Angeboten und mit Leben füllen, gegebenenfalls auch anders und neu nutzen. Diese Aufgabe haben viele Projekte mit großem Engagement und einer beeindruckenden Bandbreite an Ideen und Konzepten im Wettbewerb „Gebaute Orte für Demokratie und Teilhabe" übernommen. Es sind Orte entstanden,

- die Teilhabe für Menschen ermöglichen, deren Teilhabechancen aus den verschiedensten Gründen gering sind
- die deutlich machen, dass demokratische Werte heute zu unserem gemeinsamen kulturellen Erbe gehören
- die zu praktischer Teilhabe und Erfahrbarkeit von Gemeinsamkeit beitragen, auch wenn wir als Individuen verschieden sind
- die auch im Alltag zeigen, worauf eine demokratische, offene Gesellschaft beruht und was sie in dieser Hinsicht leisten kann
- die als Teil einer repräsentativen Demokratie funktionieren und dafür zugleich unverzichtbar sind
- die es ermöglichen, dass wir gemeinsam die Zukunft unserer Gesellschaft diskutieren, bestimmen und sichern – nicht nur auf formalen Ebenen, sondern auch informell, in Vereinen, Initiativen, Festen u. v. m.

Und nicht selten sind es Orte, die prädestiniert sind, die eigene Lebenswelt in Städten wie in Dörfern mitzugestalten, die damit Demokratie und Teilhabe auch in das unmittelbare Lebensumfeld der Menschen bringen.

Die Orte, die zum Wettbewerb „Gebaute Orte für Demokratie und Teilhabe" der Wüstenrot Stiftung eingereicht wurden, verdeutlichen vor allem zwei wichtige Erkenntnisse:

- Es gibt viele und höchst unterschiedliche Orte, an denen Demokratie und Teilhabe in einer Gesellschaft erfahrbar und erlebbar werden. Es können spezifische Orte sein, historische Gebäude, temporäre oder mobile Orte, institutionelle oder informelle Orte, Orte der Begegnung, des Lernens, des Feierns oder des Austauschs, Orte mit Programm oder für spontane Aktionen, Orte mit verbindlichen Regeln oder dem freien Aushandlungsprozess gewidmet, Orte für Minderheiten und Orte für die gezielte Begegnung unterschiedlicher Gruppen und Meinungen. An all diesen Orten können wichtige Beiträge für die Lebendigkeit und Zukunftsfähigkeit einer offenen und demokratischen Gesellschaft entstehen, die auf Teilhabe und ein soziales Miteinander ausgerichtet ist.
- Es gibt eine immense Zahl an Menschen, Initiativen und Projekten, die sich genau dieser Aufgabe widmen – einen Beitrag dafür zu leisten, dass das Ideal einer offenen und demokratischen Gesellschaft doch noch eines Tages erreicht werden kann. Alle alten und neuen Widerstände überwindend, auch wenn es ein langer und mühsamer Weg sein sollte.

BEITRÄGE IN DIESEM BUCH

Die Vielfalt und das Potenzial der Projekte, vor allem das Engagement so vieler Menschen werden in dieser erweiterten Dokumentation der Wettbewerbsergebnisse vorgestellt. Sie setzen in ihrer Vielfalt an den unterschiedlichsten Punkten an, die wir als Lücke wahrnehmen können zwischen einem normativ-juristisch-politischen System gleicher Rechte und Teilhabe einerseits und einer faktischen, spezifische Lebenslagen und Fähigkeiten spiegelnden Ungleichheit andererseits.

Einer ähnlichen Ausrichtung und Vielfalt folgt die Reihe der ergänzenden Beiträge in diesem Buch. Sie wurden von Beteiligten an diesem Wettbewerbsverfahren verfasst, die sich in Zusammenhang mit dem Wettbewerb mit verschiedenen Aspekten des komplexen Themas vertiefend beschäftigt haben. Die Autor:innen stammen aus der Jury, aus dem Expertengremium und aus der professionellen Organisation des Wettbewerbs einschließlich der Vorprüfung der eingereichten Projekte. Diese Beiträge fokussieren ergänzende Perspektiven und erweitern die Erkenntnisse, die aus dem Wettbewerb gewonnen werden können.

Stine Marg und Katharina Trittel reflektieren in ihrem Beitrag die Funktion und Bedeutung gebauter Orte unter dem Aspekt eines heterogenen und wandlungsfähigen Demokratieverständnisses. Was eine Demokratie ist und welche Funktionen sie in einer Gesellschaft erfüllt, variiert je nachdem, welches Konzept (oder Modell) von Demokratie in ihr vorherrscht. Marg und Trittel zeigen jedoch, dass gebaute Orte unabhängig von diesem jeweiligen aktuellen Verständnis neben Symbolik, Inszenierung und Repräsentation auch Demokratiegeschichte präsentieren und so identitätsstiftend wirken. Damit liefern sie zugleich auch Impulse für die Gestaltung einer demokratischen Gegenwart und Zukunft. Insbesondere in einem dynamischen Demokratieverständnis, wie es die beiden Autorinnen zugrunde legen, bieten gebaute Orte für Demokratie und Teilhabe eine Chance für demokratische Gesellschaften, zu sich selbst zu finden. Aus ihrem Verhältnis zu historischen wie aktuellen Orten können Gesellschaften wichtige Impulse gewinnen für die Wahrnehmung und das Erleben von Demokratie. Diese Impulse ermöglichen es, den so wichtigen Prozess einer ständigen Auseinandersetzung über die Fortschreibung einer Demokratie zu gestalten.

Die historische Entwicklung gebauter Orte als Ausdruck einer demokratischen Gesellschaftsordnung spielt im Beitrag von Hanna Noller ebenfalls eine wichtige Rolle. Sie konzentriert sich auf die Frage der architektonischen Elemente und Gestaltung solcher Orte. Kann Architektur gesellschaftliche Realität abbilden und wie sehen dann Gebäude und Orte aus, die eine demokratische Haltung zum Ausdruck bringen (sollen)? Ausgehend von der Agora in Athen als einem gern zitierten Prototyp für einen gebauten demokratischen Ort beschäftigt sich Noller sowohl mit den baulich-physikalischen Elementen und Eigenschaften wie Materialien, Maße, Formen und Klang als auch mit deren Nutzung durch Menschen und den sozialen Praktiken und Regeln, die dabei zur Anwendung kommen. Ihre These – Architektur ist immer Ursache und Wirkung zugleich – erläutert sie anhand ausgewählter Beispiele aus dem Wettbewerb. An den Aushandlungsprozessen, die bei deren Gestaltung stattfinden, wird die Wechselwirkung zwischen gebautem Raum und menschlichem Handeln als zentralem Element für die gemeinsame Gestaltung von gebauten Orten für Demokratie und Teilhabe evident.

Ein Ort, der diese Wechselwirkung in besonderer Weise nachvollziehbar macht, ist die Ibn Rushd-Goethe Moschee in Berlin. Seyran Ateş schildert ebenso eindringlich wie überzeugend, welche Herausforderung und Leistung es sein kann, einen Ort zu schaffen, in dem Demokratie gelebt und vermittelt wird. Religion und Politik sollten sich nach Ateş' Auffassung nicht vermischen, aber dennoch sind auch religiöse Orte erforderlich, an denen die fundamentalen Werte einer demokratischen Gesellschaft gelebt und gelehrt werden können. Toleranz, Gewaltfreiheit und Geschlechtergerechtigkeit stehen im Mittelpunkt der Auslegung des Islam, wie er in der Ibn Rushd-Goethe Moschee praktiziert wird. Für eine praktizierende Lehre und für einen Ort spiritueller Geborgenheit ist so ein gebauter Ort unverzichtbar. Die Ibn Rushd-Goethe Moschee ist darüber hinaus ein Ort, der versucht, das politische Wertesystem einer Demokratie mit dem religiösen Wertesystem des Islam in Einklang zu bringen. Für Ateş entstehen gerade aus der intensiven Auseinandersetzung mit beiden Wertesystemen, die nach der vorherrschenden Auslegung des Islam zunächst unvereinbar scheinen, die überzeugendsten Antworten für ein friedliches, respektvolles Zusammenleben in Würde, Freiheit und Spiritualität.

Viele positive und Mut machende Beispiele dürfen jedoch nicht unsere Aufmerksamkeit dafür trüben, dass es in unserer Gesellschaft auch andere Entwicklungen gibt. Christian Bangel richtet seinen Blick in diesem Sinne auf die wachsenden Anstrengungen von Neonazis und Rechtsextremen, sich Orte und Räume anzueignen, um untereinander Austausch, Begegnung, Präsentation und Vernetzung zu fördern einschließlich des Auslebens rassistischer und antisemitischer Ideologien. Sie verschleiern dabei ihre wahren Absichten und nutzen gezielt Elemente von scheinbarem sozialem oder zivilgesellschaftlichem Engagement. Für den inneren Zusammenhalt der rechten Szene sind konkrete, verfügbare Orte wichtig, an denen sie sich treffen, Konzerte veranstalten und Wurzeln schlagen kann. Sie finden diese Orte häufig im ländlichen Raum; einerseits, weil hier die Immobilienpreise oft niedriger sind und andererseits, weil es für sie bei einem dünneren Netz an zivilgesellschaftlichem Engagement leichter ist, Fuß zu fassen. Insbesondere die ländlichen Regionen in Ostdeutschland mit anhaltenden demografischen und infrastrukturellen Problemen erleichtern die Landnahme durch Rechtsextreme. Bangel zeigt, dass dabei mehrere Zwecke verfolgt werden; die Stärkung und die Vernetzung innerhalb der Szene und der Aufbau von Orten und Einrichtungen, die ein Vordringen in die Gesellschaft unterstützen sollen. Um diesem Vorhaben entgegentreten zu können, bedarf es eines entschlossenen Auftretens von behördlicher Seite und eines starken Handelns der Zivilgesellschaft. Diese Aufgabe können solche Initiativen und Projekte übernehmen, wie sie im Wettbewerb gefunden wurden, die mit ihrer Arbeit und ihrem Engagement die Zivilgesellschaft stärken und es ihr ermöglichen, auf die Versuche rechter Landnahme aktiv und wirkungsvoll zu reagieren.

Im Beitrag von Julia Felker und Stefan Krämer werden exemplarische Projekte aus kleinen Gemeinden und ländlich geprägten Regionen vorgestellt. Im Fokus stehen die Rahmenbedingungen, die im Sinne einer sozialen und räumlichen Ungleichheit wirksam werden und die einen Einfluss auf die Chancen zur gesellschaftlichen Teilhabe und zum Leben in einer vielfältigen Gesellschaft haben. Wie kann es gelingen, der Verlagerung von sozialer und technischer Infrastruktur aus kleinen Gemeinden in größere Orte entgegenzuwirken und die sozialen Treffpunkte zu erhalten, in denen Identität und sozialer Zusammenhalt gepflegt und demokratische Werte erfahrbar sind? Orte, die individuelle und kollektive Teilhabe ermöglichen und eine Plattform bieten für das gemeinsame Aushandeln und Umsetzen von Zukunftsperspektiven? Der Schlüssel dafür liegt nach Auffassung der beiden Autor:innen in einer flexiblen und kreativen Verbindung zwischen den Ansätzen, die vor allem durch bürgerschaftliches Engagement vor Ort entstehen und deren öffentlicher Förderung und Unterstützung. Die endogenen Potenziale ländlicher Räume müssen als Chance verstanden werden, damit Wohn-, Arbeits- und Lernorte mit ihren Stabilisierungsfunktionen auch in Zukunft bestehen bleiben. Soziale Orte für Dialog und Austausch bieten die Chance, auch in kleinen Gemeinden und dünn besiedelten Regionen direkt vor Ort auf große gesellschaftliche Herausforderungen wie Rassismus, Extremismus, Entfremdung und Soziale Spaltung reagieren zu können.

Für Christian Bangel sind die ländlichen Räume deshalb so wichtig, weil sie für ihn Seismografen der allgemeinen gesellschaftlichen Atmosphäre sein können. Sind die von ihm beschriebenen Entwicklungen damit auch ein Zeichen, dass sich unsere Demokratie in einer Krise befindet? Dieser Frage, die in den letzten Jahren regelmäßig in den Medien gestellt wurde, geht Lena Schreiner nach. Sie untersucht die aktuellen gesellschaftspolitischen Herausforderungen, um anhand der darauf bezogenen Antworten und Reaktionen den aktuellen Zustand der Demokratie in Deutschland einordnen zu können. Aus ihrer Sicht gibt es zwei Ebenen, auf denen Lösungen für aktuelle Herausforderungen gefunden werden müssen. Auf einer horizontalen Ebene gilt es, eine aufgrund von Individualisierung und divergierenden Lebenslagen gewachsene gesellschaftliche Fragmentierung zu überwinden. Zunehmende soziale Ungleichheit, eine als bedrohlich empfundene Veränderung der eigenen Lebenswelt und der Verlust einer erfahrbaren demokratischen Öffentlichkeit führen dazu, dass sich Menschen als abgehängt und nicht mehr zugehörig zu dieser Gesellschaft fühlen können. Zugleich nimmt nach Schreiners Einschätzung auf einer vertikalen Ebene die strukturelle Distanz zwischen der Bevölkerung als den Repräsentierten und den politischen Eliten als deren Repräsentanten im politischen System einer repräsentativen Demokratie zu. Gelingt es einer Gesellschaft nicht, auf beiden Ebenen erfolgreich zu reagieren, kann dies zu einer veritablen Krise der Demokratie führen. Anhand von drei Beispielen aus dem Wettbewerb zeigt Schreiner, wie gebaute Orte die horizontale wie auch die vertikale Vernetzung in einer Gesellschaft stärken können.

„Miteinander statt Nebeneinander!" überschreibt Robert Hummel seinen Beitrag, in dem er sich intensiv mit der Vielfalt in unserer Gesellschaft auseinandersetzt. Gebaute Orte für Demokratie und Teilhabe sind für ihn Orte, die den Kontakt von Menschen aus ganz unterschiedlichen Lebenslagen ermöglichen und so zur Verständigung und gegenseitigen Akzeptanz beitragen. Sie leisten für Hummel einen wichtigen Beitrag zum sozialen Zusammenhalt in Quartieren und Nachbarschaften und helfen so auch dabei, eine weitere Fragmentierung der Gesellschaft zu vermeiden und die horizontale Vernetzung, wie sie Schreiner im vorhergehenden Beitrag thematisiert, zu verbessern. Gelingen kann dies aus Sicht von Hummel nur, wenn es zu einer aktiven Begegnung, einer sozialen Interaktion in alltäglichen Situationen kommt, auf der Basis gemeinsamer Interessen und Aktivitäten. Solche Begegnungsorte fördern Austausch und Dialog unterschiedlicher sozialer Gruppen, beispielsweise bei Kunst, Kultur und Musik oder beim Kochen, Essen und Gärtnern. Wichtig ist die Niedrigschwelligkeit der Angebote und dass sie den Austausch über gemeinsame Werte und gemeinwohlorientierte Ziele ermöglichen und fördern. Ähnlich wie Seyran Ateş in ihrem Beitrag sieht auch Robert Hummel die Herausforderung darin, dass lediglich parallele Angebote und Strukturen nicht ausreichen, sondern dass der besondere Wert einer offenen Gesellschaft aus der gemeinsamen konstruktiven und auf einen fairen Ausgleich zielenden Auseinandersetzung mit vielfältigen Lebenswelten und Werten entsteht.

Doch was passiert, wenn die konkreten gebauten Orte im Zuge der fortschreitenden Digitalisierung neue Potenziale erhalten, ergänzt oder vielleicht auch ersetzt werden? Wie wirkt sich die Digitalisierung in diesem Fall auf die Demokratie aus? Dieser Frage geht Marie Neumüllers nach, ausgehend auch von der Beobachtung, dass aufgrund der Pandemie der offene Austausch und die Begegnung in vielen gebauten Orten für Demokratie und Teilhabe über längere Zeit nicht oder nur eingeschränkt möglich war. Die Digitalisierung kann in einer solchen Situation fördernde Potenziale für den Austausch und die Teilhabe an gebauten Orten haben, wenn diese Orte dafür die nötigen Voraussetzungen aufweisen. Darauf liegt der Fokus von Neumüllers, die gebaute Orte in der heutigen Realität nicht mehr als ausschließlich „analog" versteht und sich grundsätzlich gegen einen Antagonismus zwischen einer realen und einer digitalen Welt positioniert. Für viele dieser Orte bietet ein Ausbau der digitalen Erreichbarkeit und Vernetzung die Chance, einen größeren Kreis von Menschen für die Angebote am konkreten gebauten Ort zu gewinnen. Die Digitalisierung löst dabei für Neumüllers keine Probleme, die auf der Ebene des gebauten Ortes selbst bestehen, aber sie kann die Zugänglichkeit verbessern und so auch Demokratie und Teilhabe fördern. Für den Orientierungsrahmen, den Demokratie und demokratische Werte in vervielfältigten Räumen benötigt, bedarf es ihrer Einschätzung nach jedoch weiterhin eine lokale, verortete Begleitung.

Auch für institutionelle Angebote, deren Funktion und Wandel sich Sabine Wenng in ihrem Beitrag widmet, waren digitale Ergänzungen und Kompetenzen in Zeiten der Pandemie eine wichtige

Hilfe, um verfügbar und zugänglich zu bleiben. Eine neue Qualität digitaler Erreichbarkeit kann dazu beitragen, neue Räume und Formen der Teilhabe zu schaffen. Die damit verbundenen Herausforderungen treffen viele institutionelle Angebote in einer Zeit des Wandels, der Anpassung an veränderte Bedürfnisse und Rahmenbedingungen und der Suche nach einem neuen Selbstverständnis. Der vermeintliche Gegensatz zwischen informellen Angeboten, die aus bürgerschaftlicher Initiative entstehen, und institutionellen Angeboten, die in der Regel eine hauptamtlich erbrachte Basis haben, löst sich immer weiter auf. Dies liegt einerseits daran, dass sich viele informelle Angebote auf dem Wege der Verstetigung oder zum Zwecke der Finanzierung institutionalisieren, und andererseits an einem wachsenden Anpassungs- und Modernisierungsdruck auf die herkömmlichen institutionalisierten Angebote, die ihre Ausrichtung und Beteiligungsmöglichkeiten erweitern müssen, um ihre Funktion und Bedeutung nicht zu verlieren. Im sozialen Nahraum und in der Fokussierung auf bestimmte Bevölkerungsgruppen mit Einschränkungen bei Teilhabe und Zugang haben institutionelle Angebote in geregelter, verbindlicher Form eine wichtige Aufgabe.

Angebote für Menschen mit eingeschränkten Teilhabemöglichkeiten nimmt auch Annika Levels in den Fokus. Während die Mehrzahl der Projekte im Wettbewerb auf einen niedrigschwelligen Zugang für möglichst alle Menschen ausgerichtet ist, gibt es auch Angebote, die sich gezielt an Menschen richten, die Schutz und Unterstützung benötigen. In ihrem sehr persönlich formulierten Beitrag fokussiert Levels auf drei Angebote aus dem Wettbewerb, die aus der Perspektive von Menschen gestaltet sind, die Schutz vor Diskriminierung brauchen, Raum zur Erfahrung von Selbstwirksamkeit suchen und die aktiv ihre eigene Rolle und Teilhabemöglichkeiten in der Gesellschaft verändern wollen. Solche Orte zu gestalten ist eine große Herausforderung und erfordert eine besondere, diesen Menschen zugewandte Haltung. Levels erläutert dies anhand von drei sehr unterschiedlichen Ansätzen, die jeweils in einem dynamischen Prozess zwischen Initiator:innen und Nutzer:innen besondere Formen gesellschaftlicher Teilhabe entwickeln. Diese Formen sind auf die spezifischen Bedürfnisse der Nutzer:innen zugeschnitten und ermöglichen ihnen eigene Wege zu einer echten und aktiven Teilhabe in einer Gesellschaft, die noch nicht auf allen Ebenen so offen und zugänglich ist, wie wir sie gern hätten. Dabei reflektiert Levels auch über den Anteil der eigenen Berufsgruppe – Planer:innen und Moderator:innen – am aktuellen Zustand von Beteiligung und Räumen sowie an der Gestaltung der dazugehörenden Angebote.

Franziska Lind legt den Fokus auf die Frage – oder besser den Finger auf die Wunde – was uns als Gesellschaft diese gebauten Orte für Demokratie und Teilhabe wirklich wert sind. Welche Orte, welchen Boden stellen wir ihnen zur Verfügung, welche Unterstützung erhalten sie in der Konkurrenz mit ökonomischen Verwertungsinteressen um geeignete Standorte und Gebäude? Lind befürchtet, dass viele gebaute Orte für Demokratie und Teilhabe vor allem in wirtschaftlich prosperierenden Städten und Regionen nicht mehr entstehen können oder von ihren bisherigen Orten verdrängt werden. Hohe Boden- und Immobilienpreise auf der einen Seite und eine unzureichende Liegenschaftspolitik auf der anderen Seite erschweren es vielen am Gemeinwohl orientierten Projekten, sich dort zu lokalisieren, wo sie gebraucht werden. Gebaute Orte für Demokratie und Teilhabe bilden davon keine Ausnahme, wie Lind anhand ausgewählter Beispiele zeigt. Auch Demokratie und Teilhabe in einer Gesellschaft braucht Boden, so Lind, und es ist eine gesellschaftliche Aufgabe, diesen Boden für gebaute Orte zur Verfügung zu stellen, die eine so wichtige Funktion für die Zukunft einer offenen demokratischen Gesellschaft übernehmen. In den vorgestellten Beispielen zeigt Lind verschiedene Wege auf, wie das u.a. mit Hilfe von Stiftungen nicht nur mittel- sondern auch langfristig gelingen kann.

Das Wichtigste, was in diesem Buch zur Funktion und Bedeutung gebauter Orte für Demokratie und Teilhabe gezeigt werden kann, sind die Projekte selbst. Sie greifen die in den Beiträgen der Autor:innen genannten Aufgaben und Herausforderungen nicht nur auf, sondern liefern mit großem Engagement in beeindruckender Vielfalt geeignete Antworten und Lösungen. Anzahl und Bandbreite aller Einsendungen zum Wettbewerb sprengen das Format dieses Buches. Deshalb werden exemplarisch und stellvertretend 26 Projekte vorgestellt; das mehrstufige Verfahren zu ihrer Auswahl wird am Anfang des Dokumentationsteils erläutert.

Fußnote

1 Gezählt von der Washington Post laut dem Redaktionsnetzwerk Deutschland, darunter 107 falsche oder irreführende Behauptungen in seiner Rede kurz bevor seine Anhänger:innen am 6. Januar 2021 das Kapitol in Washington erstürmten (www.rnd.de/Politik 2.11.2021).

Literatur

- Beck, Ulrich (1986): Risikogesellschaft. Frankfurt am Main
- Fraeser, Nancy (2017): A new leftist narrative is required. Online: https://www.opendemocracy.net/en/new-leftist-narrative-is-required/ (15.02.2022)
- Lilla, Mark (2016): The End of Identity Liberalism, in: Online-Ausgabe der New York Times, Opinion. Online: https://www.nytimes.com/2016/11/20/opinion/sunday/the-end-of-identity-liberalism.html (15.02.2022)
- Nassehi, Armin (2022): Die Rückkehr des Feindes. Online: https://www.zeit.de/kultur/2022-02/demokratie-bedrohung-russland-ukraine-krieg-wladimir-putin/ (15.02.2022)
- Strenger, Carlo (2015): Zivilisierte Verachtung – Eine Anleitung zur Verteidigung unserer Freiheit. Frankfurt am Main
- Strenger, Carlo (2017): Abenteuer Freiheit – Ein Wegweiser für unsichere Zeiten. Frankfurt am Main
- Wüstenrot Stiftung (2015): Unterwegs in deutschen Bildungslandschaften. Ludwigsburg

BEITRÄGE

European Public Sphere

FUNDAMENTE DER DEMOKRATIE

Gebaute Orte in demokratischen Gesellschaften

Stine Marg und Katharina Trittel

„Demokratie ist nichts, was von einer Gesellschaft gehabt und besessen werden kann, sondern sie ist etwas, das [...] immer wieder neu errungen werden muß“ (Münkler 1991, 9). Wenn – wie im Wettbewerb der Wüstenrot Stiftung – gebaute Orte für Demokratie und Teilhabe gewürdigt werden, stellt diese Überlegung des Politikwissenschaftlers Herfried Münkler, dass Demokratie keine Selbstverständlichkeit, sondern ein Produkt der stetigen Auseinandersetzung ist, eine wichtige Hintergrundannahme dar. Schließlich hat jede Demokratie ihre genuinen Orte, nicht nur geografisch und historisch, vielmehr auch ganz konkret, anschaulich, räumlich, zugänglich. Wir argumentieren im Folgenden, dass die Demokratie, wenn sie sich selbst treu bleiben und nicht zu einem Elitenprojekt mutieren oder nicht demokratisch legitimierte letzte Gründe vorschreiben möchte, eben jener konkreten räumlichen Zusammenhänge bedarf, die jedoch in ihren unterschiedlichen Funktionen wandelbar sind, je nachdem, welches Demokratieverständnis zum Ausgangspunkt genommen wird.

1. IDOL- UND KAMPFBEGRIFF: WAS IST DEMOKRATIE?

Um über die Funktionen gebauter Orte in demokratischen Gesellschaften sprechen zu können, wollen wir zunächst den Versuch unternehmen, den Idolbegriff „Demokratie“ zu entschlüsseln: Bürger:innen reagieren auf die Frage, was Demokratie sei, oftmals mit dem lapidaren Verweis auf die Praxis der Volksherrschaft und das, zumindest aus ihrer Perspektive, damit zusammenhängende Prinzip der Mehrheitsentscheidung (vgl. Marg 2014, 221). Demgegenüber pflegen Theoretiker:innen des Politischen mitunter eine davon abweichende Geheimsprache, um ausufernd die Demokratie zu beschreiben (vgl. Jörke 2006). Wir wollen hier – mittels eines zwar oberflächlichen, aber pragmatischen Zugangs – eine vermittelnde Perspektive einnehmen.

Die Demokratie als Organisation des Gemeinwesens und bisweilen auch als alternativlos bezeichnete Form des Zusammenlebens unterliegt seit ihrer Genese in der Zeit der griechischen Polis, also etwa 500 Jahre vor Christi, einem beständigen Bedeutungswandel. Im Laufe der Jahrhunderte und über etliche Regionen hinweg wurden die unterschiedlichsten institutionellen Arrangements und gesellschaftlichen Verbände als Demokratie bezeichnet. Auch aufgrund dieser Vielgesichtigkeit gerann Demokratie mitunter zu einem Kampfbegriff: Nicht nur, weil ihr Bedeutungsgehalt stets umstritten war (und auch weiterhin ist), sondern auch, weil die Anrufung der Demokratie im 18. und 19. Jahrhundert Ausdruck eines ganz praktischen sozialen und politischen Kampfes war (vgl. Wiesendahl 1981, 2). Die Auseinandersetzung um die Demokratie, ihre Institutionen, Praktiken und Normen ist jedoch nicht nur Gegenstand historischer Reflexionen. Demokratie als unabgeschlossenes Projekt unterliegt gegenwärtig und gewiss auch zukünftig einem Bedeutungs- und Gestaltwandel.

Doch was genau Demokratie sein kann, wie sie ausgestaltet sein müsste, welche Funktionen sie zu erfüllen habe – darüber existieren unzählige Vorstellungen und Theorien, die in ebenso zahlreichen Entwürfen geordnet, klassifiziert und schematisiert wurden. Diese „Pluralität von Systematisierungsangeboten“ (Lembcke et al. 2012, 17) wird häufig in empirische respektive realistische (das heißt auch plurale) und normative (also auch identitäre) Demokratietheorien geschieden (vgl. Lembcke et al. 2012).[1] Demokratie kann, und diese Darstellungen dominierten lange Zeit unter den empirischen Perspektiven, in ihrem chronologischen Auftreten gedacht werden. Andere Ansätze wiederum ordnen die Demokratien nach ihren grundsätzlichen Wesensmerkmalen und sprechen dann von einer liberalen, radikalen, plebiszitären oder (Führer-)Demokratie (vgl. exemplarisch Schmidt 2010). In der Politikwissenschaft ist vor allem das Konzept der Minimalkriterien von Robert A. Dahl breit rezipiert worden, weil es sich in der empirischen Forschung gut umsetzen lässt (vgl. Dahl 1976). Für den US-amerikanischen Politikwissenschaftler sind die Existenz des politischen Wettbewerbs und die institutionell garantierten Bedingungen der politischen Kongruenz und die dieser notwendigerweise vorausgehenden Freiheiten der Meinungsbildung, Informationsbeschaffung, des Versammlungs- und Vereinigungsrechts Kernbestandteile einer – wie er es nennt – Polyarchie. Diese minimale Idee der Demokratie scheint sich jedoch nicht – worauf der französische Politikwissenschaftler Bernhard Manin hingewiesen hat – mit den Vorstellungen des 18. Jahrhunderts oder gar der antiken Perspektive auf Demokratie zu decken: Während die Minimaldefinition im Wesentlichen auf den politischen Wettbewerb und die bürgerlichen Freiheiten fokussiert, setzten die alten Denker stets die politische Gleichheit aller Bürger und die Macht des Volkes an die erste Stelle (vgl. Manin 1997, 11 f.). Dies ist nur einer von vielen Belegen dafür, wie sich der in der Alltagssprache vermeintlich eindeutige Begriff in seinem Wesen und seiner Konnotation stets verändert. Es zeigt, dass nicht das Gleiche gedacht werden muss, wenn Demokratie gesagt wird.

Diese Heterogenität wird besonders deutlich, wenn wir einen Blick auf die liberalen Modelle mit dem Prinzip der Repräsentation zur Erhaltung der Integrations- und politischen Handlungsfähigkeit im Zeitalter der Massendemokratie auf der einen und auf die republikanischen Ideen beziehungsweise die daran anschließende Vorstellung der deliberativen Demokratie von Jürgen Habermas auf der anderen Seite werfen (vgl. hierfür im Wesentlichen, wenn nicht anders ausgewiesen: Habermas 1991). Im liberalen Demokratieverständnis ist die Aufgabe von Politik, die Privatinteressen der Bürger:innen zu bündeln und sie gegenüber dem Staatsapparat durchzusetzen. Es existiert demzufolge eine Konkurrenz strategisch handelnder politischer Akteur:innen um den Erwerb respektive Erhalt der politischen Entscheidungsmacht. Schließlich sind es die Repräsentant:innen, die im Wesentlichen durch die Dynamik ihrer Konkurrenz einen allgemeinen Willen hervorbringen. Der Volkswille ist demzufolge nichts anderes als die Resonanz auf den politischen Wettbewerb (vgl. Lenk 1972, 13).

Demgegenüber ist Demokratie im deliberativen Modell die Selbstorganisation der Gesellschaft. Die Bürger:innen verfügen nicht – wie im liberalen Modell – in erster Linie über negative Freiheiten, sondern über politische Teilnahme- und Kommunikationsrechte als positive Freiheiten. Erst dieser sich aus der Bürgerschaft selbst konstituierende Prozess der politischen Meinungs- und Willensbildung, der durch institutionalisierte Verfahren abgesichert wird, ermöglicht vernünftige respektive faire Kompromisse. In beiden Konzeptualisierungen gilt jedoch: Sowohl die repräsentativen Eliten, die aus dem politischen Wettbewerb hervorgehen, als auch die Gesellschaft bedürfen gebauter Orte. Denn wenn Bürger:innen an der Formgebung der Demokratie stets aufs Neue mitwirken sollen, brauchen sie Orte, um den Gehalt- und damit Gestaltwandel der Demokratie nicht nur nachzuvollziehen, sondern auch mitprägen zu können.

2. WARUM BRAUCHEN DEMOKRATIEN ORTE?

Um darüber nachdenken zu können, *warum* gebauten Orten für Demokratie und Teilhabe in einer demokratischen Gesellschaft *welche* Bedeutung zugeschrieben wird oder welche Funktion sie entfalten (sollten), müssen wir uns – das wurde vorausgehend argumentiert – die Pluralität der theoretisch gedachten und praktisch ausgestalteten Demokratiekonzepte über die Zeit hinweg vergegenwärtigen. Denn wo auch immer der Konsens zwischen den Demokratievorstellungen liegt, „wie immer dorthin zu gelangen ist, kann nur in der Diskussion der streitenden Parteien untereinander selbst entschieden werden. Der Pluralismus der Werte und der Pluralismus der Methoden bilden die besten Garanten dafür, daß die Diskussion in Freiheit und im offenen Wettstreit der Ideen und Argumente ausgetragen wird. Wo sonst als eben in der Demokratie selbst wurzelt der Gedanke, Freiheit als die Freiheit des Andersdenkenden zu verstehen" (Wiesendahl 1981, 124). Schließlich – auch das muss von (post-)modernen Bürger:innen ausgehalten werden – gibt es keine allgemein geteilte Definition von Demokratie und es hat sie auch nie gegeben. Stattdessen existieren vielfältige konkurrierende Verständnisse davon, was das erwünschte Maß an bürgerschaftlicher Partizipation ist, wie viel individuelle Freiheit gegeben sein muss, wie sich – zum Beispiel mittels des Wahlsystems oder direkter Methoden – Einfluss auf das Handeln der Eliten nehmen lässt oder inwiefern eine realisierte institutionalisierte Gewaltenteilung eine notwendige Bedingung darstellt (vgl. Lembcke et al. 2012, 11).

Unabhängig davon, wie die Verfahren und Institutionen letztlich gestaltet sind, müssen Räume innerhalb einer Demokratie verfügbar sein, um all diese Fragen auszuhandeln und so das demokratische Momentum erzeugen zu können. „Es gibt keinen Willen des Volkes vor der Demokratie, sondern erst demokratische Verfahren bringen ihn zum Ausdruck. Demokratien funktionieren nicht repräsentativ, sondern expressiv" (Möllers 2008, 13), und eben jene Expression bedarf eines Ortes. Gebaute Orte ermöglichen also beispielsweise Konfliktaustragung, etwa im Parlament, oder sie symbolisieren das Institutionsgefüge der Demokratie in Form von Rathäusern (exekutive Gewalt) oder Justizpalästen (judikative Gewalt).

3. FUNKTIONEN GEBAUTER UND DEMOKRATISCHER ORTE

Gebaute Orte übernehmen in repräsentativen Demokratien klassischerweise bestimmte Funktionen – zuvörderst sind sie, wie schon anklang, Teil einer politischen Symbolik. Wenn man an gebaute Orte der *deutschen* Demokratie denkt, stellen sich rasch Assoziationen repräsentierender Bauten oder von Parlamentsgebäuden, die als kondensierte Symbolik par excellence (vgl. Schwanholz/Theiner 2020, 3) angesehen werden, ein: die Paulskirche als „Wiege der Demokratie", das Völkerschlachtdenkmal in Leipzig als Symbol der historischen Voraussetzung einer nationalen Demokratie oder die gläserne, Transparenz suggerierende, Kuppel des Bundestages. Dies liegt auch daran, dass lange die Auffassung vorherrschend war, ein politisches System brauche eine ihm angemessene Repräsentation – Bauwerke, welche die politische Potenz demonstrieren, die nationale Macht herausstellen und als Symbol einer bestimmten politischen Form eine expressive Funktion ausüben. Deshalb wird innerhalb der Politikwissenschaften sogar die Frage diskutiert, ob es einen Zusammenhang zwischen politischer Architektur und der Qualität der jeweiligen Staatsform, im Speziellen der Demokratie, gebe und sich „aus der Anordnung und Gestaltung politischer Bauwerke Rückschlüsse auf die politische Identität und Kultur eines Landes ziehen" ließen (Schwanholz/Theiner 2020, 3). Unstrittig scheint zumindest, dass Eliten „in politischer Architektur demonstrieren, wie sie sich selbst sehen oder wie sie gesehen werden möchten" (Schwanholz/Theiner 2020, 3).

Im Kontext dieser Frage nach der Inszenierung einer politischen Vergesellschaftungsform geht der Politikwissenschaftler Philip Manow davon aus, dass für demokratische Gesellschaften besondere Regeln gälten, um ihr Selbstverständnis in gebauten Orten auszudrücken: Mit dem Übergang der Souveränität und der Repräsentation vom Monarchen auf das Volk sei ein weitgehender Verzicht auf „alles Zeremonielle, Spektakuläre und Theatralische der Herrschaftsrepräsentation" einhergegangen, sie habe den „monarchische[n] Bilderzauber" durch „Vernunft und Nüchternheit" (Manow 2008, 8) ersetzt. Manow verweist an dieser Stelle ebenfalls auf Habermas, der die moderne Demokratie für ikonoklastisch halte, also davon ausgeht, dass sie keine Bilder kenne, ebenso wie Michel Foucault behauptet habe, es gäbe keinen „Körper der Republik" (zit. n. Manow 2008, 8), sodass man folgerichtig eine Demokratie als Entkörperung der Macht bezeichnen könne. Doch gegen diese Annahme, die bei Habermas eindeutig auf seine deliberative Perspektive zurückgeführt werden kann, lässt sich – anhand der gebauten Orte der Demokratie – Widerspruch geltend machen. Die moderne Demokratie, so Manow, sei keinesfalls ohne Bilder und symbolische Orte, sie produziere vielmehr ihre eigene politische Mythologie (vgl. Manow 2008, 13). Schließlich stehe jede Form politischer Herrschaft im Kontext einer eigenen symbolischen Ordnung, die sie legitimiere und sakralisiere (vgl. Manow 2008, 13) und die sich eben auch in gebauten Orten ausdrücken kann. Und mehr noch: Unterschiedliche Darstellungen demokratischer Herrschaft sind aussagekräftig über die impliziten Theorien demokratischer Repräsentation, die ihnen zugrunde liegen (vgl. Manow 2008). Wie oben gezeigt, gibt es mehrere Demokratie-Modelle. Je nach Auslegung stellt sich eine Demokratie auch in

ihren Orten unterschiedlich dar. So sollen etwa Parlamentsbauten die Eigenschaften der Gremien, die sie beherbergen, auch baulich abbilden: Es wird eine besondere Einheit, Würde und Unantastbarkeit reklamiert; Eigenschaften, die übrigens auch Politiker:innen in „ihren" Hohen Häusern gern inszenieren (vgl. Manow 2008, 12). Doch gerade der Bonner Republik wurde oftmals – pointiert durch den Publizisten Johannes Gross – vorgeworfen, dass sie „kein einziges Gebäude von architektonischem Rang errichtet" habe (zit. n. Battis 1995, 4). Noch drastischer formulierte der Verleger Wolf Jobst Siedler, die deutsche Demokratie sei zu nicht mehr in der Lage, als „Behälter für Angestellte" zu bauen (zit. n. Battis 1995, 5). Aufgrund ihrer Geschichte habe sie mehr oder weniger bewusst darauf verzichtet, eigene bauliche Symbole zu schaffen, was in der Klage mündet, dass die „Flucht vor baulicher Publizität" einer „Flucht vor demokratischer Öffentlichkeit" gleichkomme (vgl. Battis 1995, 5).

Zu diesen harschen Vorwürfen tritt gerade in Deutschland noch ein weiterer Aspekt: die Transparenz, die nach dem Zweiten Weltkrieg „als demokratisches Prinzip" (Schwanholz/Theiner 2020, 5) die deutsche Verfassungsordnung in Bauwerken visualisieren, Durch- und Einsichtigkeit herstellen sollte. Dieser Impuls der Regierenden ist als Reaktion auf die historischen Erfahrungen zu deuten. Dass ein hoheitlich errichtetes Gebäude auch immer ein

„politisches Bekenntnis" (zit. n. Battis 1995, 5) ablege, habe im Urteil eines Architekturkritikers gerade das Bonner Bundestagsgebäude gezeigt: „Dieser Bau ist das platonische Idealbild dessen, was wir nach den Jahren der NS-Diktatur an Gemeinschaftlichkeit, an Staat also, erbracht haben: Offenheit, Recht, Freiheitlichkeit ... die Botschaft lautet: Freiheit, Gelassenheit, unprätentiöse Selbstsicherheit und Großzügigkeit. Es mag ehrwürdigere Parlamente geben, ein freiheitlicheres, ein demokratischeres wird sich kaum finden lassen" (zit. n. Battis 1995, 5). Demokratische Werte, so wird hier argumentiert, hätten ihre bauliche Entsprechung gefunden.

Und tatsächlich: Gern wird die Formel von der „Demokratie als Bauherrin" bemüht (vgl. Battis 1995). Seit es demokratische Gesellschaften gibt, ließe sich von der jeweiligen Stadtplanung, insbesondere ihrer repräsentativen Bauten, auf die jeweilige Staatsform schließen. Schon Aristoteles habe eine idealtypische Stadtplanung vorgeschwebt, welche – die Demokratie abbildend – horizontal angelegt sei (vgl. Battis 1995, 3). Diese Gleichsetzung von Demokratie und Horizontalität betont der Publizist Bruno Flierl ex negativo eindrucksvoll: „Früher, in Klassengesellschaften hätten die Dominanten, z.B. Kirch- und Schloßtürme, die Menschen gewissermaßen ideologisch [qua Größe, Anm. d. Verf.] in die Knie gezwungen" (zit. n. Battis 1995, 6). Allerdings, so ist mit Battis anzumerken, „offenbaren die kurzschlüssigen Gleichungen von Demokratie, Horizontale, Durchsichtigkeit und Glas, ein illusionäres, den Herrschaftscharakter von Demokratie eskamotierendes und deshalb für den politischen Integrationsprozeß gefährliches Demokratieverständnis" (Battis 1995, 6 f.).

Ein berechtigter Einwand: Demokratie ist eben nicht nur, um auf die gut hundert Jahre alten Worte des US-amerikanischen Pädagogen und Philosophen John Dewey zurückzugreifen, eine Lebens- und Gesellschaftsform, sondern – vor allem in liberalen Demokratien, die auf das Prinzip der Repräsentation setzen – eine Herrschaftsform (vgl. Dewey 2000 [1916]). Die der Transparenz innewohnende Symbolik (für die prototypisch die gläserne Kuppel des Bundestages angesehen werden kann) steht in einem Spannungsfeld zu den Notwendigkeiten, die politisches Handeln, Entscheiden, ja die Ausübung politischer Macht durch die jeweiligen politischen Eliten in einer repräsentativen Demokratie mit sich bringt. Zudem: Die Aushandlung politischer Kompromisse, auch der Akt der Entscheidungsfindung, lebt von einer gewissen Klandestinität, benötigt ein Arkanum, um Kompromisse abseits der Blicke der Öffentlichkeit schließen zu können (vgl. Walter 2008 und Walter/Dürr 2000). Deshalb, so könnte man kritisch einwerfen, suggerieren diese transparenten Orte eine spezifische Vorstellung von Demokratie, die in der gegenwärtigen Praxis und im komplexen politischen Alltagsgeschäft nicht immer eingehalten werden kann, auch nicht immer zweckdienlich ist. Es erscheint sogar möglich, dass die transparenten Orte bei den Bürger:innen eine Vorstellung von Demokratie erzeugen, welche diese langfristig überfordert, da sie der Anspruchshaltung, die einzulösen sie im Stande zu sein scheint, nicht gerecht werden kann. Der Politikwissenschaftler Ingolfur Blühdorn prägte hierfür den Begriff der „simulativen Demokratie" (Blühdorn 2013). Obendrein wäre es der Perspektive einer gelebten Demokratie unangemessen, nur auf Parlamentsgebäude oder Rathäuser, also auf genuin politische Orte, zu fokussieren, denn demokratische Orte bilden eine Vielzahl gesellschaftlicher, kultureller, ökonomischer etc. Macht- und Entscheidungszentren ab – schließlich ist Demokratie nicht nur Politik und vor allem nicht nur ein Geschäft politischer Eliten.

Dokumentation der Vergangenheit, Erinnern und Identitätsstiftung

Neben ihrer Funktion der Symbolik, Inszenierung und Repräsentation sind gebaute Orte der Demokratie auch Vermittler von Geschichte, mehr noch: Demokratiegeschichte ist in Bauwerken präsent und nachvollziehbar.[2] In ihnen finden sich „Erinnerungsspuren", die auch auf vordemokratische Zustände verweisen, und somit nicht nur Geschichte in sich tragen, sondern sie gleichsam aktualisieren. Demokratie und ihre gebauten Orte sind demzufolge „Teil eines offenen historischen Prozesses" (Saage 2005, 26), in dem Orte dazu geeignet sind, diesen Prozess auch öffentlich sichtbar zu machen und uns gleichfalls auch stets die Grenzen der Demokratie vor Augen zu führen. So wie Orte der Demokratie auf undemokratische Regierungsformen, gar auf Diktaturen wie den Nationalsozialismus, in Abgrenzung verweisen können, aktualisieren sie, was Demokratie aus heutiger Perspektive bedeutet, aber auch, welch unterschiedliche Zuschreibungen ihr historisch innewohnten – eine Möglichkeit zu bieten, diese Konnotationen zu reflektieren und zu aktualisieren, ist eine zentrale Funktion demokratischer Orte.

In besonderer Weise übernehmen Mahnmale eine solche Erinnerungs- und Selbstverständigungsfunktion, sie adressieren die nachfolgenden Generationen, die sich an etwas Vergangenes erinnern, auch Auskunft über den „Erinnerungsort Deutschland" (Neumann 2001, 637) geben sollen. Ihr Blick richtet sich vornehmlich in die Vergangenheit: Mit dem Historiker Dan Diner lässt sich formulieren, „dass der Weg über die Erinnerung als verzögerte Sicht auf den Schattenriß der Ereignisse ein längeres Verweilen und damit einen genaueren Blick auf die Vergangenheit erlaube als jener Zugang, der in seiner Unmittelbarkeit von sich behauptet, den Verbrechen gleichsam ins Auge zu blicken" (zit. n. Neumann 2001, 637). Dieser Blick in die Vergangenheit beinhaltet gewissermaßen Dimensionen für die Gestaltung der demokratischen Gegenwart und Zukunft, die sich meist noch stärker in Denkmälern wiederfinden. Sie gelten als Manifestationen eines kollektiven Gedächtnisses, sind Träger einer bestimmten Geschichtsdeutung (oft auch Ausdruck einer spezifischen Geschichtspolitik, das heißt einer politischen Leitlinie, was und in welcher Form erinnert werden soll) und üben eine gesellschaftliche Entlastungsfunktion aus, da sie Erinnerung verorten und ritualisieren. Es wird gegenwärtig sogar die Frage diskutiert, ob Parlamente „demokratische Gedenkstätten" (Schwanholz/Theiner 2020, 4) seien, da sie oftmals (auch baulich) auf die Gewordenheit der Demokratie verweisen. Indes: Diese Diskussion über *demokratische* und nicht nur historische Orte der Demokratie zeigt bereits an, dass sie wesentliche Züge einer durch die politischen, sozialen und kulturellen Eliten vermittelten Vorstellung von Demokratie trägt. Raum für Partizipation und eine gemeinsame kollektive Aneignung der Geschichte und ihrer Konsequenzen für die Gegenwart erscheinen hier zweitrangig.

Doch fasst man demokratische Orte weiter, sind sie nicht nur ein zentraler Bestandteil eines ritualisierten Erinnerns, sondern auch eines spezifischen Demokratieverständnisses. Sie ermöglichen die Schaffung von Kommunikations- und Erinnerungsgemeinschaften, die erst die Voraussetzung dafür herstellen – und das ist ihre vitalisierende Funktion –, uns mit ihrer Hilfe über die Bestandteile der heutigen Demokratie diskursiv zu verständigen. Dafür ist jedoch ihre historische Verankerung entscheidend, schließlich befinde sich Deutschland, so Etienne François und Hagen Schulze, den Herausgebern der monumentalen „Erinnerungsorte", zufolge, in einem „Zeitalter des Gedenkens" (François/Schulze 2001, 9). Da die Vergangenheit, mithin das Gedenken und Erinnern daran in Deutschland eher als Last empfunden werde, stelle sich umso nachdrücklicher die Frage, was „die Deutschen" zusammenhalte. Erinnerung gerinnt – gerade in ihrer örtlich-symbolischen Form – oftmals zur Identitätsfrage, denn demokratische Gesellschaften werden auch durch ein kollektives Bedürfnis nach Sinnstiftung zusammengehalten: „Keine Gemeinschaft ohne Gedenkfeiern und Denkmäler, Mythen und Rituale, ohne die Identifizierung mit großen Persönlichkeiten, Gegenständen und Ereignissen der eigenen Geschichte" (François/Schulze 2001, 13).

Kapazitäten ihrer Fächer wie der Soziologe Maurice Halbwachs oder der Historiker Reinhart Koselleck haben in diesem Kontext stets auf die strukturelle Zusammengehörigkeit von Erinnerung und Vergessen als Bestandteile des kollektiven Gedächtnisses hingewiesen (vgl. François/Schulze 2001, 14). Daran schließt sich im vorliegenden Kontext sogleich die Frage an, wie Demokratien ihre Vergangenheits- und Zukunftsentwürfe ausbilden und aktualisieren, mithin so eine gemeinsame Identität formen. Sie tun es – auch – mit Hilfe ihrer gebauten demokratischen Orte, die – wie gezeigt – stets „einen Überschuss an symbolischer Bedeutung [besitzen], der sich allerdings ändern, auch gänzlich verlieren kann" (François/Schulze 2001, 16). Solche Orte können – wie der vorliegende Sammelband eindrucksvoll belegt – auch immaterieller Natur sein und für sie gilt in gewissem Maße Gleiches, was für Erinnerungsorte gilt: „Es handelt sich um langlebige, Generationen überdauernde Kristallisationspunkte kollektiver Erinnerung und Identität, die in gesellschaftliche, kulturelle und politische Üblichkeiten eingebunden sind und die sich in einem Maße verändern, in dem sich die Weise ihrer Wahrnehmung, Aneignung, Anwendung und Übertragung verändert. [...] Wir sprechen von einem Ort, der seine Bedeutung und seinen Sinn erst durch seine Bezüge und seine Stellung inmitten sich immer neu formierender Konstellationen und Beziehungen erhält" (François/Schulze 2001, 18).

4. PERSPEKTIVERWEITERUNG DURCH EIN DYNAMISCHES DEMOKRATIEVERSTÄNDNIS

Doch wie lässt sich dieses Bemühen um gemeinsame gesellschaftliche Aneignungen der Geschichte unter einem produktiven, auf die Bürger:innen eines Landes gerichteten Demokratieverständnis beschreiben? Wir haben gesehen: Gebaute Orte sind nicht nur politischen Eliten und ihren Ritualen der Inszenierung von Legitimität vorbehalten. Gleichzeitig können sie – in den Worten von Pierre Rosanvallon – eine Quelle der Legitimität bilden, indem sie Nähe zwischen Repräsentierten und Repräsentanten herstellen (vgl. Rosanvallon 2010). Der französische Politikwissenschaftler argumentiert, dass man der konstatierten Krise der Demokratie mit alternativen Legitimationsformen begegnen könne und eben jene durch Nähe zwischen den politischen Eliten auf der einen und der Bürgerschaft auf der anderen Seite hergestellte Legitimität ein Ausweg sein könnte.

Denn gebaute Orte, wie Stadtteil- und Jugendzentren, Küchen- und Gartenprojekte, Gemeinderäume und Vereinsheime sind eben auch Orte für die Bürgerschaft im Kleinen, um sich zu finden, miteinander zu debattieren und Interessen auszuhandeln. Sie bieten einen Rahmen und ein Dach, damit die demokratische Gesellschaft zu sich selbst findet. Sie eröffnen Möglichkeiten für demokratische Vergemeinschaftung. Und darüber hinaus können diese Orte auch eine egalisierende Funktion übernehmen. Die Idee der Gleichheit aller Bürger:innen, zumindest das Festhalten daran, dass jede Stimme im demokratischen Entscheidungsprozess gleich viel zählt, ist eines der zentralen Versprechen der Demokratie. Zwar ist diese politische Freiheit ein Fluchtpunkt, bestehen doch weiterhin zahlreiche soziale Differenzen, verschiedene Räume des hierarchischen Gefüges sind segregiert und es existieren divergierende Machtoptionen. Doch mobilisieren Orte der Demokratie gleichwohl und dessen ungeachtet nivellierende Kräfte, sie federn soziale Differenzen mit dem Fokus auf politische Gleichheit ab.

Wie gezeigt, bergen gebaute Orte für Demokratie und Teilhabe Potenziale, um die unterschiedlichen Funktionen von Repräsentation, Symbolisierung, Dokumentation, Erinnern und Kommunikation zu erfüllen. Doch müssen sie in einer lebendigen, dynamischen und weniger auf die politischen Eliten fixierten und mehr auf die Bürger:innen konzentrierten Perspektive mehr leisten.

Gerade in der Auffassung eines dynamischen Demokratieverständnisses müssen gebaute Orte für Demokratie auch Raum lassen, um politische Herrschaft in Frage stellen zu können, neue Verfahren auszuprobieren. Gerade weil Demokratie stets aufs Neue gestaltet, ausgehandelt und in für jede Gesellschaft eigene Institutionen gegossen und in Praktiken verfestigt werden muss, müssen diese Orte – damit Demokratie auch weiterhin Bestand hat – sowohl hinreichende Stabilität gewährleisten und – damit durch tradierte Werte und überkommene Eliten keine systematischen Ausschlüsse praktiziert werden – gleichzeitig Wandelbarkeit zulassen.

Gebaute Orte für Demokratie und Teilhabe sind zwar – eben, weil es gebaute Orte sind – Erinnerungsspeicher, doch sie müssen demokratische Räume bleiben, indem sie die Selbstermächtigung der handelnden Subjekte (und nicht nur der Eliten) stets aufs Neue ermöglichen. Diese Fokussierung auf jede Einzelne und jeden Einzelnen der demokratischen Gesellschaft ist gleichwohl nicht mit einer Bevorzugung liberaler Demokratietheorien zu verwechseln, in deren Perspektive Individuen über Rechte verfügen, die gegenüber dem kollektiven Demos abzusichern und gegen die staatlichen Institutionen zu verteidigen sind. Auch ist die hier herausgearbeitete Vorstellung von der Aufgabe gebauter demokratischer Orte nicht gleichzusetzen mit der Idee der deliberativen Demokratie, die Räume präferiert, in denen durch eine vernünftige Debatte ein gemeinsamer Wille herausgearbeitet werden kann. Uns ging es darum, alternative Potenziale gebauter Orte unter einem dynamischen Verständnis von Demokratie sichtbar zu machen. An solchen Orten können abweichende Ansichten diskutiert, widerständige Praktiken eingeübt, eine kollektive Identität erarbeitet, selbstbestimmt an gesellschaftlichen Prozessen mitgewirkt oder Selbstwirksamkeit erfahren werden. Gebaute Orte für Demokratie und Teilhabe müssen in einem dynamischen Demokratieverständnis vielfältig sein, verschiedene Rollen repräsentieren, unterschiedliche Funktionen ausüben. Nur so kann es gelingen, die Pluralität und Offenheit moderner Demokratie nicht nur abzubilden, sondern auch Partizipationsmöglichkeiten bereitzustellen, demokratische Experimente und Innovationen zu ermöglichen, Erinnerungen zu bewahren und durch Geborgenheit bestärken zu können.

Fußnoten

1 Gelegentlich wird dieses binäre Schema zwischen normativer und empirischer Demokratietheorie durch historische und formale Theorien von der Demokratie ergänzt (vgl. Buchstein 2009).

2 So stellen Schwanholz und Theiner (2020, 9) fest: „Demokratie hat die Kraft, öffentliche Bauten vergangener Epochen für ihre eigene Selbstdarstellung zu adaptieren."

Literatur

- Battis, Ulrich (1995): Demokratie als Bauherrin. Antrittsvorlesung 25. Januar 1994. Berlin
- Blühdorn, Ingolfur (2013): Simulative Demokratie. Neue Politik nach der postdemokratischen Wende. Frankfurt am Main
- Buchstein, Hubertus (2009): Demokratietheorie in der Kontroverse. Baden-Baden
- Dahl, Robert A. (1976): Vorstufen zur Demokratie-Theorie. Tübingen
- Dewey, John (2000) [1916]: Demokratie und Erziehung. Eine Einleitung in die philosophische Pädagogik. Weinheim
- François, Etienne und Hagen Schulze (2001): Einleitung, in: Dies. (Hrsg.): Deutsche Erinnerungsorte, Bd. 1, S. 9–27. München
- Habermas, Jürgen (1991): Drei normative Modelle der Demokratie. Zum Begriff der deliberativen Politik, in: Münkler, Herfried (Hrsg.): Die Chancen der Freiheit. Grundprobleme der Demokratie, S. 11–24. München
- Jörke, Dirk (2006): Wie demokratisch sind radikale Demokratietheorien?, in: Heil, Reinhard und Andreas Hetzel (Hrsg.): Die unendliche Aufgabe. Kritik und Perspektiven der Demokratietheorie, S. 253–266. Bielefeld
- Lembcke, Oliver W., Claudia Ritzi und Gary S. Schaal (Hrsg.) (2012): Zeitgenössische Demokratietheorien, Bd. 1, Normative Demokratietheorien. Wiesbaden
- Lembcke, Oliver W., Claudia Ritzi und Gary S. Schaal (2012): Zwischen Konkurrenz und Konvergenz. Eine Einführung in die normativen Demokratietheorien, in: Dies. (Hrsg.): Zeitgenössische Demokratietheorien, Bd. 1, Normative Demokratietheorien, S. 9–32. Wiesbaden
- Lenk, Kurt (1972): Wie demokratisch ist der Parlamentarismus? Grundpositionen einer Kontroverse. Stuttgart und Berlin, Köln, Mainz
- Manin, Bernard (1997): Kritik der repräsentativen Demokratie. Berlin
- Manow, Philip (2008): Im Schatten des Königs. Die politische Anatomie demokratischer Repräsentation. Frankfurt am Main
- Marg, Stine (2014): Mitte in Deutschland. Zur Vermessung eines politischen Ortes. Bielefeld
- Möllers, Christoph (2008): Demokratie – Zumutung und Versprechen. Berlin
- Münkler, Herfried (1991): Vorwort, in: Ders. (Hrsg.): Die Chancen der Freiheit. Grundprobleme der Demokratie, S. 9–10. München
- Neumann, Klaus (2001): Mahnmale, in: Francois, Etienne und Hagen Schulze (Hrsg.): Deutsche Erinnerungsorte, Bd. 1, S. 622–638. München
- Rosanvallon, Pierre (2010): Demokratische Legitimität. Unparteilichkeit, Reflexivität, Nähe. Hamburg
- Saage, Richard (2005): Demokratietheorien. Eine Einführung. Wiesbaden
- Schmidt, Manfred G. (2010): Demokratietheorien. Eine Einführung. Wiesbaden
- Schwanholz, Julia und Patrick Theiner (2020): Parlamentsarchitektur als Gegenstand politikwissenschaftlicher Forschung und die Frage nach Demokratie in Bauwerken, in: Dies. (Hrsg.): Die politische Architektur deutscher Parlamente. Von Häusern, Schlössern und Palästen, S. 3–12. Wiesbaden
- Walter, Franz (2008): Baustelle Deutschland. Politik ohne Lagerbindung. Frankfurt am Main
- Walter, Franz und Tobias Dürr (2000): Die Heimatlosigkeit der Macht. Wie die Politik in Deutschland ihren Boden verlor. Berlin
- Wiesendahl, Elmar (1981): Moderne Demokratietheorie. Eine Einführung in ihre Grundlagen, Spielarten und Kontroversen. Frankfurt am Main, Berlin und München

WAS PASSIERT HIER?
STADTSTREIFEN

WER WIR SAGT, SAGT EIGENTLICH WO

Hanna Noller

Der Wettbewerb „Gebaute Orte für Demokratie und Teilhabe" versammelt herausragende Projekte demokratischer Gemeinschaftsbildung, eingereicht aus ganz Deutschland. Er zeigt offene, lebendige und kooperationsfähige Beispiele gelebter Demokratie, die dazu einladen, sich auf vielfältige Weise aktiv an der Gestaltung unserer Gesellschaft zu beteiligen und sich vor Ort zu engagieren. Durch die Prämierung und Anerkennung ausgewählter Projekte bietet der Wettbewerb Orientierung dafür, was einen Ort für Demokratie und Teilhabe im Speziellen ausmacht und zeigt auf, welche Bedeutung diese Projekte für unsere Gesellschaft haben. Das Ergebnis macht deutlich, was möglich ist, wenn Menschen Raum haben zu kooperieren und sich für die Idee einer gemeinwohlorientierten Gemeinschaft einzusetzen.

Die durch die Wettbewerbsbeiträge gezeichneten utopischen Möglichkeitsräume ziehen eine wesentliche Frage nach sich: Sollte nicht jedes Rathaus in jeder noch so kleinen Gemeinde ein gebauter Ort für Demokratie und Teilhabe sein? Die im Wettbewerb prämierten Orte weisen jedoch eine starke Diskrepanz zu den meisten unsere Demokratie repräsentierenden Gebäude und deren praktizierter Realität auf. Eine Vielzahl der Rathäuser und Parlamentsbauten scheinen unter dem Zwang bürokratischer und kapitalistischer Prozesse zu liegen und häufig nur als schützende und machtdemonstrierende Hülle politischer und verwaltender Gremien zu dienen. Statt die Möglichkeit der Mitgestaltung und Teilhabe zu schaffen und damit eine demokratische Haltung und Orientierung zu vermitteln, wirken ihre Foyers, Eingangsbereiche, Flure und Gremien-Säle entweder einschüchternd, unbelebt und verstaubt oder sind durch strenge Sicherheitsvorkehrungen zu gläsernen und anonymen Bunkern geworden.

Vielleicht ist diese Diskrepanz zwischen Vorstellung und gebauter Repräsentation ein Hinweis darauf, warum wir in unserer politischen Landschaft aktuell ein schwindendes Vertrauen in demokratische Prozesse und ein Aufblühen demokratiefeindlicher politischer Gruppierungen erleben. Die Gebäude entsprechen nicht dem Bedürfnis nach Zugänglichkeit, Mitsprache und Teilhabe, wodurch sie im besten Fall Ansatzpunkte bieten, diesen Prozessen entgegenzuwirken. Für mich als Architektin ist es durchaus ein Hinweis darauf, dass Architektur im Diskurs um die Gestaltung unserer Gesellschaft nicht die Rolle spielt, die sie in der gegenwärtigen öffentlichen Debatte einnehmen sollte. Scheinbar fehlt in politischen Gremien das Bewusstsein dafür, welchen Einfluss der gebaute Raum auf unser Zusammenleben ausübt.

Diese Diskrepanz erfordert eine nähere Betrachtung der Zusammenhänge zwischen den sozialen Praktiken einer demokratischen Gemeinschaft und den dafür zur Verfügung stehenden Orten. Wie sieht ein „Gebauter Ort für Demokratie und Teilhabe" eigentlich aus? Welche gebauten Orte stehen beispielhaft für Demokratie und Teilhabe und welche konkreten architektonischen Grundelemente oder städtebaulichen Besonderheiten zeichnen diese aus?

DIE AGORA IN ATHEN ALS PROTOTYP

Als einer der ältesten gebauten Orte für Demokratie und Teilhabe gilt die *Agora* in Athen, der als zentraler Versammlungsort der Stadt eine herausragende Rolle für das geordnete Zusammenleben in einer Gemeinschaft zukam. Das griechische Wort *Agora* bedeutet Versammlung und bezog sich im griechischen Altertum auf die Versammlung des Heeres, später des Volkes, die zunächst meist unter freiem Himmel zusammentrat und über alle wichtigen politischen Fragen entschied.

Die architektonische Gestaltung der Agora in Athen in Form eines befestigten Platzes garantierte die Zugänglichkeit für möglichst viele Menschen an einem zentralen Ort in der Polis. An seinen Rändern waren in den sogenannten *Stoen* (Säulenhallen) Geschäfte untergebracht, die unter anderem für das leibliche Wohl

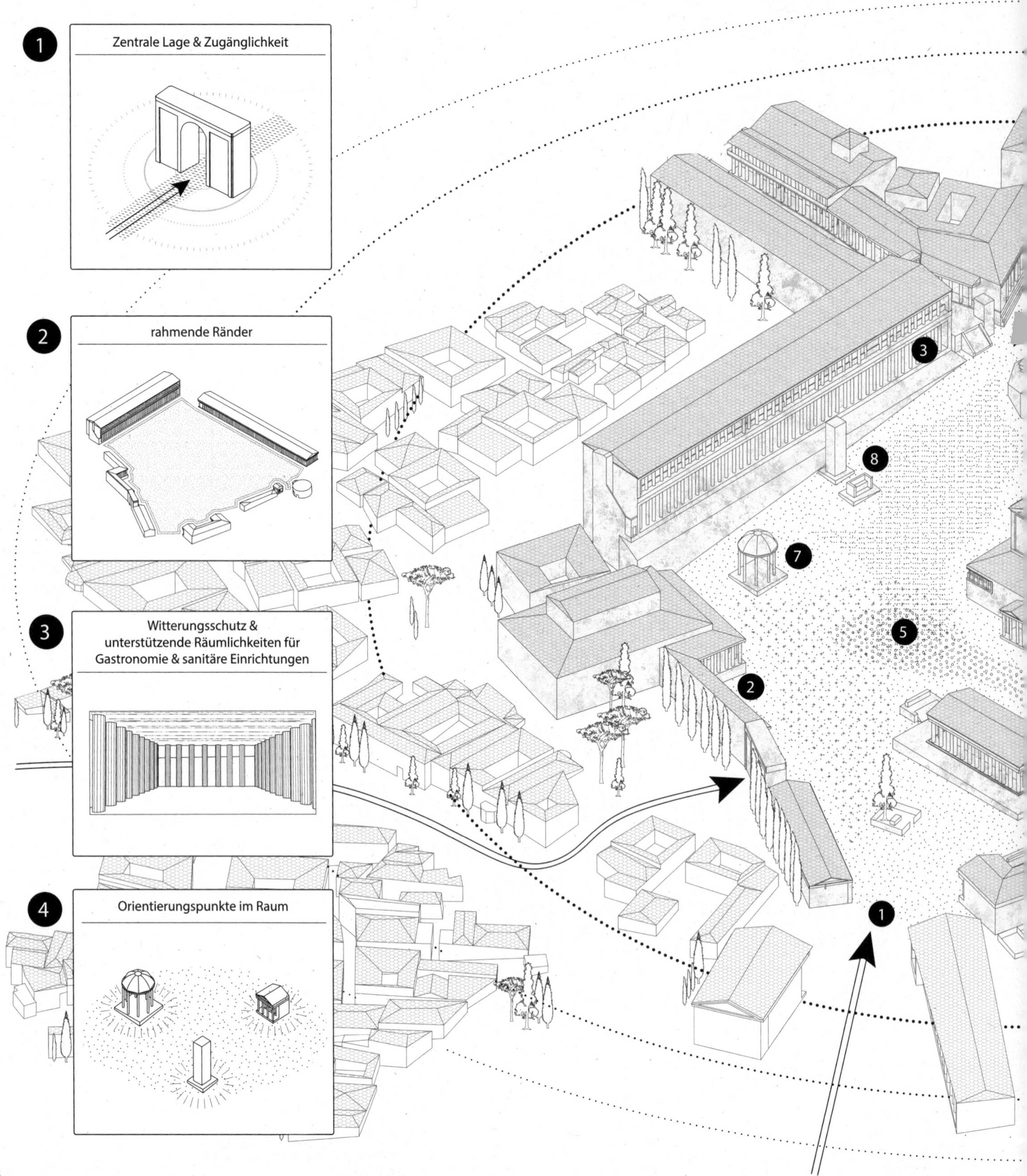
1
Zentrale Lage & Zugänglichkeit
2
rahmende Ränder
3
Witterungsschutz &
unterstützende Räumlichkeiten für
Gastronomie & sanitäre Einrichtungen
4
Orientierungspunkte im Raum
3
8
7
5
2
1

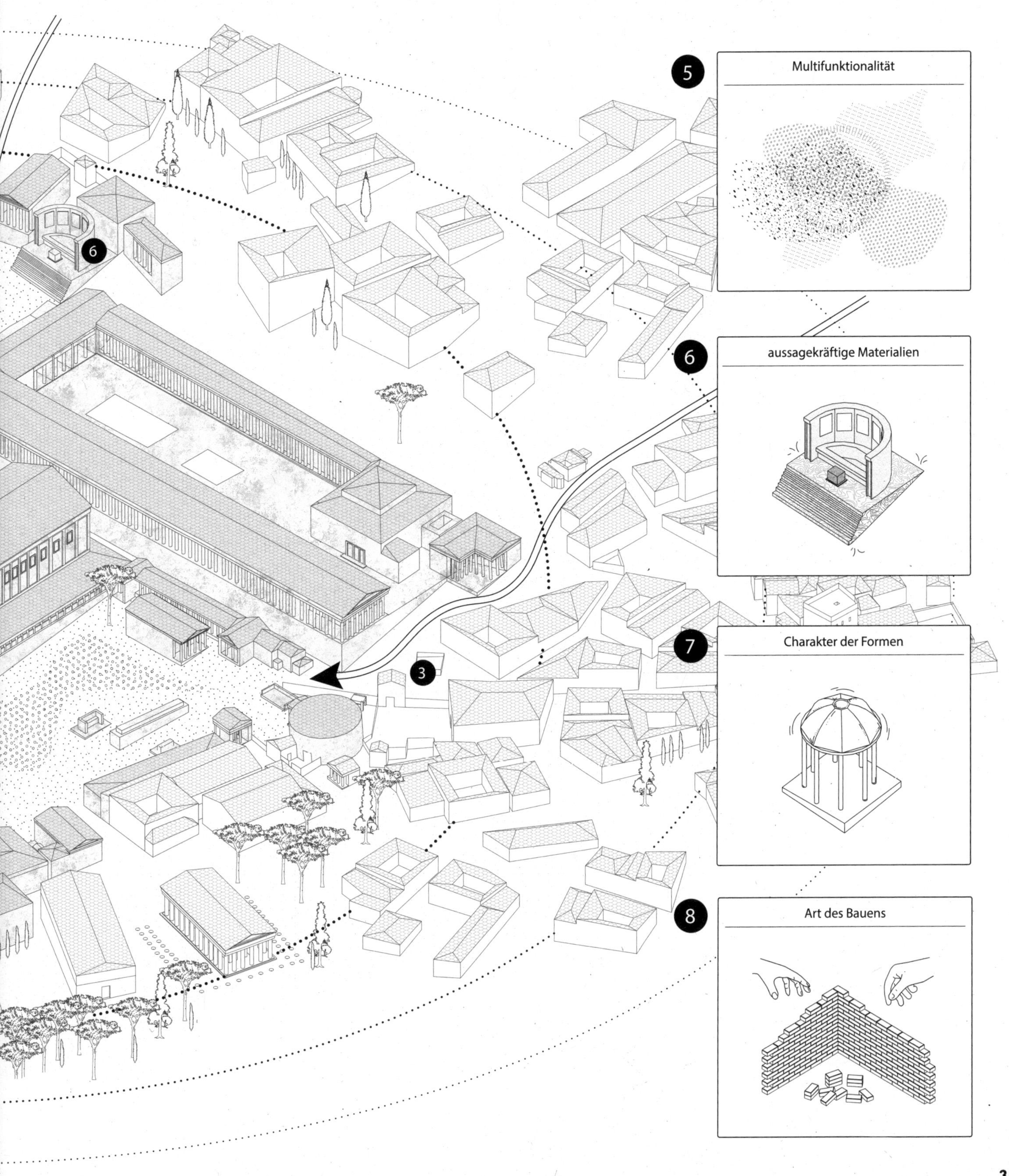
5
Multifunktionalität
6
aussagekräftige Materialien
7
Charakter der Formen
8
Art des Bauens
6
3

während der Zusammenkünfte sorgten. Durch den überdachten Raum der Stoen wurden die Menschen vor Witterungseinflüssen wie Sonne, Regen und Wind geschützt, womit deren Teilhabe an den Versammlungen jederzeit ermöglicht werden konnte. Es gab einen hohen, für alle sichtbaren Turm mit weitem Ausblick, der die Teilnehmenden über Uhrzeit und Wetterlage informierte, ihnen als Orientierungspunkt im Raum diente und nicht zuletzt auch Raum für die öffentlichen Latrinen bot, um die Notdurft geschützt verrichten zu können. In der näheren Umgebung fanden sich Altäre, Tempel und andere Heiligtümer. Diese Multifunktionalität der Agora bot neben der politischen Funktion auch Raum für die Abhaltung von Märkten und war gleichzeitig Kult- und Begegnungsstätte. So in den Alltag der Stadt eingebettet, war die Agora täglicher Treffpunkt der Bürger[1]. Öffentliche Beschlüsse und ehrerbietende Statuen wurden in der Agora aufgestellt. Mit der Zeit wurde dieser zentrale Ort der Demokratie um Verwaltungsgebäude und Theater ergänzt, die den Versammlungen eine bessere Akustik boten (vgl. Siehr 2018).

ARCHITEKTUR IST DIE KUNST MÖGLICHKEITEN ZU ERÖFFNEN

Die Architektin Sophie Wolfrum beschreibt in ihrem Buch „Die Stadt als Architektur", dass Architektur nicht nur als eine Ansammlung von körperhaften Objekten und Bauwerken zu betrachten sei, sondern „als Konstellation räumlicher Situationen" (Wolfrum/Janson 2019, 23). Für sie soll die Bezeichnung „Situation" zum Ausdruck bringen, dass Architektur immer im wechselseitigen Zusammenwirken von baulich-räumlichen Elementen mit den Aktivitäten all derer erlebt wird, die sich im Raum aufhalten und bewegen (vgl. Wolfrum/Janson 2019, 23). Dieses wechselseitige Zusammenwirken zwischen Subjekt und Objekt wird über die Ausdruckskraft eines Ortes in Form von Atmosphäre wahrnehmbar. Sowohl das Subjekt als auch das gebaute Objekt haben Einfluss auf diese. Ein gebauter Ort besteht somit nicht nur aus baulich-physischen Elementen, sondern immer auch aus den Menschen, die diese nutzen und durch ihre sozialen Praktiken prägen. Alle, teilweise auch nur diffus wahrnehmbaren Eigenschaften der Architektur, wie zum Beispiel Maße, Materialien und der Charakter ihrer Formen, aber auch Klang, Geruch oder Dunst sind daran beteiligt. Sie können eine Interaktion der Menschen damit und darin verursachen oder beeinflussen (vgl. Wolfrum/Janson 2019). Das Verhalten der Menschen im Umgang miteinander und mit ihrer Umwelt wiederum, basiert auf gemeinsamen Regeln geschriebener und ungeschriebener Art, die sich aus Wertevorstellungen einer Gemeinschaft entwickeln (vgl. Klamt 2007 und Schubert 2000). Sie werden durch Interaktionen der Menschen miteinander und dem sie umgebenden Ort ablesbar. Denn sie bestimmen ihr Verhalten, machen Verhaltensweisen möglich oder verhindern diese. Aufgrund von Regeln werden mittels der Architektur bestimmte Handlungen gezielt verbaut und unmöglich gemacht. Ein Ort besteht somit aus dem fortwährenden Wechselspiel dreier Faktoren: den baulich-physischen Elementen, den Menschen, mit ihren persönlichen Fähigkeiten und Interessen, sowie den geltenden Regeln, auf die sie sich dort geeinigt haben.

Eines der ausgezeichneten Projekte des Wettbewerbs „Gebaute Orte für Demokratie und Teilhabe" ist das PLATZprojekt (vgl. S. 140–145) in einem Industriegebiet Hannovers. Die Gemeinschaft dort organisiert sich nach den Regeln der Do-ocracy, die davon ausgeht, dass jede Person alles allein entscheiden und selbstständig handeln kann. Das PLATZprojekt wird also von den Personen definiert, die etwas tun (vgl. Willinger 2021). Es steht beispielhaft dafür, wie durch die formale Ausgestaltung provisorischer Architekturen Anknüpfungspunkte geschaffen werden und damit die Möglichkeit der Teilhabe entsteht. Gute Architektur kann Atmosphären kreieren, bestimmte Situationen zulassen oder verhindern. Einerseits schützt wertige Gestaltung vor Vandalismus und drückt Wertschätzung gegenüber den Nutzer:innen und Anwohner:innen aus. Andererseits wirken einfache und veränderbare Konstruktionen einladend auf Dritte, die dadurch animiert werden, sich den Raum anzueignen und architektonisch weiterzuentwickeln. Je nach Intention eines Projekts können so Handlungen und Prozesse initiiert oder verhindert werden.

Agora Elemente: Art des Bauens (provisorische Architektur), Materialität (veränderbare und Modulare Stofflichkeiten wie Holz und Container), Charakter der Formen (unfertig, offen, fragmentarisch), Zugänglichkeit (viele Öffnungen von allen Seiten)

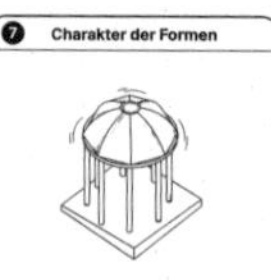

Die Provisorien auf dem PLATZprojekt vermitteln zwischen Realität und Vision einer lebendigen und kreativen Stadtgesellschaft und ermöglichen Nutzer:innen durch ihre offene, unfertige und fragmentarische Gestalt, aktiv in die Gestaltung ihrer Umgebung einzugreifen. Das PLATZprojekt befindet sich in einem klassischen Bottom-up-Prozess und steht momentan an der Schwelle zur Verstetigung, weshalb es nun eine Reihe von Hürden zu nehmen gilt. Die Fläche gehörte bisher einem Investor, der sich weder für das Geschehen auf der Fläche interessierte noch dafür verantwortlich fühlte. Mit dem Übergang der Fläche an die Stadt Hannover gewinnt das Thema der Verantwortlichkeiten an Brisanz. Fragen zu statischen Nachweisen, Brandschutzverordnungen und Baugenehmigungen müssen beantwortet werden, ohne die Offenheit und den provisorischen Charakter des Projekts zu gefährden. Das

Projekt ist eines von vielen Beispielen, das mit diesen zwar notwendigen, aber in der Gestaltung des Ortes einengenden Regularien zu kämpfen hat. Wie kann dem Projekt also ein unter dem Zwang des Kapitalismus stehender bürokratischer Rahmen gegeben werden, ohne die experimentellen Flächen und Architekturen, die offene Atmosphäre durch Regeln einzuengen? Die Herausforderung der Verzahnung von Bottom-up- mit Top-down-Prozessen ist eine dringende Frage und muss im engen Austausch transdisziplinär zwischen Zivilgesellschaft, Stadtverwaltung und stadtgestaltenden Expert:innen beantwortet werden.

KOOPERATION AM RUNDEN TISCH

Das Haus der Statistik in Berlin (vgl. S. 170–173) ist im Prozess der Kooperation von Bottom-up und Top-down schon einige Schritte weiter und gilt als einer der derzeit spannendsten Modellversuche in Deutschland. Ein entscheidender Unterschied zum PLATZprojekt ist, dass die leerstehenden Gebäude von der Gemeinschaft nicht besetzt und für die eigenen Interessen angeeignet wurden, sondern mit gestalterischen Mitteln gezielt ein Prozess in Gang gesetzt wurde, das Haus der Statistik in einen Ort für Demokratie und Teilhabe zu verwandeln. Nur ein Teil des Gebäudes am Alexanderplatz wurde daraufhin zur Projektwerkstatt umgestaltet. Eine raumgreifende Typografie auf dem Dach des Gebäudeteils mit dem Begriff „Werkstatt" weist schon von Weitem sichtbar darauf hin, dass sich hier etwas verändert. Dank der transparenten Glasfassade von allen Seiten gut einsehbar und im Erdgeschoss gelegen niederschwellig erreichbar, bietet sie allen Interessierten die Möglichkeit, das Geschehen mitzuverfolgen, daran teilzuhaben und den Prozess mitzugestalten. Vergleichbar ist dieses Element auch mit früheren Dombauhütten, die Zentrum des Austauschs für alle am Bau beteiligten Baumeister, aber auch der das Gebäude finanzierenden und später nutzenden Menschen waren (vgl. Binding 1997). Es unterscheidet sich jedoch darin, dass in der Werkstatt am Alexanderplatz alle Menschen, unabhängig von ihrer beruflichen Spezifikation und Zugehörigkeit eingeladen sind, die Werkstatt zu besuchen und an der Entwicklung des Ortes teilzuhaben. Unterstützt wird dies durch die Erweiterung der Werkstatt in den umliegenden öffentlichen Raum durch aktivierende Formate wie das gemeinsame Bauen kleiner Stadtmöbel, kollektives Kochen oder das Singen im Chor. Die Besonderheit des Projekts liegt in den zunächst unsichtbaren Prozessen im Hintergrund. Denn langfristig möglich ist diese ermächtigende Entwicklung des Ortes dank eines Kooperationsvertrags, in dem die Regeln der Zusammenarbeit der fünf Kooperationspartner (KOOP 5) festgelegt wurden. Gemeinsames niedergeschriebenes Ziel ist die gemeinwohlorientierte Entwicklung des Hauses der Statistik. In gemeinsamer Verantwortung haben sich Kommune, Initiative und landeseigene Wohnungsbaugesellschaft auf Augenhöhe verpflichtet, Raum für Kunst, Kultur, Soziales und Bildung, bezahlbares Wohnen, ein neues Rathaus für Berlin-Mitte sowie Verwaltungsnutzungen auf dem Areal Haus der Statistik zu realisieren.

Das Projekt Refugees' Kitchen (vgl. S. 146–151) wiederum ist mit Hilfe einer mobilen Plattform in der Lage, auf die Menschen „zuzugehen". Je nach Bedarf und Intention platziert diese sich an einem spezifischen Ort im öffentlichen Raum, um die entsprechende Zielgruppe zu erreichen. Die orangene Container-Struktur schafft Aufmerksamkeit und bildet einen formgebenden dynamischen Rahmen, in dem professionelle Küchenelemente den Raum flexibel gestalten. Die Nutzer:innen können je nach Bedarf eine bewirtende Rolle einnehmen oder ein gemeinschaftliches Miteinander-Essen produzieren. Die großzügigen Öffnungen des umgebauten Hochsee-Containers ermöglichen eine Kommunikation zu allen Seiten und sorgen für eine Vertrauen schaffende Transparenz. Die Plattform auf dem Containerdach ist Orientierungspunkt von oben und unten zugleich und lädt neugierige Passant:innen ein, den Blickwinkel zu wechseln. Eine Stufe zur Küche ist gleichwohl niedrig genug, um nicht abschottend zu wirken und dennoch eine kleine Hemmschwelle am Rande des Küchenraums, um diesen nicht unbedacht zu betreten. Theke und Tische können ergänzend zu der offenen Küche aufgebaut werden, bieten die Möglichkeit zum gemeinsamen Zubereiten der Lebensmittel und laden interessierte Menschen ein teilzuhaben. Die Regeln, nach denen die Refugees' Kitchen funktioniert, sind klar ablesbar: uneingeschränkte

Agora-Elemente: Orientierungspunkte im Raum (Schriftzug), Zugänglichkeit (Erdgeschossebene, Transparenz durch gläserne Fassade), Multifunktionalität (offene Werkstatt, Infozentrum, Ausstellung und Küche), Materialität (veränderbar), Charakter der Formen (überraschend, ungewöhnlich für diesen Ort)

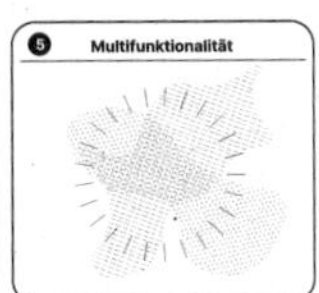

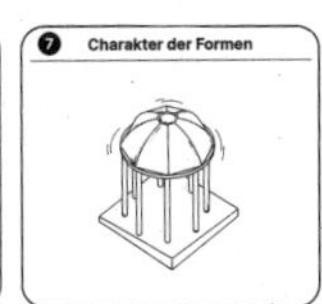

Agora-Elemente: zentrale Lage (mobile Plattform), rahmende Ränder (Container), Orientierungspunkt im Raum (Farbe Container + Plattform auf Dach), Gastronomie (Bewirtung), Zugänglichkeit (großzügige Öffnung in alle Richtungen)

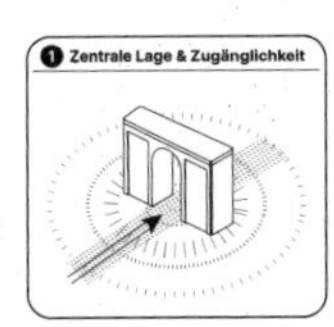

Offenheit mit dem Ziel, Menschen aus allen Richtungen zu erreichen. Nicht das monetäre, sondern das soziale und kulturelle Kapital wird hier bewusst hervorgehoben und in Umlauf gebracht.

PROPAGANDA ODER PARTIZIPATION

Das Preisträgerprojekt Dokumentations- und Lernort Bückeberg (vgl. S. 122–127) sticht aus den eingereichten Projekten hervor. Es stellt sich gezielt dem entgegen, was ehemals als vermeintlich gemeinschaftsbildender Versammlungsort angelegt wurde: Der Bückeberg war Kulisse für die Selbstinszenierung des NS-Regimes und der Massenverführung. Das jährliche Reichserntedankfest diente der Einschwörung des Volkes auf die Ziele des Nationalsozialismus und damit der Vorbereitung auf den Krieg. Gerade deshalb ist es ein wichtiges Beispiel für den Zusammenhang zwischen Architektur und der Gestaltung unserer Gesellschaft. Sehr offensichtlich bediente sich der damals ausführende Architekt Albert Speer den Elementen der Baukunst und wusste den Raum präzise, mit allen gestalterischen und künstlerischen Mitteln zu inszenieren: eine große Freifläche, eingerahmt von erhöhten Fahnenmasten an den Rändern, um die Gemeinschaft zu zelebrieren und sich gleichzeitig bewusst nach außen abzugrenzen. Künstlich angelegt und topografisch ausgerichtet auf nur eine Bühne, mit dem Ziel, alle sich Versammelnden zu einer gemeinsamen Perspektive zu zwingen. Von der Beleuchtung bis hin zur Kostümierung war nichts dem Zufall überlassen. Dieser Ort war offensichtlich nicht dazu gedacht, die anwesenden Menschen zum Austausch miteinander anzuregen. Im Gegenteil, alle sollten nur die Worte eines Mannes vernehmen.

Um dieses historische Erbe aufzuarbeiten, wird dieser Ort architektonisch neu gestaltet. Die symmetrisch angelegten Achsen werden mit Hilfe punktueller Interventionen aufgebrochen. In Form eines historisch-topografischen Informationssystems werden die gigantischen räumlichen Ausmaße visualisiert. Informationsinseln werden auf den historischen Kontext, Manipulations- und Propagandamechanismen hinweisen, darüber aufklären und zur Auseinandersetzung mit der Täter:innen- und Unterstützer:innen-Perspektive auffordern.

Agora-Elemente: Orientierungspunkte im Raum (Informationstafeln), Charakter der Formen (Interventionen, aufgebrochene Achsen), Multifunktionalität (historisch-topografisches Informationssystem)

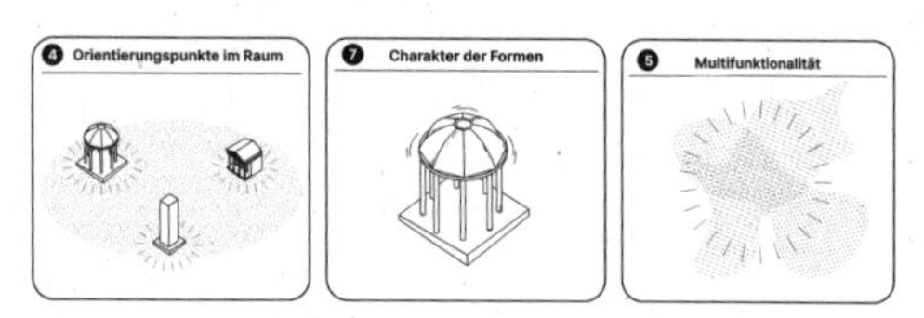

Die Interventionen werden so zu Orientierungspunkten sowohl im baulich-physischen Raum als auch in der demokratischen Landschaft. Sie vermitteln zwischen Vergangenheit und Gegenwart und halten die Erinnerung daran wach, dass die Werte und Regeln einer Gesellschaft wandelbar sind.

AKTIVIERUNG STATT BETEILIGUNG

Durch meine Arbeit in gemeinschaftsbildenden Projekten mit Stadtlücken e. V., wie beispielsweise das *Urbane Experimentierfeld Österreichischer Platz* in Kooperation mit der Stadt Stuttgart und *St. Maria als ...* in Kooperation mit der katholischen Kirchengemeinde Stuttgart-Süd, und die Koordination des transdisziplinären Forschungsprojekts Reallabor für nachhaltige Mobilitätskultur, kann ich bestätigen, wie viel Einfluss der Einsatz von architektonischen Mitteln in partizipatorischen Prozessen hat und wie viel Kraft und Synergie diese entfalten können. Während des Entwerfens von unterschiedlichen Aneignungsprozessen haben wir die Wechselwirkung zwischen gebautem Raum und dem Handeln der Menschen geplant initiiert. Wir haben die jeweiligen Aktivierungsformate gezielt mit künstlerischen und oben identifizierten architektonischen Elementen baulich-räumlich gestaltet, raus aus dem geschützten Ort eines Rathauses, der Universität oder des Pfarrbüros in den öffentlichen beziehungsweise den Kirchenraum getragen und mit einem öffnenden Programm gefüllt. Die jeweiligen Regeln, die an diesen Orten bisher gegolten haben, wurden durch unsere Arbeit hinterfragt, zur Diskussion gestellt und aufgebrochen, um neue Wege zu eröffnen. Dadurch wurden diese Projekte zu einer Vermittlung zwischen Wunschvorstellung und Machbarkeit. Sie haben Aushandlungsprozesse zwischen zivilgesellschaftlichen Bottom-up-Initiativen und verwaltenden Top-down-Institutionen angestoßen, mit dem Ziel, einen offenen Austausch zu fördern, um damit auf lange Sicht die oben genannte Diskrepanz aufzulösen. *St. Maria als ...* gilt inzwischen als Kirche, die nicht nur Raum für Gottesdienste bietet, sondern im Fokus des gesellschaftlichen Lebens ein „Raum des Miteinanders" ist. Das Projekt wurde im Oktober 2021 unter dem Titel St. Maria als Kirche des Dialogs und der Vernetzung mit dem *zap:innovationspreis* des Zentrums für angewandte Pastoralforschung und dessen Stiftung ausgezeichnet. Der Österreichische Platz, ebenfalls prämiert mit dem 1. Platz im Bundeswettbewerb „Europäische Stadt: Wandel und Werte", steht immer noch am Scheidepunkt der Veränderung. Da es sich hier nicht um eine abgeschlossene Fläche, sondern um öffentlichen Raum in einem komplexen urbanen Strukturengeflecht handelt, wird er ein Ort der stetigen Transformation bleiben.

Fußnote

1 Frauen waren damals nicht Teil der Bürgergemeinschaft und waren von den Versammlungen ausgeschlossen.

Literatur

- Binding, Günther (1997): Baubetrieb im Mittelalter. Darmstadt
- Klamt, Martin (2007): Verortete Normen, Öffentliche Räume, Normen, Kontrolle und Verhalten. Wiesbaden
- Magercord, Michael (2020): Atmosphärische Störung – Gegen eine Architektur der Verachtung. Der Philosoph Mickaël Labbé im Gespräch mit Michael Magercord, in: DLF Audiothek. Deutschlandfunk, Essay und Diskurs, 10. Mai 2020. Online: https://www.deutschlandfunk.de/atmosphaerische-stoerung-gegen-eine-architektur-der.1184.de.html?dram:article_id=475397 (03.03.2022)
- Ostrom, Elinor und Silke Helfrich (Hrsg.) (2011): Was mehr wird, wenn wir teilen. Vom gesellschaftlichen Wert der Gemeingüter. München
- Siehr, Angelika (2016): Das Recht am öffentlichen Raum: Theorie des öffentlichen Raumes und die räumliche Dimension von Freiheit. Jus publicum Beiträge zum Öffentlichen Recht, Band 260. Tübingen
- Schubert, Herbert (2000): Städtischer Raum und Verhalten, Zu einer integrierten Theorie des öffentlichen Raumes. Opladen
- Willinger, Stefan (2021): Wer hat Angst vor Emergenz?, in: Krämer, Stefan, Gregor Langenbrinck, Marie Neumüllers, Christina Simon-Philipp und Wüstenrot Stiftung (Hrsg.): Bedingt planbar: Städtebau und Stadtentwicklung in Deutschland und Europa, S. 290–300. Ludwigsburg
- Wolfrum, Sophie und Alban Janson (2019): Die Stadt als Architektur. Basel

St. Maria als Visual Piano, Stuttgart

Ibn Rushd
Goethe
Moschee

IBN RUSHD-GOETHE MOSCHEE

Seyran Ateş

Gottes ist der Orient!
Gottes ist der Okzident!
Nord- und südliches Gelände
Ruht im Frieden seiner Hände.

Dieser Vierzeiler von Goethe aus dem West-östlichen Divan zeigt auf, dass die Welt, unsere Erde, eins ist – ein Ort, den alle Menschen bewohnen, der allen Menschen gleichermaßen gehört, zu dem alle Menschen gleichermaßen gehören. Unabhängig davon, wo wir geboren wurden, welcher Kultur, Ethnie, Religion oder Weltanschauung wir angehören. Es gibt nur diese eine Erde für uns Menschen – jedenfalls ist das unser aktueller Wissensstand. „Ruht im Frieden seiner Hände" bringt für gläubige Menschen zum Ausdruck, dass es auch nur einen Gott gibt, an den wir glauben, dem wir vertrauen, der uns Hoffnung und Zuversicht gibt. Welcher Religion sich jeder Mensch am Ende zugehörig fühlt, wird damit keineswegs angegriffen oder gar abgelehnt. Nein, es geht lediglich darum festzustellen, dass wir nicht umhinkommen, auf einer höheren Ebene der Spiritualität davon auszugehen, dass es nur einen Gott geben kann. Auch hier gilt, nicht jeder Mensch muss diese Ansicht teilen.

Ich will einen kleinen Abschnitt aus meinem Buch „Wahlheimat – Warum ich Deutschland lieben möchte" (Ateş 2013) an den Anfang meines Beitrages stellen. Dort heißt es ab Seite 151 unten: „Ich habe die Vision einer freiheitlichen, demokratischen Welt- und Gesellschaftsordnung. Nicht alle Regierenden dieser Erde teilen diese Vision. Manch einer meint sogar, man benötige als Politiker keine Visionen, man solle zum Arzt gehen, wenn man welche habe. Umgekehrt wird ein Schuh draus: Wer als Politiker keine Vision für sein Land hat, mit dem stimmt etwas nicht, und er sollte gründlich darüber nachdenken, warum er Politiker geworden ist. Demokratie ist voraussetzungsvoll, sie erzeugt mit der Meinungs- und Pressefreiheit eine Streitkultur, die den Menschen und den Gesellschaften nicht in die Wiege gelegt ist, sondern erlernt werden muss. Es ist nicht leicht, statt auf Herrschaft und Gewalt zu setzen, Argumente auszutauschen und Meinungsverschiedenheiten und Kritik auszuhalten. Wir haben in Sachen Demokratie in Deutschland schon viel geleistet, aber das Zusammenleben in einer Einwanderungsgesellschaft in all ihrer Multikulturalität und Vielfältigkeit fordert unsere Demokratie erneut heraus. Gänzlich divergierende Auffassungen und Sichtweisen stoßen aufeinander, auch sehr unterschiedliche Grade von Demokratieerfahrenheit. Nötig ist, das Wie des Zusammenlebens zu definieren und eine entsprechende Politik zu betreiben. Meines Erachtens kann eine multikulturelle Gesellschaft nur mit dem Konzept eines Verfassungspatriotismus funktionieren. Dies beinhaltet selbstverständlich auch die Vielfalt der Religionen."

In diesem Sinne führen wir seit mehr als vier Jahren als relativ kleine Gemeinde eine liberale Moschee und hoffen, anderen Mut machen zu können, damit sie wie wir ohne Angst frei leben und ihren Glauben frei praktizieren können. Die Zahl der Gemeindemitglieder und Unterstützer:innen wächst nahezu täglich. Das macht uns Hoffnung und bestärkt uns in der Überzeugung, dass all die Hassreden und Drohungen irgendwann aufhören werden, weil unsere Gegner:innen einsehen werden, dass wir ihnen nichts wegnehmen, wenn wir in einer Demokratie lebend unser Recht auf Religionsfreiheit wahrnehmen, genauso wie sie es tun.

Wir sind alle frei geboren und die Gedanken sind ebenso frei wie unsere innere Haltung zu Gott oder einer Weltanschauung. Aus Goethes Vierzeiler können wir genau das herauslesen und verstehen. Ist es nicht eines der wichtigsten Elemente von Demokratie und den universellen Menschenrechten, dass wir uns in diesem Punkt einig sind, dass wir uns nicht in allem einig sein müssen und dennoch bestimmte Parameter existieren, die niemand infrage stellen darf und sollte? Die Würde des Menschen ist unantastbar heißt es im 1. Artikel unseres Grundgesetzes – unserer Verfassung. So lautet auch der Artikel 1 der Allgemeinen Erklärung der Menschenrechte von 1948: „Alle Menschen sind frei und gleich an Würde und Rechten geboren. Sie sind mit Vernunft und Gewissen begabt und sollen einander im Geiste der Brüderlichkeit begegnen" (UN-Vollversammlung 1948). Dies bedeutet selbstverständlich nicht, dass jeder Mensch in seiner individuellen Freiheit absolut uneingeschränkt ist. Ja, wir haben alle das gleiche Recht auf Freiheit, dennoch besteht Einigkeit darüber, dass individuellen Freiheiten Grenzen gesetzt sind. Die Freiheit der oder des einen darf niemals die Freiheit der anderen belasten. Die Bestimmung der Grenzen individueller Freiheiten ist eine große Herausforderung zwischen den Menschen und für Gerichte, die darüber entscheiden müssen, wie weit die individuelle Freiheit gehen darf und an welchem Punkt die individuelle Freiheit endet, weil sie sonst zu einer unerträglichen und nicht akzeptablen Freiheitsverletzung einer anderen Person führen kann.

In den letzten Jahrzehnten mussten sich beispielsweise diverse Länder in Europa auf nationaler Ebene, aber auch europäische Gerichte mit dem Thema Religionsfreiheit beschäftigen. Anlass war oft das Kopftuch einer Muslimin, die das Kopftuch am Arbeitsplatz nicht ablegen oder unbedingt aufsetzen wollte. Muss die Religionsfreiheit der Muslimin, die das Kopftuch tragen will, über das Recht der Schüler:innen auf negative Religionsfreiheit gestellt werden? Müssen sich andere den religiösen Kleidervorschriften aussetzen, wenn sie als Schüler:innen, Kund:innen, Kolleg:innen oder Mitbürger:innen keine Ausweichmöglichkeiten haben? Das Thema Kopftuch kann und soll hier nicht zu viel Raum einnehmen. Denn am Ende des Tages geht es in all den Entscheidungen der Gerichte nicht um den Stoff, der die Haare der Frauen verhüllen soll, sondern um die Frage, welches Verständnis von Freiheit und Demokratie wir haben. Es geht vielmehr darum, inwieweit Menschen, die sich selbst auf Religionsfreiheit berufen, Rücksicht auf andere nehmen müssen, deren Religionsfreiheit in derselben Sekunde betroffen sein kann. Hier treffen orthodoxe, traditionelle und liberale Praktiken von Religion manchmal sehr unversöhnlich und manchmal gar brutal aufeinander. Dabei liest es sich so schön, wenn es in Artikel 4 unseres Grundgesetzes heißt: „Die Freiheit des Glaubens, des Gewissens und die Freiheit des religiösen Bekenntnisses sind unverletzlich." (Artikel 4 Absatz 1 GG)

Für viele Menschen scheint das jedoch entweder nichts zu bedeuten oder sie lesen es nur in dem Sinne, dass ihre Religionsfreiheit uneingeschränkt gilt und andere sich absolut danach zu richten haben. Diese Überzeugung wurde in einem grenzenlosen Maß in Form von Hassnachrichten und Morddrohungen ausgeschüttet, als ich in meiner Funktion als Ideengeberin die Ibn Rushd-Goethe Moschee eröffnete. Ein Ort, an dem Männer und Frauen zusammen beten, Frauen jede Funktion einer religiösen Autorität einnehmen und ausüben dürfen und die Türen für alle Menschen offenstehen, unabhängig von ihrer sexuellen Identität oder ihrem Glauben.

Im Juni 2017 haben wir mit unserer Moschee einen Ort eröffnet und geschaffen, an dem Demokratie gelebt wird, an dem Geschwisterlichkeit im Glauben an Gott praktiziert wird, friedlich und verbindend. Die Idee entstand, weil es in Berlin noch keinen vergleichbaren Ort gab. Es sollte ein Ort erschaffen werden, an dem wir der Demokratie nicht nur ein bildliches Gesicht und klug vollgeschriebenes geduldiges Papier geben, sondern auch den Raum bereithalten, sich zu zeigen, zu entfalten und zu wachsen.

Demokratie will gelebt und gespürt werden, sie muss fassbar sein. Demokratie ist Herzensbildung und Lebensrealität. Mit ähnlichen Sätzen werden unzählige Veranstaltungen, Projekte und Kampagnen angekündigt und durchgeführt. Sie sollen motivieren und die Message der „Mission Demokratie" in kurzen knappen Worten wiedergeben. All diese Erläuterungen – so richtig sie auch sind – bleiben jedoch nur Lippenbekenntnisse oder Worthülsen, wenn der Raum, der physische Ort dafür fehlt.

Was ist nun die Message, was ist die Mission der Demokratie? Wenn wir über Demokratie sprechen, dann sprechen wir zunächst und vordergründig über eine Staatsform, ein politisches System, Gewalt und Macht, die vom Volke ausgeht. Demokratie kommt aus dem Griechischen und bedeutet nicht mehr und nicht weniger als die „Herrschaft des Staatsvolkes". Im Namen des Volkes wird geurteilt und im besten Fall Politik betrieben. Hintergründig und tiefergehend bedeutet Demokratie, dass Menschen sich gegenseitig in ihrer Vielfalt, Andersartigkeit und unterschiedlichen Glaubenssätzen, politischen Überzeugungen und Lebenskonzepten respektieren, tolerieren und akzeptieren. Kann unter diesen Voraussetzungen ein religiöser Ort ein gutes Beispiel für vorbildlich gelebte und praktizierte Demokratie sein? Was hat oder sollte Religion überhaupt mit Politik und einer demokratischen Staatsform zu tun haben? Und wie verhält es sich, wenn es sich bei dem Ort auch noch um eine Moschee handelt? Die Betonung durch „auch noch" ist angebracht. Denn aktuell kann sich kein einziges islamisches Land rühmen, ein gutes Beispiel für die Demokratie zu sein. Es existiert schlicht kein demokratisches islamisches Land. Im Gegenteil: Seit mehr als zwei Jahrzehnten wird die Religion des Islam als alles andere als mit der Demokratie vereinbar wahrgenommen. Vielmehr scheint der Islam als Ermächtigungsgrundlage für Terror im Namen Allahs zu stehen, und zwar mit dem Ziel, den Islam mit seinem Rechtssystem, der Scharia, als Staatsform auf der ganzen Welt durchzusetzen. Wie kann demzufolge eine Moschee ein Ort sein, an dem Demokratie, wie wir sie in Europa verstehen, geschätzt und praktiziert wird? Der Glaube an Gott den Allmächtigen, der über allem steht und urteilt, steht doch im Grunde im Widerspruch zu der Überzeugung, dass alle Gewalt vom Volke ausgeht. So stehen wir vor der oft gestellten Frage, ob der Islam überhaupt mit der Demokratie vereinbar ist.

Die Frage lässt sich im Grunde oberflächlich betrachtet sehr einfach beantworten. Der Islam ist eine Religion, die Demokratie ist ein politisches System. Aus diesem Grunde können sie nebeneinander und bestenfalls miteinander existieren, lautet eine der gängigen Antworten. Bei näherer Betrachtung müssen dennoch tiefergehende Antworten gegeben werden. Denn nicht selten bezeichnen gerade einige Muslim:innen die Demokratie als eine Art eigene Religion, der sie sich nicht verpflichtet fühlen, weil sie als Muslim:innen nur den Islam als Glauben, Rechtsordnung und Wertesystem akzeptieren. Andere Muslim:innen sind wiederum dankbar, dass sie in der Demokratie ihre Religion frei ausleben können. Wieder andere meinen, dass die Demokratie ihnen nur als Mittel zum Zweck dient, um eigene demokratiefeindliche Ziele zu erreichen. Die Ebenen werden immer wieder hin- und hergeschoben. Und zwar nicht nur in öffentlichen Debatten und der Medienberichterstattung, sondern vor allem in der inneren Haltung der Menschen selbst. Die ehrliche und konsequente Auseinandersetzung mit dem Wertesystem der eigenen Religion und eine lückenlose Gegenüberstellung mit dem System der Demokratie können zu überzeugenden Antworten führen. Schließlich ist auch die Demokratie ein Wertesystem, so wie jede Religion und Weltanschauung. Ein Wertesystem, dem sich seine Anhänger:innen verpflichten und aus dem heraus ihnen Sicherheiten und Garantien für Rechte gegeben werden. Zu den Besonderheiten eines demokratischen Rechtsstaates gehört, dass er per se säkular ist und niemals unter dem Einfluss einer Religion stehen darf. So lautet zumindest die Grundidee der Demokratie entsprechend einer weitverbreiteten Ansicht.

Gehen wir auf die Ursprünge der Demokratie zurück und stellen die einfache Frage nach dem Sinn und Zweck der Demokratie. Wie entwickelt sich solch eine Idee, die nach über zwei Jahrtausenden als nicht die beste Staatsform, aber als die beste, die wir haben, bezeichnet wird? Es heißt, dass sich in Griechenland auf der Peloponnes vor gut 2.500 Jahren die Idee der Demokratie entwickelte habe. Im Theater Epidauros lieferten sich das Volk, Schauspieler und Philosophen regelrechte Dialoggefechte. Der Theaterbesuch war für die Männer eine Pflicht. Frauen waren in keiner Rolle zugelassen. So war es nur den Männern vorbehalten, sich mit sozialen, politischen und philosophischen Themen auseinanderzusetzen, eine eigene Meinung zu bilden, gute Argumente zu finden und diese zu verteidigen, um der Gesellschaft in einer heilenden Weise zu dienen. Der Theaterbesuch war somit keineswegs lediglich eine Spaßveranstaltung zur Ablenkung vom Alltag für wenige Stunden. Nein, die Inhalte der Debatten und Dialoge sollten der Gesellschaft dienen. Der verpflichtete Theaterbesuch war in seinem Sinn und Zweck ein Dienst am ganzen Volk, wenn auch ein großer Teil des Volkes, aus unterschiedlichen Gründen, nicht ins Theater eingelassen wurde.

So gesehen können wir froh sein, dass es nur noch etwa 2.400 Jahre gedauert hat, bis Frauen das politische Wahlrecht und damit einhergehend auch viele andere Rechte erhalten haben. Die Gleichberechtigung der Geschlechter ist einer der wesentlichen Aspekte, wenn es um die Vereinbarkeit des Islam mit der Demokratie geht. Dies verwundert nicht mehr so extrem, wenn man in die

DIE IBN RUSHD-GOETHE MOSCHEE

Die Ibn Rushd-Goethe Moschee wurde 2017 u.a. von Seyran Ateş in Berlin gegründet. Der Name der Moschee nimmt Bezug auf den muslimischen Arzt und Philosophen Ibn Rushd, der im Mittelalter in Andalusien lebte und lehrte, sowie Johann Wolfgang von Goethe. Die Verbindung der beiden Namen verweist auf die besondere Ausrichtung der Moschee, die nicht nur in Deutschland bisher einzigartig ist.

Kern der vielfältigen Angebote der Ibn Rushd-Goethe Moschee sind die Praxis und Lehre eines sogenannten „progressiven Islam“: Die Moschee wendet sich an Muslim:innen aller Glaubensrichtungen (Alevit:innen, Schiit:innen, Sufis, Sunnit:innen) und stellt Toleranz, Gewaltfreiheit und Geschlechtergerechtigkeit in den Mittelpunkt. Frauen und Männer beten in der Moschee gemeinsam, Paare gleichen Geschlechts sind explizit willkommen. Menschen aller sexuellen Identitäten (LGBTQI+) bietet das Haus einen Ort der spirituellen Geborgenheit. Ihrem Verständnis eines gewaltfreien Islam folgend sucht die Ibn Rushd-Goethe Moschee den Dialog mit anderen Religionen und Weltanschauungen und zeigt ihre Solidarität mit den Opfern und Betroffenen von Gewalt, die aus einer anderen Auslegung des Islam gerechtfertigt wird. Die Moschee hat kein eigenes Gebäude, sondern ist Mieterin einer evangelischen Kirchengemeinde in Berlin-Moabit. Sie finanziert sich aus Spenden.

Mit ihrer Ausrichtung und Haltung steht die Ibn Rushd-Goethe Moschee im Widerspruch zu traditionellen und orthodoxen Lesarten und Auslegungen des Islam, deren Vertreter:innen sie daher ablehnen. Die ägyptische Fatwa-Behörde Dar Al-Iftaa etwa hat die Gebete in der Ibn Rushd-Goethe Moschee aufgrund des aus ihrer Sicht erfolgenden Verstoßes gegen traditionelle Regeln des Islam – Frauen und Männer sollen nicht gemeinsam beten – für ungültig erklärt. Die Vertreter:innen der Ibn Rushd-Goethe Moschee argumentieren hingegen, dass schon in der Zeit des Propheten Mohammed Männer und Frauen gemeinsam in der Moschee gebetet hätten und auch heute Männer und Frauen beispielsweise in Mekka gemeinsam beten.[1]

Seyran Ateş lebt bereits seit 2006 aufgrund ihres Engagements für die Rechte muslimischer Frauen, gegen Zwangsheirat sowie religions-, kultur-, und traditionsbedingte Gewalt unter Personenschutz. Im Zusammenhang mit ihrem Engagement in und für die Ibn Rushd-Goethe Moschee sowie dem darin gelehrten und praktizierten Islam stieg die Anzahl der Morddrohungen gegen ihre Person sprunghaft an. Sie werden von den zuständigen Behörden als sehr ernst eingestuft, sodass Seyran Ateş seit der Eröffnung der Ibn Rushd-Goethe-Moschee rund um die Uhr Personenschutz erhält.

1 https://www.ibn-rushd-goethe-moschee.de/presseerklarung1/die-fatwa-der-aegyptischen-fatwa-behoerde-dar-al-iftaa (02/2022).

Zeit zurückblickt, als in Griechenland der Samen für die Demokratie gesetzt wurde. Frauen wurden aus tiefer Überzeugung und ganz selbstverständlich ausgeschlossen. Sie sollten besser zuhause sein und das Essen vorbereitet haben, wenn die Männer nach Hause kommen. Es gibt eine Überlieferung im Islam, deren Echtheit sehr angezweifelt werden sollte, wonach es heißt, dass die beste Moschee für die Frauen das Haus sei – in der Küche und bei den Kindern. Das klingt doch sehr nach Kirche, Kinder, Küche, oder? Wobei auffällt, dass der erste Teil der christlichen Vorstellung, aus welchen Gründen auch immer, nicht übernommen wurde. Hier schwebt eine große Angst vor Frauen und deren Gleichberechtigung unüberhörbar mit. Die Ablehnung der Demokratie durch Islamisten und sehr konservative Muslim:innen hängt ohne Zweifel damit zusammen, dass sie fürchten, Frauen könnten mehr Rechte oder gar eine absolute Gleichberechtigung erlangen. Bemerkenswert wie sehr gerade ultraorthodox-konservative Menschen und Regierungen alles in ihrer Macht stehende tun, um die Demokratie zu behindern, zu verhindern und zu bekämpfen. Mindestens so bemerkenswert ist ein gemeinsames Motiv aller ultraorthodox-konservativen Menschen für die Ablehnung der Demokratie: Die Gleichberechtigung der Frauen.

In einem demokratischen Rechtsstaat kann beispielsweise die Ungleichbehandlung einer Frau gegenüber einem Mann gesetzlich geahndet und unterbunden werden. Es ist eine der wichtigsten und höchsten Aufgaben, auch des deutschen Staates, die Gleichberechtigung der Geschlechter zu gewährleisten und zu fördern. In den ersten beiden Absätzen des Artikels 3 unseres Grundgesetzes heißt es:

> „(1) Alle Menschen sind vor dem Gesetz gleich.
> (2) Männer und Frauen sind gleichberechtigt.
> Der Staat fördert die tatsächliche Durchsetzung der Gleichberechtigung von Frauen und Männern und wirkt auf die Beseitigung bestehender Nachteile hin."
> (Artikel 3 Absatz 1, 2 GG)

Das ist nach Ansicht vieler islamischer Gelehrter und Muslim:innen mit einem islamischen Rechtssystem der Scharia als gesetzlicher Grundlage unmöglich, denn sie sieht eine absolute rechtliche Gleichbehandlung der Geschlechter nicht vor. Lediglich eine Gleichwertigkeit als Mensch vor Gott ist akzeptiert. Denn im Diesseits, in einer Gesellschaft sollen nach dieser Vorstellung Frauen und Männer unterschiedliche Rollen und Funktionen haben, die sich bereits aus den unterschiedlichen Geschlechtern ergeben würden. Also sollen natürliche, anatomische Unterschiede der Grund dafür sein, dass Frauen im Diesseits in zwischenmenschlichen Beziehungen niemals dieselbe Position haben könnten wie Männer, denen Gott bereits aufgrund ihres Geschlechtes und ihrer Kraft mehr Rechte und Verantwortung gegeben habe.

Der Kampf um Freiheit und Gleichberechtigung der Geschlechter im Sinne der Demokratie in der muslimischen Welt kann nicht allein oder höchstwahrscheinlich gar nicht im Gericht geführt werden, sondern muss vor allem auch in den Moscheen, in islamischen Fakultäten und auf der Straße ausgetragen werden. Gerichte schaffen rechtliche Realitäten und können die Demokratie fördern. Dazu müssten die Gerichte jedoch frei sein von politischen und religiösen Vorgaben. Es müsste also eine Gewaltenteilung existieren.

Mit muslimischer Welt sind sowohl die islamischen Länder als auch Muslim:innen gemeint, die sich in anderen Ländern aufhalten und sich abgeschottete Parallelgesellschaften erschaffen haben. Denn auch in westlichen, nicht muslimischen Ländern haben sich sogenannte Scharia-Gerichte – mehrheitlich illegal – etabliert. Nur Großbritannien hat Scharia-Gerichte offiziell anerkannt und ihre Einrichtung gefördert; in der Annahme, dass es dem gedeihlichen Miteinander helfen würde, wenn Minderheiten ihre Traditionen und religiösen Praktiken verfolgen können. Das ist ein großer Irrtum und mit der Allgemeinen Erklärung der Menschenrechte nicht vereinbar. Scharia-Gerichte verletzen in ihrer inneren Überzeugung jede Verfassung, die sich der Demokratie, Gewaltenteilung und einem Rechtsstaat auf Grundlage der Allgemeinen Erklärung der Menschenrechte verpflichtet hat.

Menschen mit einer inneren undemokratischen Haltung können nur dort erreicht werden, wo sie ihre Herzen und ihren Geist ehrlich und authentisch öffnen. Für den einen oder anderen Muslim sind das in der Regel Imame in Moscheen oder Koranschulen, wo sie mehrheitlich unter Männern einen Austausch pflegen – einen Austausch über soziale, politische und religiöse Fragen. Die Philosophie wird meist ausgeschlossen. Ebenso wie Frauen zum großen Teil ausgeschlossen werden. Sie dürfen im besten Falle in einem Nebenraum zuhören. Eine Parallele zum Theater Epidauros lässt sich durchaus begründen. Und ebenso wie das Theater Epidauros zu einem Ort wurde, an dem Demokratie entstand, gelehrt und entwickelt wurde, ist vorstellbar, dass eine Moschee so ein Ort sein kann.

Selbstverständlich soll die staatliche Bildungseinrichtung Schule und die allgemeinbildende Universität hier nicht aus der Verantwortung und dem Blick genommen werden. Tatsache ist jedoch, dass sich viele vor allem radikalisierte junge Menschen, die die Demokratie ablehnen, an religiösen Führern orientieren. Sie besuchen in einer freien Gesellschaft eine Schule oder Universität, nehmen diese Einrichtungen aber lediglich als Pflichtveranstaltungen wahr. Denn die besuchte Bildungseinrichtung wird als Teil des demokratischen Staates angesehen, den sie zutiefst ablehnen. Solche Menschen empfinden sich nicht als Teil des Volkes in dem Staat, in dem sie leben. Zu den wesentlichen Merkmalen einer Demokratie gehört aber, dass es zunächst überhaupt ein Volk gibt, das sich als Volk begreift und dass dieses Volk sämtliche politische Entscheidungen über freie und geheime Wahlen trifft. Darüber hinaus ist unumgänglich eine weltliche Verfassung notwendig, die sich das Volk als souveräner Träger der Staatsgewalt gibt.

Muslim:innen, die keine weltlichen Gesetze akzeptieren, berufen sich darauf, dass sie von Menschen gemachte Gesetze ablehnen. Ihre Überzeugung ist, dass Muslim:innen sich lediglich auf islamische und somit göttliche Quellen beziehen und stützen sollen. Der heilige Koran dient demzufolge als Rechtleitung für alle Muslim:innen weltweit. So sollen alle sozialen, kulturellen und politischen Anliegen über den Koran und die Überlieferungen (Hadithe) gelöst werden. Um dieser Überzeugung Kraft zu verleihen und Position gegen die Allgemeine Erklärung der Menschenrechte des sogenannten Westens zu beziehen, haben im Jahre 1990 in Kairo insgesamt 45 Mitgliedstaaten der Organisation der Islamischen Konferenz (heute: Organisation für Islamische Kooperation, OIC) die „Kairoer Erklärung der islamischen Menschenrechte" (OIC 1990) unterzeichnet. Alle Regelungen in der Erklärung lehnen sich an die Scharia an und sehen Gott als Souverän. Kernpunkt der Abgrenzung ist die Verhinderung der „Verwestlichung" der Religion und Kultur. Wobei mit Verwestlichung bevorzugt Sittenlosigkeit, Egoismus, Gewalt, Legalisierung von Drogenkonsum und Konsum des Vergnügens gemeint sind, die den natürlichen Lebenszyklus zerstören würden.

Neben all den rückwärtsgewandten und Demokratie ablehnenden Bewegungen gab es in islamischen Ländern und Gesellschaften selbstverständlich schon immer auch Gegenbewegungen und eine große Wertschätzung für die Demokratie und die Gleichberechtigung der Geschlechter. Zu nennen sei hier, nur unter vielen, der Jurist Qasim Amin (1863–1908), der das Buch „Die Befreiung der Frauen" (Amin 1899) schrieb. Seine Bücher galten seinerzeit als Skandalbücher. Mit großer Sorge betrachtete er die Situation der Frauen und wandte sich explizit gegen ihre Verschleierung. Für ihn stellte diese eine Entmenschlichung dar. Er war durch und durch ein Feminist und für die damalige Zeit ein Revolutionär. Frauen sollten Bildung erhalten, Schulen und Universitäten besuchen. Sie mussten jedoch nicht unbedingt eine Karriere machen, sondern sollten gebildete Mütter sein.

Auch heute haben Reformtheologen einen harten Stand in der islamischen Welt. Die Globalisierung beschleunigt dennoch Wissensvermittlung und -verbreitung im Sinne eines aufgeklärten Islam des 21. Jahrhunderts. Sicher werden wir in den nächsten zehn Jahren in der islamischen Welt keinen Quantensprung erleben. Aber es hilft schon, kleine verlässliche Orte zu schaffen, wie eine liberale Moschee, damit die Menschen einen gemeinsamen Ort haben, an dem sie einen zeitgemäßen Islam leben und eine historisch-kritische Lesart des Korans diskutieren können. Wie in allen anderen Religionen, kann man den Koran auch so lesen, dass Demokratie, Freiheiten sowie die Gleichberechtigung der Geschlechter gewollt sind und nicht abgelehnt werden. Dies bedeutet nicht, dass man sich den Koran schönliest und -schreibt. Die Diskrepanzen sind darauf zurückzuführen, dass wir es beim Koran mit einer Zusammenfassung von Schriften zu tun haben, die über viele Jahrzehnte gesammelt wurden. Heute ist kaum noch nachvollziehbar, welche Texte authentisch sind und welche mit den Jahren, aufgrund politischer Interessen, verfälscht wurden. Unseren christlichen und jüdischen Verbündeten ergeht es nicht anders. Sie führen dieselben Diskussionen und Kämpfe für eine zeitgemäße Lesart und Praxis. Die vier abrahamitischen Religionen verbindet diesbezüglich viel mehr als was sie trennt.

Das Urbedürfnis der Menschen strebt meines Erachtens stets Richtung Freiheit und Demokratie. Religionsgemeinschaften können Teil der Demokratie sein, wenn sie damit aufhören, die Demokratie zu bekämpfen. Diese Erfahrung wurde im sogenannten Westen gemacht. Es gibt keinen Grund zu glauben, dass es in islamischen Ländern nicht möglich ist. Alles ist eine Frage des politischen Willens und der demokratischen Überzeugung religiöser Autoritäten. Demokratie ist somit auch die Überwindung aller Voraussetzungen einer Diktatur, mit all ihren Facetten, wie zum Beispiel auch der Schutz von Minderheiten vor einer Diktatur der Mehrheiten. Aus diesem Grunde muss der demokratische Rechtsstaat zu allen Religionen und Weltanschauungen eine Distanz wahren, damit sich Religion und Politik nicht vermischen. Für diese Überzeugung steht unsere Ibn Rushd-Goethe Moschee und darum öffnen wir unsere Türen für alle Menschen, egal ob sie an denselben Gott glauben, an einen anderen Gott glauben, an viele andere Götter glauben oder nicht an Gott glauben. Wir wollen Menschen begegnen, in Würde, Freiheit und Spiritualität.

Literatur

- Amin, Qasim (1899): Tahrir al-Mar'a (Die Befreiung der Frau). Kairo
- Ateş, Seyran (2013): Wahlheimat. Warum ich Deutschland lieben möchte. Berlin
- Goethe, Johann Wolfgang von (1819): West-östlicher Divan. Stuttgart
- Organisation der Islamischen Konferenz (OIC) (1990): Kairoer Erklärung zu den Menschenrechten im Islam. Kairo
- UN-Vollversammlung (1948): Resolution der Generalversammlung. 217 A (III). Allgemeine Erklärung der Menschenrechte. Paris

Dorfgemeinschaft
Jamel
frei-sozial-national
Wegweiser
Königsberg 732 km

RECHTE IMMOBILIEN

Christian Bangel

Im November 2020 hatte ich die interessante Aufgabe, als Mitglied der Jury im von der Wüstenrot Stiftung ausgeschriebenen Wettbewerb „Gebaute Orte für Demokratie und Teilhabe" mitzuwirken. Es war mir eine Freude, zumindest aus der Ferne, all diese Orte in Augenschein zu nehmen, an denen Menschen oft ehrenamtlich daran arbeiten, aus Immobilien und Liegenschaften Orte der Begegnung zu machen, an denen andere Menschen miteinander ins Gespräch kommen, ihre Interessen artikulieren, sich vernetzen können. Ohne solche Menschen und ihre Tatkraft wäre die Demokratie in Deutschland ärmer. Ihre Arbeit ist ein bedeutender Beitrag zur Stärkung der Demokratie.

Deswegen war ich erfreut über das Angebot der Wüstenrot Stiftung, ein Essay zum vorliegenden Sammelband beitragen zu können. Allerdings erschien es mir sinnvoll, in dieser Publikation auf ein Problemfeld hinzuweisen, das synchron zu den demokratiefördernden in diesem Buch beschriebenen Aktivitäten ebenfalls wirkt, aber in entgegengesetzter Richtung und in besorgniserregendem Maße. Es sind Versuche von Neonazis und Rechtsextremen, sich durch Immobilienerwerb oder -anmietung Räume zu verschaffen. Räume, an denen genau das Gegenteil dessen geschehen soll, was die Wüstenrot Stiftung mit ihrem Wettbewerb fördern möchte. Orte, an denen Neonazis ihre rassistischen und antisemitischen Ideologien ausleben können, an denen sie sich begegnen, vernetzen und präsentieren können. Die dazu dienen, Stärke zu demonstrieren, Gewalt vorzubereiten oder Veranstaltungen zu inszenieren, die wiederum in die Szene hinein- oder nach außen wirken sollen. Diese Seite des Themenkomplexes Immobilien und Demokratie erfordert mehr Aufmerksamkeit als ihr bisher zuteilwurde. Denn eines der ersten Ziele der extremen Rechten ist es nach wie vor, ihre gesellschaftliche Isolation zu verhindern sowie Zugang zur gesellschaftlichen Mitte zu erlangen und zu erhalten. Dies gelang Teilen der Szene durch den Aufstieg der Alternative für Deutschland (AfD) und den Erfolg der rechtsradikalen Pegida-Bewegung – auch weil infolge des „Summer of Migration" 2015 ein Teil der veröffentlichten und öffentlichen Meinung in der gesellschaftlichen Mitte ihre Diskurse normalisierte. So wurde das Bedürfnis nach Homogenität und die Angst vor „Überfremdung" insbesondere nach der Kölner Silvesternacht 2015/16 zu einem teilweise akzeptierten Topos in der öffentlichen Debatte.

Doch dass die extreme Rechte mit ihren Narrativen im sogenannten Mainstream inzwischen besser durchdringt als noch vor zehn Jahren, genügt allein nicht, um eine stabile Verankerung in der Gesellschaft zu erreichen. Neonazis und Rechtsextreme streben schon seit langer Zeit an, in lokalen Räumen, in Gemeinden und Städten konstant präsent zu sein. Die Funktion von eigenen Immobilien, um dieses Ziel zu erreichen, ist dabei kaum zu überschätzen. Besonders die ländlichen Räume des Ostens, wo die Preise vergleichsweise günstig und die gesellschaftliche Abwehr von Neonazis schwächer ist, sind zum Ziel der Unterwanderungsversuche der extremen Rechten geworden.

Welchen Einfluss und welche Wirkmacht solche Räume auch in verhältnismäßig kurzer Zeit entfalten können, zeigt sich am Beispiel des Ortes Schnellroda, der vom rechten Aktivisten Götz Kubitschek binnen weniger Jahre nicht nur zu einem intellektuellen und publizistischen Zentrum der Neuen Rechten aufgebaut wurde, sondern auch eine Zeit lang mit einer gewissen Faszination von Journalist:innen aus dem demokratischen Spektrum portraitiert wurde. „Schnellroda" konnte zu einem Code für den Einfluss der Neuen Rechten auf die AfD und die gesamte extreme Rechte sowie die diskursive Agilität des Ehepaars Kubitschek/Kositza werden.

Eine Kleine Anfrage der linken Bundestagsabgeordneten Martina Renner und anderer zeigte im Jahr 2020, dass Rechtsextreme in den letzten Jahren erhebliche Fortschritte beim Versuch machten, sich in lokalen Räumen durch Immobilienerwerb zu etablieren. Nicht weniger als 174 Objekte seien inzwischen im Besitz oder in der Verfügbarkeit extremer rechter Einzelpersonen oder

Vereinigungen, wobei die Bundesregierung unter Verweis auf den Schutz von V-Männern eine ganze Reihe von Objekten nicht konkret benannte (vgl. Deutscher Bundestag 2021a). Dies war ein Anstieg um 28 Objekte gegenüber der Anfrage im Jahr 2019 (vgl. Deutscher Bundestag 2019). Besonders Sachsen und Thüringen tun sich als unrühmliche Spitzenreiter dieser Statistik hervor. In Sachsen gab es laut amtlicher Zählung 27 Immobilien, wobei das Kulturbüro Sachsen in seiner Zählung im Jahr 2021 auf bereits 81 Immobilien kam und dabei davon ausgeht, dass die wirkliche Zahl noch weit höher liegt (vgl. Kulturbüro Sachsen e.V. 2021). Überall in Deutschland, das ist unstrittig, steigt die Anzahl der verfügbaren Räume, auf die Neonazis und Rechtsextreme zurückgreifen können.

Es ist wichtig, bei der Betrachtung rechtsextremer Raumgewinne auf diesem Feld nicht auf deren Inszenierungen hereinzufallen. Oft genug scheitern rechte Versuche, Immobilien zu erwerben oder sie sind nicht von langer Dauer. Ein wichtiger Teil ihrer Propagandaarbeit besteht darin, Größe und Einfluss auch dort zu behaupten, wo sie ihn nicht besitzen. Daher braucht es klare Kriterien, um zu bestimmen, was eine rechte Immobilie ist und was nicht. Das Institut für Demokratie und Zivilgesellschaft (IDZ) in Jena nutzt folgende Definition: „Als Szene-Immobilie wird ein Raum (Haus, Wohnung, Garten, Grundstück) bezeichnet, die Akteur:innen der extremen Rechten gehört oder zur Nutzung freisteht, in gewisser Regelmäßigkeit genutzt wird und dessen Nutzung einen Mehrwert für die Szene aufweist." (Ezra et al. 2021, 72)

Die Bundesregierung nutzt ähnliche Kriterien in ihrer Antwort auf die Kleine Anfrage der linken Abgeordneten: „Bei der Erfassung fanden nur Immobilien Berücksichtigung, bei denen Rechtsextremisten über eine uneingeschränkte grundsätzliche Zugriffsmöglichkeit verfügen, etwa in Form von Eigentum, Miete, Pacht (d.h. Eigentums- oder Besitzverhältnis) oder durch ein Kenn- und Vertrauensverhältnis zum Objektverantwortlichen. Weitere Erfassungskriterien sind die politisch ziel- und zweckgerichtete sowie die wiederkehrende Nutzung durch Rechtsextremisten." (vgl. Deutscher Bundestag 2021)

Auch in diesem Text sollen Immobilien, die von Rechtsextremen genutzt werden, unter den drei Kriterien Dauerhaftigkeit, Regelmäßigkeit und politische Nutzung von anderen abgegrenzt werden. Ebenso wenig soll hier über Immobilien und Liegenschaften in Verbindung zur AfD gesprochen werden, wenn es auch mittelfristig ein erhebliches Erkenntnisinteresse gibt. Zunächst wird eine grobe Typologie der bestehenden Nutzungstypen rechter Immobilien erstellt. Anschließend werden verschiedene Gegenstrategien gegen rechte Landnahmen benannt und erläutert. Eine Untersuchung zeigt, welche externen Faktoren es extremen Rechten in der Vergangenheit vereinfacht haben, an Immobilienbesitz zu gelangen.

„Wer keinen Ort hat, um sich zu treffen, keine Rückzugsräume, um sich zu besprechen und keinen Platz bieten kann für Veranstaltungen, der wird es sehr schwer haben, eine politische Relevanz zu entfalten und mit seiner Politik wirksam zu sein. Eine Örtlichkeit zu besitzen, ist eine der elementaren Grundlagen für die Aktivitäten politischer Organisationen und Gruppen." (Kulturbüro Sachsen e.V. 2021) So heißt es im Vorwort der Broschüre „Sachsen rechts unten", einer hilfreichen Informationsquelle zu den Aktivitäten um den Immobilienbesitz der extremen Rechten. In der Formulierung steckt die Ambivalenz der Interessen, die extreme Rechte an Immobilien haben. Einerseits geht es demzufolge immer um eine Wirkung nach innen – Netzwerke sollen entstehen oder gestärkt werden, es sollen Rückzugsräume geschaffen und Aktionen geplant werden. Material muss gelagert werden, Lieferungen brauchen Adressen, rechte Publikationen eine Impressumsanschrift. Nicht zuletzt soll auch ein Gefühl von Stärke und Präsenz entstehen.

Dieses soll allerdings auch nach außen getragen werden, insbesondere in feindseligen, eher städtischen Umfeldern, aber auch dort, wo die rechte Straßen- und politische Kultur auf dem Weg zur Hegemonie ist. Veranstaltungen können, je nachdem, an wen sie sich richten, nach innen und nach außen wirken, sie können den Zusammenhalt der Szene stärken (etwa bei Kampfsportveranstaltungen und Konzerten), sie können aber auch bei dem Versuch hilfreich sein, eine Brücke in die gesellschaftliche Mitte zu schlagen oder sich als sozialpolitisch engagierter Akteur auszugeben.

In Anbetracht des natürlich immer noch bestehenden Mangels an Immobilien bei extremen Rechten gibt es der Untersuchung zufolge nicht selten Überschneidungen zwischen verschiedenen Nutzungstypen. Hier sollen einige aufgelistet werden, nämlich Räume für soziales Engagement, Großveranstaltungen, Parteibüros, Szeneläden, Burschenschaften, Völkische Siedlungen, Sportorte.

SOZIALE ORTE

Eine der beliebtesten Selbstinszenierungen von Rechtsextremen ist der Versuch, soziales Engagement zu imitieren. Dies bietet sich besonders im Osten an und dort besonders in den von Abwanderung betroffenen ländlichen Räumen, aber auch in sozial benachteiligten Stadtteilen kleinerer und mittlerer dortiger Städte. Dabei wird meist die Sprache zivilgesellschaftlichen Engagements benutzt, um die eigentlichen Anliegen zu verschleiern. Als Inspiration für die deutsche rechtsextreme Szene dient dabei besonders die italienische faschistische Casa-Pound-Bewegung, die sich etwa zur Jahrtausendwende formierte und seitdem Häuser besetzte und dort Soziale Zentren errichtete, in denen Nachbarschaftshilfe geleistet und lokale Themen aus faschistischer Perspektive bearbeitet wurden. Das erste dieser Häuser trug damals den Namen „Casa Montag". An diesem Vorbild orientiert sich das neonazistische Objekt „Haus Montag" in Pirna (vgl. Kulturbüro Sachsen e.V.

2021). Ebenso in diese Kategorie fallen die Räume, die der III. Weg in Plauen betreibt, oder das Flieder Volkshaus in Eisenach, das allerdings auch als exemplarisch für eine rechtsextreme Mischnutzung gelten kann. Dort hat die Thüringer Nationaldemokratische Partei Deutschlands (NPD) ihre Landesgeschäftsstelle und dort finden rechtsextreme Liederabende und Konzerte statt (vgl. Antifaschistisches Pressearchiv und Bildungszentrum Berlin e.V. (apabiz) o.D.). Dort trainiert die rechtsextreme Kampfsportgruppe Knockout 51, dort betreibt der Neonazi und NPD-Funktionär Patrick Wieschke das Antiquariat „Zeitgenoss" (vgl. Freires 2019), die Räumlichkeiten werden aber auch für Hochzeiten vermietet und Kinderfeste werden organisiert.

Das Kulturbüro Sachsen resümiert allerdings mit Blick auf die sogenannten Sozialen Zentren in Sachsen, dass „oft eine große Diskrepanz zwischen Schein und Sein besteht". Überwiegend seien diese Orte weit davon entfernt, als Nachbarschaftszentren zu fungieren, Einfluss auf das Gemeinwesen zu nehmen oder gar breite Bevölkerungsschichten zu erreichen.

RECHTSROCKBÜHNEN

Extrem wichtig für den inneren Zusammenhalt der rechten Szene sind Orte, an denen Konzerte stattfinden. Mit Rechtsrockkonzerten wird der innere Zusammenhalt gestärkt, es werden aber auch Einnahmen generiert, die der Szene zur Verfügung stehen. Gleichzeitig senden gut besuchte Rechtsrockkonzerte auch ein Zeichen der Stärke an die demokratische Mehrheitsgesellschaft. So erreichte die „Rock für Deutschland"-Konzertreihe im Jahr 2009 mitten in Geras Innenstadt eine Zuschauerzahl von 4.000 Besucher:innen aus dem In- und Ausland (vgl. Pollmann 2011).

Veranstalter:innen, die Rechtsrockkonzerte auf öffentlichem Grund organisieren, berufen sich oft auf das Versammlungsrecht, das unter einem stärkeren Rechtsschutz steht als das Veranstaltungsrecht. Im Gegensatz zum Fall Gera versuchen rechtsextreme Konzertveranstalter:innen allerdings meist, Konzerte auf Liegenschaften zu organisieren, zu denen sie sicheren Zugang haben. Sonst steht die ganze Veranstaltung unter einem hohen Risiko, abgesagt zu werden. Zuletzt scheiterte ein Konzert im thüringischen Mattstedt im Jahr 2018 daran, dass der Bund Eigentümer eines Teils der Mietfläche war. Deswegen besteht eine entscheidende Verbindung zwischen dem Rechtsrock und dem Bestand an verfügbaren Immobilien.

Zu den für die Neonazis verfügbaren und für Rechtsrockkonzerte nutzbaren Liegenschaften zählen etwa das frühere Hotel Neißeblick in Ostritz, das sich im Besitz des hessischen Unternehmers und Ex-NPD-Mitglieds Hans-Peter Fischer befindet (vgl. Lange 2021). So konnte der Thüringer Neonazi Thorsten Heise dort wiederholt das Schild-und-Schwert-Festival veranstalten. Allein in Sachsen befinden sich einer Zählung des Kulturbüros Sachsen zufolge zehn für Großveranstaltungen nutzbare Objekte im Besitz der rechten Szene. Ein anderes Beispiel ist der Gasthof zum Goldenen Löwen im thüringischen Kloster Veßra, betrieben vom Neonazi Tommy Frenck, der die Gaststätte sowohl als Ort für rechte Konzerte, aber auch im Sinne der Casa-Pound-Strategie (siehe oben) für Nachbarschaftsangebote nutzt. Frenck organisiert auch das Rechtsrock-Festival im benachbarten Themar, das auf seinem Höhepunkt 2017 etwa 6.000 Besucher anlocken konnte. Thüringen und Sachsen bleiben auch bundesweit die Rekordhalter im Abhalten von Rechtsrockkonzerten.

DAS BEISPIEL JAMEL: WIDERSTAND GEGEN RECHTS

Jamel, ein kleines Dorf im Nordwesten Mecklenburg-Vorpommerns, ist seit den frühen 2000er-Jahren Zielort rechtsextremer Siedlungsbewegungen. Anhänger:innen und Sympathisant:innen der rechten Szene kauften strategisch Wohn- und Gewerbeimmobilien auf und machten als Folge zwischenzeitlich einen Anteil von 95 Prozent der Dorfbevölkerung aus. Seither setzen die Rechten in Jamel offensichtlich ihre Strategie der nationalen Dörfer um. Davon zeugen unter anderem ein Wegweiser für Adolf Hitlers Geburtsstadt Braunau, Runen und völkisch anmutende Malereien sowie Kultur- und Freizeiteinrichtungen, an denen die Reichsflagge gehisst ist.

Doch es gibt Widerstand. Horst und Birgit Lohmeyer, ein Künstlerpaar, das 2004 den örtlichen Forsthof übernahm, engagieren sich seit ihrer Ankunft in Jamel mit öffentlichkeitswirksamen Kultur- und Bildungsevents aktiv gegen die Abschottung und Übernahme des Dorfes. Was als kleines Fest begann, avancierte rasch zu einem Großevent. Seit 2007 versammelt das ehrenamtlich organisierte Open-Air-Rockfestival „Jamel rockt den Förster" jeden Sommer bis zu 1.500 Menschen. Mit seinem gesellschaftspolitischen Informations- und Workshopprogramm setzt es ein Zeichen für Demokratie und Vielfalt, gegen Rassismus und völkische Ideologien.

Seit Beginn ihres Engagements sind Horst und Birgit Lohmeyer Anfeindungen und Drohungen ausgesetzt, die 2015 in einem Brandanschlag gipfelten. Das Paar stand zwischenzeitlich unter Polizeischutz und das Sicherheitsaufgebot bei Veranstaltungen ist groß. Seit dem Angriff hat das Festival große Bekanntheit erlangt. Es erfährt breite mediale Aufmerksamkeit und steht unter der Schirmherrschaft der Ministerpräsidentin Manuela Schwesig.

Um eine weitere Unterwanderung des Dorfes zu verhindern, hat die Gemeindeverwaltung mittlerweile Bauland aufgekauft. Vor Ort bleibt die Situation jedoch schwierig. Das Engagement der Lohmeyers hält trotzdem an. Neben dem Festival veranstalten sie Ausstellungen, sprechen in Schulen, Vereinen und Hochschulen zur extremen Rechten. Ziel ihrer ehrenamtlichen Arbeit ist es, auf die Siedlungsbewegungen und ihre Gefahren für das Gemeinwesen aufmerksam zu machen. Unter dem Motto „Mecklenburg bleibt bunt!" mobilisieren sie dafür, sich aktiv der rechten Unterwanderung entgegenzustellen.

VÖLKISCHE SIEDLER:INNEN

Völkische Siedler:innen sind Rechtsextreme, die sich langfristig in ländlichen Räumen niederlassen, um dort ihre Ideologie zu verankern und das Ideal einer Volksgemeinschaft zu leben. Sie idealisieren das (Bio-)Bauerntum im Sinne einer möglichst autarken, traditionellen Lebensweise. Hier sollen rechte Szenen Wurzeln schlagen und einen Raum in ihrem Sinne prägen. Hier sollen aber auch ökonomische Netzwerke unter Rechtsextremen entstehen, die sie unabhängig machen.

Trotz ihrer hochpolitischen langfristigen Ziele versuchen die völkischen Siedler:innen in ihren Gemeinden als sozialer und kultureller Gewinn in Erscheinung zu treten und sich in die lokalen Gefüge einzupassen. Sie bevorzugen besonders die strukturschwachen Räume des Ostens, sind aber auch bundesweit vertreten. Sie geben sich klima- und traditionsbewusst, arbeiten ehrenamtlich in Feuerwehren und Vereinen mit, bieten sich als Begleitpersonen bei Klassenfahrten an, lassen sich für den Elternrat aufstellen. Besonders Frauen spielen hier eine wichtige Rolle.

Daniel Trepsdorf vom Demokratiezentrum Ludwigslust beschrieb es in einem Deutschlandradio-Interview im Jahr 2017 so: „Es geht nicht darum, den Kampf um die Köpfe, die deutsche Scholle missionierend voranzutreiben. Aber erstmal die Räume zu besetzen, und den politischen Willen vor Ort zu gestalten. Gestalte ich mit einer solchen, Pluralismus ablehnenden Ideologie einen Raum, dann wird es auch schwer, ein demokratisches Bewusstsein für Vielfalt, Menschenrechte und Rechtsstaatlichkeit in naher Zukunft durchzusetzen“ (Podjavorsek 2017). Langfristiges Ziel dieser Verankerungsversuche ist das, was der rechtextreme AfD-Politiker Björn Höcke in seinem Buch skizzierte: Die Errichtung von „Wehrdörfern“ des nationalen Widerstands: Diese Dörfer könnten zur „Auffangstellung“ (Hennig/Höcke 2018, 253), zur „neuen Keimzelle des Volkes werden [...] und eines Tages kann diese Auffangstellung eine Ausfallstellung werden, von der eine Rückeroberung ihren Ausgang nimmt“ (ebd., 253). Welche Rückeroberung hier gemeint ist, daran lässt Höcke ebenfalls keinen Zweifel. Es geht ihm um ein „großangelegtes Remigrationsprojekt“ (ebd., 254) sowie den Verlust von „Volksteile(n)“, „die zu schwach oder nicht willens sind, sich der fortschreitenden Afrikanisierung, Orientalisierung und Islamisierung zu widersetzen“ (ebd., 257).

Dass das völkische Siedeln keineswegs ein harmloses unpolitisches Aussteiger:innentum ist, zeigen auch zunehmend alarmierte Verlautbarungen von Landesverfassungsschutzämtern zu dem Thema (vgl. Dresdner neueste Nachrichten 2021). Die Szene der Völkischen Siedler:innen ist heterogen, es gibt unter ihnen über Generationen hinweg existierende Projekte wie in der Lüneburger Heide, es gibt aber auch relativ junge Projekte wie die vom russischen Anastasia-Kult inspirierte völkisch-esoterische Anastasia-Bewegung mit ihren 20 Ablegern in Brandenburg oder die Weda-Elysia-Bewegung im Nordharz, die schon über Flächen im Umfang von 74 Hektar verfügt. Andere Beispiele sind die Neo-Artamanen in Mecklenburg-Vorpommern oder die „Germanische Glaubensgemeinschaft wesensgemäßer Lebensgestaltung“ in der Region Güstrow. Sie alle eint „der Glaube an die Überlegenheit des deutschen Volkes, ein rassistisch-antisemitisches Weltbild und die Ablehnung einer weltoffenen und demokratischen Gesellschaft.“ (Podjavorsek 2017)

Wie viele völkische Siedler:innen es inzwischen gibt, ist unklar, weil die meisten Projekte strikt abgeschottet leben. Im Jahr 2017 zirkulierte die Schätzung von 1.000 Personen (vgl. Podjavorsek 2017). Inzwischen dürften es mit Sicherheit mehr geworden sein. Schon im Jahr 2007 rief der neurechte Stratege Götz Kubitschek in der Zeitschrift „Sezession“ junge rechtsextreme Familien auf, „leerstehende Gehöfte aufzukaufen und als ‚Anführer vor Ort‘ gemeinsam mit den ‚jungen Männern‘ rechtsextremer Kameradschaften ‚etwas aufzubauen‘ im Sinne des ‚Nationalen Sozialismus‘.“ (Hellwig 2015)

In den letzten Jahren gewann diese Bewegung weiter an Schub, besonders im Osten. Es sind nicht nur die geringen Mietpreise in den ländlichen Räumen Ostdeutschlands, sondern auch oft die schwach ausgebildete Zivilgesellschaft, in der gesellschaftlicher Widerstand in geringerem Maße zu erwarten ist als in vielen Gegenden Westdeutschlands. So erscheint es nur nachvollziehbar, dass eine Reihe extrem rechter Initiativen entstand, die die Ansiedlung von radikalen Glaubensbrüdern aus dem Westen vereinfachen und unterstützen soll. Zuvorderst zu nennen ist hier die Initiative „Zusammenrücken für Mitteldeutschland“. Trotz einiger missglückter Ansiedlungen und hier und da doch aufkommenden bürgerlichen Protests sind diese Versuche der Zusammenballung und Verwurzelung rechter Kräfte im Osten durchaus erfolgversprechend. Vor allem die andauernde demografische Misere in den ländlichen Räumen des Ostens bietet Rechtsextremen Möglichkeiten lokaler Verankerung, die ab einem bestimmten Punkt schwer wieder rückgängig zu machen sein werden.

AUSBLICK UND GEGENSTRATEGIEN

Die extreme Rechte in Deutschland hat in den letzten Jahren einen massiven politischen Schub erlebt. Die Geflüchteten im Sommer 2015, die rechte Mobilisierung in Chemnitz 2018 und die Corona-Proteste ab 2020 waren politische Zündfunken. Schon zuvor hatte mit Pegida eine rechte Straßenbewegung begonnen, sich als Stimme des Volkes zu inszenieren. Mit der AfD gab es nun eine rechte Sammlungspartei, der es gelang, ein Spektrum vom rechten Rand von Union und der Freien Demokratischen Partei (FDP) bis zu Wähler:innen der rechtsextremen NPD und Deutschen Volksunion (DVU) anzusprechen. Entsprechend waren die Wahlergebnisse in den folgenden Monaten und Jahren. Die Partei zog 2017 in den Bundestag ein und wurde dort stärkste Oppositionspartei, und in den Ostländern näherte sie sich sogar der Führungsposition im Parteienspektrum an. Was ihr dort versagt blieb, weil es einen zunehmenden Anti-AfD-Effekt unter den demokratischen Wähler:innen gab, gelang ihr in manchen ländlichen Regionen: Dort, wo die AfD 30, 40 und mehr Prozent erreichte und teils bis heute erreicht, hat sie im politisch-öffentlichen Raum ein hohes Maß an Deutungsmacht und Einfluss erreicht.

Auch wenn die Wähler:innen der AfD nicht durchweg den Rechtsextremen zuzuordnen sind, kommt diese Macht auch der extremen Rechten zugute, weil die AfD Diskurse und Sprechweisen normalisiert, die aus der neuen Rechten kommen. In diesen Zeiten einer politisch günstigen Konjunktur dienen rechte Immobilienanschaffungen und -nutzungen dazu, über die Konjunktur hinaus langfristige Verwurzelungen zu schaffen. Wie oben erklärt wurde, dienen diese Haus- und Bodenprojekte mehreren Zwecken: Sie helfen bei der Vernetzung nach innen, aber auch bei dem Versuch, Brücken in die Mitte der Gesellschaft zu bauen. Insofern müssen die vielfältiger und häufiger werdenden Immobilienkäufe und -anmietungen als Versuch der Perpetuierung eines gesellschaftlichen Großtrends eingeordnet werden. Die dadurch drohende Verwurzelung der extremen Rechten gerade in Räumen, die ihnen politisch günstig erscheinen, kann auf die Dauer zur Bildung eines immer dichter werdenden Graswurzelnetzwerks führen, dessen Funktion als Rückzugs- und Agitationsraum erst dann so richtig sichtbar werden könnte, wenn es zu spät ist, dagegen nachhaltig vorzugehen. Vereinzelte Äußerungen der Erleichterung von westdeutschen Politikern (vgl. Giustoli 2021) lassen darauf schließen, dass die Tragweite der Ballung von Rechtsextremen gerade in den ländlichen Räumen des Ostens noch nicht überall vollständig erfasst wurde.

Natürlich stellt sich die Frage nach Gegenstrategien zu diesem Vorgehen. Diese bieten sich vor allem auf zwei Sektoren an: erstens in einem starken Handeln der Zivilgesellschaft und zweitens in einem entschlossenen Auftreten auf behördlicher beziehungsweise staatlicher Seite. Was die Zivilgesellschaft angeht, so identifiziert etwa das Kulturbüro Sachsen am Beispiel der völkischen Siedler:innen mehrere Handlungsfelder: Es gehe um einen entschiedenen Umgang mit extrem rechten Nachbar:innen in Vereinen, im Gemeinwesen, auf Ebene der Geschäftsbeziehungen und nicht zuletzt im Umgang mit deren Kindern in Schulen und Kitas.

Allerdings setzt dies ein zivilgesellschaftliches Bewusstsein voraus, dessen unzureichende Ausprägung in manchen Regionen ja gerade ein Grund für die extreme Rechte ist, solche Orte auszuwählen. Wenn Thüringens Innenminister Georg Maier davon spricht, die zivilgesellschaftliche Gegenwehr gegen den Neonazi Tommy Frenck und sein Rechtsrockfestival in Themar sei „ein bisschen mau“, dann deutet er auch an, was in den ländlichen Räumen des Ostens laut repräsentativen Erhebungen ein Problem ist: Ein Teil der Menschen dort hat gegen rassistische, antisemitische und nationalautoritäre Vorstellungen wenig einzuwenden (vgl. Ezra et al. 2021, 14 ff.).

Zwar zeigt das Beispiel Jamel in Mecklenburg-Vorpommern, dass sichtbares Engagement durchaus sogar aus der Rolle einer gesellschaftlichen Minderheit heraus gelingen kann. Allerdings ist es für Anwohner:innen mit wachsender Dominanz rechter Strukturen immer schwieriger und auch gefährlicher, diese anzusprechen, geschweige denn zu isolieren. In Räumen, in denen zivilgesellschaftliche Gegenwehr zudem als „Polarisierung“ oder „Nestbeschmutzung“ gilt, laufen sie zudem selbst Gefahr, isoliert zu werden. Das kann besonders in kleineren lokalen Räumen für Einzelpersonen von durchaus existenzieller Bedeutung sein. Gerade der Nestbeschmutzer-Vorwurf hat besonders in den Räumen des Ostens eine unrühmliche Tradition. Lange Jahre wurde die Präsenz rechtsextremer Strukturen bestritten und Akteur:innen, die sich ihnen in den Weg stellten, wurde vorgeworfen, das Image des Ortes zu verschlechtern und damit dem Gemeinwesen zu schaden. So fanden sich Menschen, die in anderen ländlichen Räumen Deutschlands ganz selbstverständliche Anliegen ansprachen, plötzlich mit dem Anwurf konfrontiert, Linksextremist:innen zu sein, den lokalen Frieden zu stören oder sogar die Demokratie zu untergraben, da ja auch Rechte ein Recht auf freie Meinungsäußerung hätten (vgl. Staud 2001).

Hier wird deutlich, dass in solchen Räumen insbesondere kommunale Verwaltungen und Politik den Ton in der Auseinandersetzung mit Neonazis setzen. An dieser Stelle haben sich in den vergangenen Jahren viele Dinge zum Besseren gewandelt. Insbesondere in Sachsen und Thüringen zeigte sich auf Ebene der Landesregierungen, dass ein verändertes Bewusstsein für die Problemlage vieles möglich macht. So verkaufte das Land Thüringen noch im Jahr 2011 eine der lange bedeutendsten Immobilien, das Herrenhaus Guthmannshausen, nach eigener Aussage arglos an ein Mitglied des rechtsextremen Vereins Gedächtnisstätte e. V., der zu diesem Zeitpunkt schon Beobachtungsobjekt des Verfassungsschutzes war (vgl. Endstation Rechts 2018). Inzwischen verfolgt die Erfurter Landesregierung eine Nulltoleranzpolitik gegen rechte Immobilienkäufe und Festivals, was zu einigen medienwirksamen Pleiten der Veranstalter rechter Events führte. Ebenso zeigte sich im sächsischen Ostritz, Schauplatz der „Schild-und-Schwert-Festivals“, dass eine engagierte und entschiedene Kommunalpolitik im Duett mit einem persönlich dafür eintretenden Ministerpräsidenten, die ganze Atmosphäre des Widerstands gegen Rechts verändern kann.

So positiv diese Entwicklungen aber auch sein mögen: Den Trend stoppen können sie bislang nicht. Denn bis die Corona-Pandemie ab 2020 Rechtsrockkonzerte vorübergehend erschwerte und erschwert, fanden in Thüringen mehr als 50 Rechtsrockkonzerte pro Jahr statt (vgl. Mobit 2021). Gleichzeitig wächst die Zahl der rechten Immobilien in Sachsen und Thüringen immer weiter. Um den extrem Rechten ihre Rückzugsräume ganz zu nehmen, braucht es ein wachsendes, nicht schrumpfendes Engagement der Zivilgesellschaft und ebenso eine längerfristige, nachhaltige Entschlossenheit der politischen Akteur:innen auf allen Ebenen.

Nichtsdestotrotz gibt es auch Anhaltspunkte und Argumente, die einen optimistischen Blick auf das Thema zulassen. So ist ein gestiegenes Problembewusstsein, eine wacher werdende Zivilgesellschaft wahrzunehmen. Letztlich aber sind die ländlichen Räume Seismografen der allgemeinen gesellschaftlichen Stimmung. Diese Räume werden für extreme Rechte umso zugänglicher, je mehr autoritäre oder rassistische Diskurse die gesamtgesellschaftliche Atmosphäre bestimmen. Insofern liegt die Verantwortung nicht weit außerhalb, sondern in der vielbeschworenen Mitte der Gesellschaft.

Literatur

- Antifaschistisches Pressearchiv und Bildungszentrum Berlin e. V. (apabiz) (o. D.): Rechtes Land. NPD-Zentrale in Eisenach „Flieder Volkshaus". Online: https://www.rechtesland.de/immobilien-der-extremen-rechten-thueringen/npd-zentrale-in-eisenach-flieder-volkshaus/ (01.03.2022)
- Deutscher Bundestag (2019): Antwort der Bundesregierung auf die Kleine Anfrage der Abgeordneten Martina Renner, Dr. André Hahn, Gökay Akbulut, weiterer Abgeordneter der Fraktion DIE LINKE. Drucksache 19/9064. 09.05.2019
- Deutscher Bundestag (2021): Antwort der Bundesregierung auf die Kleine Anfrage der Abgeordneten Martina Renner, Dr. André Hahn, Gökay Akbulut, weiterer Abgeordneter und der Fraktion DIE LINKE. Drucksache 19/27686. 26.04.2021
- Dresdner neueste Nachrichten (2021): Sachsens Verfassungsschutz warnt vor völkischen Siedlern, in: Dresdner neueste Nachrichten, 06.10.2021. Online: https://www.dnn.de/Region/Mitteldeutschland/Sachsens-Verfassungsschutz-warnt-vor-voelkischen-Siedlern (01.03.2022)
- Endstation Rechts. (2018): „Nach den rechten Häusern sehen" – Die Gedächtnisstätte in Guthmannshausen, in: Endstation Rechts, 15.03.2018. Online: https://www.endstation-rechts.de/news/nach-den-rechten-hausern-sehen-die-gedachtnisstatte-guthmannshausen (01.03.2022)
- Ezra, MoBit e. V., KomRex, IDZ Jena (Hrsg.) (2021): Thüringer Zustände. Rechtsextremismus und Gruppenbezogene Menschenfeindlichkeit im Freistaat Thüringen. Erfurt und Jena
- Freires, Horst (2019): Zahlreiche Neonazi-Treffpunkte im Freistaat, in: Endstation Rechts., 13.11.2019. Online: https://www.bnr.de/artikel/hintergrund/zahlreiche-neonazi-treffpunkte-im-freistaat (01.03.2022)
- Giustoli, Daniele (2021): Rechtsextremismus in Dorstfeld: Dortmunder „Nazi-Kiez" verändert sich radikal: Politiker berichtet Überraschendes, in: Ruhr24, 08.03.2021. Online: https://www.ruhr24.de/dortmund/dortmund-nazi-kiez-dorstfeld-michael-brueck-polizei-videoueberwachung-rechtsextremismus-sssiggi-zr-90230742.html (20.04.2022)
- Hellwig, Marius (2020): Ausstieg rechts. Die Verbindung von Rechtsextremismus und Umweltschutz hat eine lange Tradition. Völkische Siedler und die Anhänger der Anastasia-Bewegung arbeiten daran, sie durch Siedlungsprojekte wiederaufleben zu lassen, in: Jungle.world, 14.07.2020. Online: https://jungle.world/artikel/2020/29/ausstieg-rechts (01.03.2022)
- Hennig, Sebastian und Björn Höcke (2018): Nie zweimal in denselben Fluß. Lüdinghausen und Berlin
- Kulturbüro Sachsen e. V. (2021): Sachsen rechts unten 2021. Dresden
- Lange, Jan (2021): Ostritz: Was ist mit „Nationalem Großprojekt"? In: Sächsische.de, 25.04.2021. Online: https://www.saechsische.de/zittau/neisseblick-hotel-fischer-ostritz-rechtsextreme-npd-5428969-plus.html (01.03.2022)
- Mobile Beratung in Thüringen. Für Demokratie – gegen Rechtsextremismus (Mobit) (2021): RechtsRock-Konzertzahlen brechen in Thüringen aufgrund der Corona-Pandemie ein, in: Mobit, 26.03.2021. Online: https://mobit.org/rechtsrock-statistik-2020/ (01.03.2022)
- Podjavorsek, Peter (2017): Völkische Siedler im ländlichen Raum. Der Bio-Nazi von nebenan, in: Deutschlandfunk Kultur, 21.02.2017. Online: https://www.deutschlandfunkkultur.de/voelkische-siedler-im-laendlichen-raum-der-bio-nazi-von-100.html (01.03.2022)
- Pollmann, Anne (2011): Wirren um „Rock für Deutschland" gehen weiter. Blog Störungsmelder, in: Zeit Online, 05.08.2011. Online: https://blog.zeit.de/stoerungsmelder/2011/08/05/wirren-um-rock-fur-deutschland-gehen-weiter_6869?wt_ref=https%3A%2F%2Fde.wikipedia.org%2F&wt_t=1650542188378 (01.03.2022)
- Staud, Toralf (2001): Die Nestbeschmutzer, in: Die Zeit, Hamburg, 05.07.2001. Online: https://www.zeit.de/2001/28/Die_Nestbeschmutzer (01.03.2022)

Paul-Gustavus-Haus, Altenburg

DIE BEDEUTUNG GEBAUTER ORTE FÜR DIE DASEINSVORSORGE UND DEMOKRATIEBILDUNG IN LÄNDLICHEN RÄUMEN

Julia Felker und Stefan Krämer

Die Siedlungsentwicklung in Deutschland ist geprägt von fortschreitender Verdichtung und wachsender Urbanisierung. Parallel dazu entleeren sich ländlich geprägte Räume sowohl demografisch als auch wirtschaftlich. So öffnet sich eine Schere wachsender Ungleichheit in den Entwicklungsperspektiven von Städten und ländlichen Regionen. Sie hat unmittelbare Auswirkungen auf die konkrete Lebenswelt der Menschen, auf ihre gefühlten und tatsächlichen Chancen zur gesellschaftlichen Teilhabe und auf die Vielfalt der örtlichen Gemeinschaft, in der sie leben.

Blickt man nur auf die statistischen Kennzahlen, dann scheint weiterhin ein großer Teil der Bevölkerung in ländlichen Regionen zu leben. Immerhin 32 Millionen Menschen (vgl. bpb 2022) – das sind fast 40 Prozent der deutschen Bevölkerung – wohnen in Regionen, die nach statistischen Kriterien als ländlich definiert werden. Hier liegt die Bevölkerungsdichte unter 100 Einwohner:innen pro Quadratkilometer und der Bevölkerungsanteil in Groß- und Mittelstädten unter 50 Prozent (vgl. BBSR 2021). Doch diese statistisch-quantitative Definition täuscht und führt zur Unterschätzung von Dynamik und Reichweite der Urbanisierung und Verdichtung, die in Deutschland zu beobachten ist. Die Verbindung der Städte mit ihrem Umland, der vielfältige Austausch auf kultureller wie ökonomischer Ebene und die funktionalen Verflechtungen von Arbeitsmarkt, Infrastruktur und Mobilität orientieren sich nicht an administrativen Stadt- und Gemeindegrenzen, die nach statischen Kriterien zwischen städtischen und ländlichen Lebenswelten unterscheiden. Die tatsächliche Entwicklung ist wesentlich differenzierter, was dazu führt, dass sowohl die Städte mit ihrem Umland als auch die ländlichen Regionen jeweils in sich wesentlich heterogener sind, als eine pauschale Gegenüberstellung von Stadt und Land es erwarten ließe (vgl. Krämer 2021).

Das simplifizierende Bild von prosperierenden Städten auf der einen Seite und sterbenden Dörfern auf der anderen Seite ist deshalb nicht richtig. Dennoch gibt es eine erhebliche soziale und räumliche Ungleichheit in Deutschland, die auf vielfältige Weise mit der Siedlungsentwicklung und den Unterschieden zwischen städtischen und ländlichen Strukturen und Lebenswelten verbunden ist. Nachfolgend richtet sich der Fokus auf die Rahmenbedingungen, die in ländlich geprägten Orten und Regionen die Chancen der Bevölkerung zur gesellschaftlichen Teilhabe und das Leben in einer offenen und vielfältigen Gesellschaft beeinflussen. Es geht um solche Räume, in denen ein Prozess, teils eine Spirale aus Ursachen und Wirkungen stattfindet, in der sich verschiedene Entwicklungen gegenseitig verstärken können und dabei eine eigene Dynamik entfalten. Der wirtschaftliche Strukturwandel führt zum Verlust von Arbeitsplätzen; die Digitalisierung ist zwar eine Chance, im Wettbewerb mit den Städten aber zugleich auch eine große Herausforderung; ein Mangel an qualifizierten Arbeitsplätzen führt dazu, dass die Jungen nach ihrer Ausbildung in den Städten dort bleiben und nicht zurückkehren; ein dadurch noch einmal beschleunigter demografischer Wandel verändert die Nachfrage nach Dienstleistungen, Infrastrukturangeboten und Waren; eine nachlassende Nachfrage schränkt das Angebot zur Daseinsvorsorge zusätzlich ein; der ÖPNV wird ausgedünnt und die Mobilität erschwert. Solange sich die Spirale in dieser Richtung dreht, gefährdet sie die Perspektiven und die Lebensqualität der Menschen, die in diesen Orten wohnen.

Mit dem Abbau und der Verlagerung von sozialer und technischer Infrastruktur aus kleineren Gemeinden in größere oder zentralere Orte gehen auch die traditionellen sozialen Treffpunkte verloren. Ohne Einkaufsmöglichkeiten vor Ort, ohne Bildungsangebote, Freizeit- und Kultureinrichtungen ist es schwierig, eine Gemeinschaft lebendig und erlebbar zu erhalten. Auch die beiden großen Kirchen ziehen sich aufgrund ihrer eigenen finanziellen und personellen Probleme in vielen ländlichen Regionen aus der Fläche zurück; damit entfallen in der Regel zugleich die sozialen Angebote, die von den Kirchengemeinden bis dahin getragen wurden (vgl. Schmied und Wüstenrot Stiftung 2020).

PROVIE THEATER HOHENBÜSSOW

Der ehemalige Kornspeicher in Hohenbüssow ist seit der Gründung des Kulturvereins 2004 eine Kultur-Insel in einer kleinen Gemeinde in einer sehr dünn besiedelten Region. Der Verein organisiert Veranstaltungen zu Handwerk, Musik, Theater, Literatur und Sport; nicht nur in Hohenbüssow selbst, sondern auch gemeinsam mit anderen Akteur:innen in der Region. Seit 2019 gibt es außerdem ein Radler-Café, um Radreisenden ein Zwischenziel auf dem Weg von Berlin nach Rügen oder von der Oder nach Schwerin anbieten zu können. Andere Freizeitangebote richten sich speziell an Geflüchtete oder sind interkulturell konzipiert. Mit den „Schulprojekten gegen Rassismus", die von der Landeszentrale für politische Bildung in Mecklenburg-Vorpommern gefördert werden, ist der Verein im ganzen Bundesland unterwegs.

Zum Selbstverständnis von Kulturverein und Theater gehört es, ökologisches und verantwortungsvolles Handeln nicht nur selbst umzusetzen, sondern über die interkulturellen Feste, Veranstaltungen und Schulprojekte beispielhaft weiterzugeben. Dabei geht es stets um die Verbindung des Lebens in einer kleinen Gemeinde in einer ländlich geprägten Region mit der gemeinsamen Reaktion auf gesamtgesellschaftliche Herausforderungen.

In ländlichen Regionen, die von dieser beschriebenen Entwicklungsspirale betroffen sind, ist der Bedarf an sozialen Orten groß, in denen Identität und sozialer Zusammenhalt gepflegt, demokratische Werte und das Leben in einer offenen Gesellschaft erfahrbar, individuelle und kollektive Teilhabe ermöglicht sowie gemeinschaftliche Zukunftsperspektiven ausgehandelt und in Angriff genommen werden können. Dieser Bedarf wird in den Einsendungen zum Wettbewerb erkennbar. Von 455 Wettbewerbsbeiträgen liegen (entsprechend der o.a., teilweise problematischen statistischen Einordnung) 131 und damit rund 29 Prozent der Einreichungen in dünn besiedelten ländlichen Kreisen oder in ländlichen Kreisen mit Verdichtungsansätzen. Sie zeigen auf vielfältige Weise, welche Angebote und Qualitäten in den ländlichen Räumen gebraucht werden und wie wichtig diese für die Aufrechterhaltung des gesellschaftlichen Zusammenhalts sind. Die Projekte sind ein nachhaltiger Beitrag zur Inklusion und Allgemeinbildung. Sie fördern Austausch, Teilhabe und Demokratieverständnis, sie realisieren ideenreich und meist selbstorganisiert Kultur- und Bildungsangebote und leisten soziale Unterstützung für marginalisierte Gruppen oder Menschen mit besonderen Bedürfnissen wie Kinder und Jugendliche, Senior:innen oder Menschen mit Fluchterfahrung sowie Freizeitangebote und individuelle Förderung.

Eine besondere Stärke vieler gebauter Orte für Demokratie und Teilhabe in ländlichen Räumen ist, dass sie die wenigen lokal vorhandenen Ressourcen bündeln und mehrfach nutzen. Sie entwickeln eigene problemlösungsorientierte Ansätze, mit denen sie praktisch-innovativ auf die Bedarfe vor Ort reagieren und Angebote schaffen, die passgenau auf die Leistungsfähigkeit der Menschen vor Ort zugeschnitten sind. Dennoch erhalten solche Projekte meistens nur wenig mediale Aufmerksamkeit und finden allzu oft in den Förderprogrammen von Bund und Ländern nur mühsam und allenfalls projektbezogen Unterstützung. Dies muss sich ändern. Die endogenen Potenziale ländlicher Räume müssen von der Politik stärker als Chance wahrgenommen werden, um die ländlichen Räume als Wohn-, Arbeits- und Lebensort zu fördern und ihre Stabilisierungsfunktionen zu stärken. In ländlichen Räumen, in denen physische Plattformen für soziale Aushandlungsprozesse immer häufiger fehlen, sind gebaute Orte für Dialog und Teilhabe besonders wichtig und ein unverzichtbarer Teil der Daseinsvorsorge. Es gibt deshalb eine öffentliche Verantwortung, solche Orte zu fördern und zu unterstützen. Sie gilt beispielsweise in Fragen der Bereitstellung konkreter Gebäude, die zwar häufig vorhanden, aber nicht immer verfügbar sind oder ohne finanzielle Unterstützung von den Menschen vor Ort nicht ohne Weiteres erschlossen werden können. Gerade in Zeiten der Digitalisierung, in denen Debatten im virtuellen Raum wenig greifbar sind, bieten Orte für Dialog und Austausch eine Chance, großen gesamtgesellschaftlichen Herausforderungen wie Rassismus, Extremismus, Entfremdung und sozialer Spaltung auch in kleinen Gemeinden und dünn besiedelten Regionen direkt vor Ort aktiv begegnen zu können.

Ein Beispiel ist das proVie Theater in Hohenbüssow, einem sehr kleinen Dorf (ca. 60 Einwohner:innen) in Mecklenburg-Vorpommern. Anfang der 2000er-Jahre wurden hier ein Kulturverein und ein Theater gegründet. Nach und nach sind viele Kulturangebote, Musikveranstaltungen und Schulprojekte dazu gekommen. Das Engagement ist geprägt von einem Bekenntnis zum Leben auf dem Land, in einer kleinen dörflichen Gemeinschaft und der Überzeugung, dass dazu auch interkulturelle Feste, gesellschaftliche Herausforderungen, Menschen aus unterschiedlichen Kulturkreisen und ein aktives, tolerantes Miteinander gehören. Kunst, Kultur und Nachhaltigkeit werden in Hohenbüssow ebenso als Teil der sozialen Daseinsvorsorge betrachtet wie spezifische Bildungsangebote für Kinder, Jugendliche und Menschen mit Migrationshintergrund.

Eine andere Möglichkeit, Bildungs- und Kulturangebote vor allem für Kinder und Jugendliche auch in einer kleinen Gemeinde im ländlichen Raum anbieten zu können, ist die (Neu-)Gründung einer Dorfschule. So geschehen in dem knapp 300 Einwohner:innen zählenden Dorf Wallmow in Brandenburg, in dem von einem Verein eine Dorfschule mit Kita und Jugendkunstschule gegründet wurde. Neben den Angeboten in Kita und Schule werden hier auch kulturelle und politische Angebote für die Dorfbewohner:innen organisiert. So trägt die Dorfschule als Ort zur Bildungs- und Kulturvielfalt in einer ländlichen Region bei und bindet über die pädagogische Arbeit hinaus auch lokale Akteur:innen und die Dorfgemeinschaft in einen gemeinsamen Dialog zu den kulturellen und politischen Themen einer offenen Gesellschaft ein.

Beide Beispiele – proVie Theater Hohenbüssow und Dorfschule Wallmow – wirken nicht nur im engeren lokalen Kontext, sondern auch in die Region hinein. Ein Beispiel für ein Angebot, das aus einem etwas größeren Ort in einer ländlich geprägten Region heraus bewusst auch das Umland mit einbezieht, ist der Demokratiebahnhof in Anklam (Mecklenburg-Vorpommern). Hier gibt es außerschulische Aktivitäten und Betreuung für Kinder und Jugendliche, Räume für selbstorganisierte Freizeit- und Sportangebote sowie Unterstützung für Benachteiligte aller Altersklassen. Zum Programm gehören Veranstaltungen für Kunst und Kultur sowie Bildungsangebote, die den Austausch zwischen und das gegenseitige Lernen von verschiedenen Generationen und Herkünften fördern.

Viele Projekte starten mit dem Ziel, einen besonderen Ort zu erhalten und/oder seine Bedeutung hervorzuheben. Es sind nicht nur bauhistorisch interessante Gebäude wie Bahnhöfe, Fabrikhallen oder Herrenhäuser, die vor dem Verfall gesichert werden, sondern oft steht im Mittelpunkt auch die Möglichkeit einer Beteiligung an einem gemeinsamen Vorhaben zur Stärkung des sozialen Zusammenhalts. Die teils neuprogrammierten Räume ermöglichen es der Gemeinschaft, auf aktuelle oder neue gesellschaftliche Herausforderungen zu reagieren. Dabei verbinden sie den historisch-traditionellen Erfahrungsschatz der meist alteingesessenen Gemeinschaft mit modernen und alternativen Lebensstilen der jungen Generation und der Zugezogenen.

Auch wenn die Beziehungen zwischen Ortsteilen städtebaulich oder räumlich nicht sichtbar sind, können sie zwischenmenschlich ausgeprägt sein – man kennt sich, man unterstützt sich, man entwickelt gemeinsam praktische Lösungen. Die Wege des Austauschs sind schnell und kurz, u. a. auch, weil Funktionsträger:innen meist mehrere Positionen bekleiden oder über mehrere Wege bekannt sind – sie sind zeitgleich Nachbar:in, Lokalpolitiker:in, Unternehmer:in und/oder ehrenamtlich tätig in Vereinen oder anderen zivilgesellschaftlichen Gruppen. Angesichts der Herausforderungen, die sich aus dem Verhältnis von Städten und Regionen ergeben, ist ein Vorteil vieler Projekte, dass sie dabei helfen können, die soziale Daseinsvorsorge im ländlichen Raum in Form einer stabilen und effizienten Infrastruktur auch langfristig zu sichern. Das ist vor allem dem hohen Interesse an gesellschaftlichem Engagement und der Anzahl freiwillig Engagierter in ländlichen Räumen zu verdanken. Sie engagieren sich in Sport- und Musikvereinen, soziokulturellen Initiativen, in der Nachbarschaftshilfe, in Ortsprojekten oder in Protestaktionen.

Ein Beispiel dafür ist der Erfahrungspark des Sport-und-Jugendclubs Hövelriege in Nordrhein-Westfalen. In Verbindung mit herkömmlichen Sportangeboten ist ein Abenteuerspielplatz mit pädagogischem Anspruch entstanden. Hier werden Kinder und

DEMOKRATIEBAHNHOF ANKLAM

In Anklam wird seit 2014 ein alter Bahnhof als selbstorganisiertes Kulturzentrum und generationsübergreifender Begegnungsort genutzt. Das 1863 erbaute Bahnhofsgebäude verlor mit den wirtschaftlichen Umbrüchen in den 1990er-Jahren seine Funktion und verfiel. Durch die rückläufige wirtschaftliche Entwicklung und den Wegzug junger Menschen litten zivilgesellschaftliche Strukturen. „Von diesem Vakuum an gesellschaftlicher Verantwortung profitierten vielfach [...] rechtsextreme Strukturen [...]. Um [...] Jugendlichen in ländlichen Räumen eine Alternative zu bieten, entstand die Idee des Demokratiebahnhofs“, wie aus dem eingereichten Wettbewerbsbeitrag hervorgeht. Es gründete sich eine Initiative mit dem konkreten Ziel, die bedeutende Bausubstanz zu retten und wieder mit Leben zu füllen. Die Gemeinschaft des Ortes wehrte sich gegen Einschüchterungsversuche durch Vandalismus und politische Diffamierung und setzte ein deutliches Zeichen gegen die rechte Vereinnahmung des Ortes. Vornehmlich von Jugendlichen aus der Region werden im „Demokratiebahnhof“ Freizeit- und Bildungsangebote initiiert und Lokalpolitik aktiv mitgestaltet. Das Angebotsspektrum reicht von offener Kinder- und Jugendsozialarbeit mit niedrigschwelligen Freizeitangeboten über Kultur- und Bildungsformate wie Konzerte, Lesungen, Fahrradwerkstatt, Reparaturworkshops und Gemeinschaftsgarten bis hin zu Generationendialogen und Diskussionsrunden zu bürgerschaftlichem Engagement, Partizipation und Demokratie. Neben dem federführenden Verein nutzen auch andere zivilgesellschaftliche Gruppen aus der Region den Ort, insbesondere für gemeinsame dauerhafte oder temporäre Projekte. Beispielhaft wurde der Generationendialog gemeinsam mit dem Landesjugendring und dem Landesseniorenbeirat organisiert. Der Bahnhof ist Sitz der lokalen Pfadfinderschaft, des Jugendparlaments Anklam und des umweltpädagogischen Projekts Garten. Werk.Stadt. Betrieb und Programm werden durch Projektförderungen des Bundes und von Stiftungen sowie durch Spenden finanziert; Fachkräfte werden von der Europäischen Union, dem Land, der Stadt und einer Stiftung gefördert. Im Demokratiebahnhof werden Mitbestimmung und Selbstorganisation erprobt, weiterentwickelt und in verschiedenen Projekten zum Standard des gemeinschaftlichen Handels etabliert. Im Fokus steht die Gestaltung eines aktiven gemeinschaftlichen Zusammenlebens durch Austausch und Unterstützung sowie der Erhalt des historischen Bestandes und des Bahnhofs als Ort für alle.

Der Demokratiebahnhof trägt zur Entwicklung einer lebendigen, generationsübergreifenden Gemeinschaft bei und leistet durch Bildungs- und Kulturangebote einen aktiven Beitrag gegen Menschenverachtung, Rechtsextremismus, Homophobie und Antisemitismus.

PAUL-GUSTAVUS-HAUS UND FUTURA-ZENTRUM

Für das Paul-Gustavus-Haus liegt der Fokus auf der Revitalisierung und Erhaltung eines denkmalgeschützten Gebäudes. Im räumlichen und organisatorischen Zusammenhang mit dem Integrativen Zentrum Futura entstand ein lokales Angebot der klassischen Sozialarbeit mit Integrationsangeboten für Geflüchtete. Die Initiative des Futura-Zentrums fokussiert auf die Unterstützung und Selbstermächtigung von Menschen, die von Ausgrenzungsmechanismen betroffen sind wie Mädchen und Frauen, Geflüchtete und Menschen mit Migrationshintergrund sowie Angehörige der LSBTQI-Community. Zugewanderten wird in einem geschützten Raum durch niedrigschwellige Angebote, individuelle Sozialberatung und Einbindung in die Freiwilligenarbeit das Ankommen in die lokale Gemeinschaft erleichtert. Ein Nachbarschaftscafé fungiert als sozialer Austausch- und Begegnungsort für zahlreiche Einwohner:innen aller sozialen Schichten, von Neuzugezogenen und Besucher:innen aus dem Umland. Durch Kunst, Kultur und Freizeitangebote wird das interkulturelle Verständnis gefördert und Teilhabe am gesellschaftlichen Leben für alle ermöglicht. Es entstehen neue Formen des Miteinanders und der lokalen Verantwortung, die in der Tradition des Ortes gepflegt werden, aber inhaltlich mit den Aspekten der immer stärker urban-vernetzen Welt gefüllt werden. Das schafft Vertrauen und Erfahrungsräume, um Fairness, Toleranz, Solidarität und Gerechtigkeit einzuüben (vgl. Löffler 2022).

Das Gebäude wurde zum Anlaufpunkt und zur Vernetzungsstelle für verschiedene gesellschaftliche Gruppen im Altenburger Land. Während der schrittweisen, immer noch andauernden Sanierung, die durch viel ehrenamtliche Eigenleistung, aber auch von Fördermitteln des Landes Thüringen getragen wird, wurden im Paul-Gustavus-Haus bereits Lesungen, Ausstellungen, Filmabende, Inszenierungen und Workshops angeboten. Dieses Programm wird durch Spenden, Mitgliedsbeiträge und projektbezogene Fördermittel finanziert. Das Projekt „Integratives Zentrum“ wird vom Land in Kooperation mit der Stadt sowie aus Eigenmitteln des Vereins und Spenden finanziert.

Jugendliche früh angeleitet, sich mit der Geschichte und den Inhalten des westlichen Demokratiemodells zu beschäftigen. Es gibt gemeinsames Werken, Spielen, Darstellen, demokratische Entscheidungsprozesse werden eingeübt und Kinder wie Jugendliche lernen, selbstbestimmt ihre Interessen zu vertreten. Durch die Einbindung von Jugendlichen mit Fluchterfahrung und von Kindern und Jugendlichen aus schwierigen sozialen Lagen fördert der Verein die interkulturelle Begegnung und Verständigung (vgl. S. 194–197).

Auch jahrelanges Engagement mündet nicht immer in eine feste, dauerhafte Struktur. Es fehlt selten an Ideen oder – anders als in verdichteten Räumen oder wachsenden Städten – auch nicht an ungenutzten Gebäuden oder Flächen. Aber es fehlt an per se bereits geeigneten Orten zur Umsetzung und Verstetigung. Vorhanden sind meist einfach ausgestattete Räume wie Gemeinschaftshäuser, Kirchen, Vereinshäuser oder Sport- und Ortsplätze. Ihre identitätsbildende Eigenschaft kann hoch sein, aber ohne ein besonderes Engagement von Kommunen, Zivilgesellschaft und lokalen Unternehmen ist der Gestaltungs- und Veränderungsspielraum begrenzt. Hierzu gehören auch öffentliche Investitionen in die lokale und regionale Infrastruktur sowie eine flexible und kreative Anerkennung von Eigenleistungen – z. B. die sogenannten Muskelhypotheken – in den Förderprogrammen. Eine lebendige Gemeinschaft benötigt räumliches Kapital, das eigene Gestaltungsmöglichkeiten öffnet, in dem Ideen ohne programmatische Vorprägung entstehen und Ergebnisse baulich-räumlich erkennbar werden können.

In ländlich geprägten Gemeinden improvisieren viele Initiativen aus der lokalen Gemeinschaft, indem sie leerstehende Orte revitalisieren, meistens in veränderter Form. Alte oder wiederentdeckte Gebäude werden dann zum räumlichen Initiationspunkt, um den sich sonst niemand kümmert und für den es sich lohnt, Zeit und Ideen zu investieren. Mit der Absicht, ein leerstehendes Industriedenkmal zu erhalten und ihm eine neue Nutzungsperspektive zu geben, gründete sich 2009 der Förderverein Zukunftswerkstatt Paul-Gustavus-Haus im thüringischen Altenburg. Ziel ist es, den Ort als soziokulturelles Zentrum neu zu beleben. Das sanierungsbedürftige Gebäudeensemble aus Jugendstilvilla, Fabrikkontor und Lagerhalle erfuhr im Laufe der Zeit immer wieder Umnutzungen und stand seit Anfang der 2000er-Jahre leer. Wie viele ländlich gelegene Räume hat auch Altenburg mit Entleerungstendenzen durch den demografischen Wandel und durch Abwanderung zu kämpfen und die Innenstadt verlor an Attraktivität. Daraus entwickelte sich die Idee, mit soziokulturellen Angeboten die Innenstadt zu beleben und gleichzeitig ein Zentrum für Austausch und Begegnung für alle zu schaffen.

Das räumliche Kapital, an dem sich die eigenen Potenziale des Ortes manifestieren können, kann auch neugebaut werden. Neue, multifunktionale Gemeindezentren, integrative Wohnprojekte, interkulturelle Bildungsstätten, Bibliotheken und Kulturhäuser bedienen das Grundbedürfnis nach Teilhabe und nach einem sozialen Miteinander und sind notwendig für wirksame Integrationsarbeit und langfristige Kooperation. Das neu erbaute Haus am Teuringer in Oberteuringen (Baden-Württemberg) wurde als inklusiver Begegnungs- und Lebensort zum neuen Herzen einer kleinen Gemeinde. Zentral gelegen ist es der Treffpunkt für Menschen aller Generationen, mit und ohne körperliche oder geistige Beeinträchtigung. Es bietet Platz für Gemeinwesenarbeit, einen Familientreff, eine Kindertagesstätte, eine Mediathek, eine Tagespflegeeinrichtung, ein Bildungs-, Begegnungs- und Förderzentrum sowie die Lebensräume für Jung und Alt der Stiftung Liebenau. Gemeinsam haben Gemeinde, bürgerschaftliches Engagement und die Stiftung Liebenau nicht nur umfassende Möglichkeiten der Teilhabe geschaffen, sondern auch ein Zeichen für ein demokratisches Selbstverständnis von Gleichberechtigung gesetzt (vgl. S. 230–233).

Ländlich gelegene Orte haben grundsätzlich eine wichtige Funktion und einen maßgeblichen Anteil an der Qualität der sozialen Infrastruktur und lokalen Daseinsvorsorge. Sie können Kristallisationskern der Gemeinschaftsbildung, des Zusammenhalts und der sozialen Verantwortungsübernahme durch bürgerschaftliches Engagement sein. Um diese Stabilisierungsfunktionen übernehmen zu können, braucht es funktionierende Infrastrukturen wie soziokulturelle Zentren, Schulen, Bibliotheken, Jugendzentren, Dialogorte oder andere Arten „Dritter Orte" sowie eine transparente Kommunalpolitik, die soziale Verantwortungsübernahme fördert (vgl. Löffler 2022). So sieht es auch die Nationale Stadtentwicklungspolitik: Zivilgesellschaftliches Engagement „darf [...] nicht als günstige Alternative für kommunale Leistungserbringung gesehen werden. Den Engagierten muss Wertschätzung entgegengebracht und ihr Mehrwert für unser gesellschaftliches Zusammenleben klar herausgestellt werden." (BBSR 2020) „Wichtig sind vor allem die damit verbundene Wahrnehmung und Anerkennung, dass die Menschen, die da wohnen, die Motoren der ländlichen Entwicklung sind. [...] Diesen Prozess zu unterstützen und mit eigenen Ressourcen auszustatten, ist ein ganz wichtiger Schritt." (Bombeck 2020). Diese kleinteilige „Kulturarbeit als Bindemittel" bei sich verändernden und erodierenden Strukturen [...] genießt aber noch immer nicht die ihr gebührende Aufmerksamkeit." (BBSR 2021)

Individuelle und zivilgesellschaftliche Leistungen und aktive Unterstützung durch die Lokalpolitik prägen in der Regel die Initiierungsphase von Projekten. Für eine langfristige Sicherung benötigt es dann jedoch oft eine staatliche politische, strukturelle und finanzielle Unterstützung. Dies zeigt sich auch an den beiden Projektbeispielen Demokratiebahnhof in Anklam und Paul-Gustavus-Haus mit dem benachbarten Futura Zentrum in Altenburg. Der in beiden Projekten große politische Zuspruch müsste eine kontinuierliche finanzielle Unterstützung von Kommune, Land, Bund und/oder Europäischer Union im Sinne einer verlässlichen Grundförderung nach sich ziehen, um existenzielle Unsicherheiten auszuräumen und die Abhängigkeit der Beteiligten und der Projekte von zeitlich aufwendigen und begrenzten Projektförderungen bei geringen personellen Ressourcen zu mindern. Nur so können sich beim Demokratiebahnhof und beim Paul-Gustavus-Haus in Verbindung mit dem Integrativen Zentrum Futura die individuellen Eigenleistungen der Menschen vor Ort und die Ressourcen zivilgesellschaftlicher Akteur:innen mit der strukturellen Unterstützung von Politik und Verwaltung ergänzen.

Angesichts der Gefahr zunehmender sozialer Ungleichheit tragen gebaute Orte für Demokratie und Teilhabe in ländlichen Räumen nachhaltig zu gleichwertigen Lebensverhältnissen und für den Zusammenhalt über Ortsgrenzen hinweg bei. Ihre stadtentwicklungspolitische Bedeutung auf der nationalen Ebene und

Blick auf das proVie Theater

ihr gesamtgesellschaftlicher Mehrwert müssen politisch anerkannt und flächendeckend gefördert werden. Gebaute Orte für Demokratie und Teilhabe dürfen keine einzelnen Leuchttürme in einer ansonsten entleerten Landschaft sein. Ihre systemrelevanten Aufgaben in der sozialen Daseinsvorsorge, in der Demokratiebildung und zur Ermöglichung von Teilhabe können sie nur leisten, wenn sie auf allen relevanten Ebenen anerkannt und unterstützt werden.

Literatur

- Bombeck, Henning (2020): Es ist der Weg zum Ergebnis, der mich interessiert, in: Wüstenrot Stiftung (Hrsg.): Bedingt planbar. Städtebau und Stadtentwicklung in Deutschland und Europa, S. 364
- Bundesinstitut für Bau-, Stadt- und Raumforschung (BBSR) (2021): Laufende Raumbeobachtung – Raumabgrenzungen. Online: https://www.bbsr.bund.de/BBSR/DE/forschung/raumbeobachtung/Raumabgrenzungen/deutschland/kreise/siedlungsstrukturelle-kreistypen/kreistypen.html;jsessionid=D7F6F6DAB7B2EFFBAD0083B1FF04B297.live21324?nn=2544954 (18.02.2022)
- Bundesinstitut für Bau-, Stadt- und Raumforschung (BBSR) (2020): Glossar zur gemeinwohlorientierten Stadtentwicklung, S. 156
- Bundeszentrale für politische Bildung (bpb) (2022): Online: https://www.bpb.de/themen/stadt-land/laendliche-raeume/334146/laendliche-raeume-in-deutschland-ein-ueberblick/ (18.02.2022)
- Krämer, Stefan (2021): Regionen und Regionalpolitik vor neuen Herausforderungen, in: Urbane Großräume in Deutschland und Frankreich, herausgegeben vom Deutsch-Französischen Institut und der Wüstenrot Stiftung, S. 6–12
- Löffler, Roland, Sächsische Bundeszentrale für politische Bildung (2022): Keynote „Kleinstädte als Orte der Demokratiebildung" zur Session „Zukunft Kleinstadt" im Rahmen des 14. Bundeskongresses Nationale Stadtentwicklungspolitik
- Schmied, Doris und Wüstenrot Stiftung (Hrsg.) (2020): Kirche im Dorf. Ludwigsburg

DEMOKRATIE IN DER KRISE?

Aktuelle gesellschaftspolitische Herausforderungen und die Bedeutung gebauter Orte

Lena Schreiner

Wirft man einen Blick in die Medien, so ergibt sich der Eindruck, dass es um die Qualität liberaler Demokratien aktuell nicht gut bestellt ist. Der Begriff der Krise scheint hierbei omnipräsent: Im Jahr 2015 war die „Flüchtlingskrise" in aller Munde (Alexander 2020), 2019 schien der Begriff der „Klimakrise" in den Medien stark vertreten (Weiß/Leitgeb 2019), während zurzeit die „Coronakrise" das gesellschaftliche Leben prägt (Höhne 2020). Die beschriebenen Krisen stellen Demokratien vor Herausforderungen, die diese vermeintlich nur unzureichend lösen. Die unterschiedlichen Krisensymptome scheinen sich gar zu verdichten und medial wird nicht selten die Frage aufgeworfen, ob die Demokratie als solche „in der Krise" sei (Forst 2021). Doch ist es um die Verfasstheit unserer Demokratie tatsächlich so schlecht bestellt?

Die sozialwissenschaftliche Forschung gibt zumindest teilweise Entwarnung, zeigt sich doch, dass die Diskussion um Krisen so alt ist wie die Demokratie selbst. Krise kann insofern als Begleiterscheinung der Demokratie betrachtet werden. Entsprechende Diagnosen finden sich bereits bei Aristoteles, Karl Marx und Max Weber (vgl. Merkel 2015a, 7). Präsent war die Krisendiskussion auch in den 1970er-Jahren im Zuge einer Kritik des Kapitalismus durch Vertreter wie Habermas (1975) und Offe (1972). Seit Anfang der 2000er-Jahre wurde der wissenschaftliche Krisendiskurs erneut bestärkt und wirkt in den öffentlichen Diskurs hinein. Colin Crouch prägte 2008 etwa den Begriff der „Postdemokratie". Er konstatiert, dass durch die Globalisierung die Macht ökonomischer Eliten auf politische Entscheidungsträger:innen zunehme. Die Demokratie verkomme entsprechend zu einer Fassadendemokratie, in der die formalen Institutionen zwar intakt seien, Bürger:innen jedoch keinen realen Einfluss auf Politik nehmen könnten (vgl. Crouch 2008). Weiterhin sieht Yascha Mounk (2018) den Rechtsstaat durch das Erstarken von Rechtspopulismus bedroht. Unterdessen scheint über den Mechanismus von Wahlen und deren Verfasstheit in Demokratien keine Einigkeit zu herrschen: So plädierte Jason Brennan (2016) dafür, eine Epistokratie einzuführen, eine „Herrschaft der Wissenden", in der Bürger:innen sich zum Beispiel mittels Wissenstest für den Gang zur Wahlurne qualifizieren müssen. David van Reybrouck (2016) stellt seinerseits heraus, dass Wahlen per se nicht demokratisch seien und in diesen die Ursache für eine verbreitete Demokratiemüdigkeit liege.

Angesichts der Vielfalt an Krisendiagnosen und Erklärungsnsätzen lohnt es sich, einen genaueren Blick auf die aktuelle Diskussion um die Qualität liberaler Demokratien zu werfen. Statt allgemeinen, alarmistischen Krisenausrufen zu folgen, ist das Ziel dieses Beitrags zunächst zu systematisieren: *Worin bestehen aktuelle Herausforderungen unserer Demokratie? Wie können diese demokratietheoretisch eingeordnet werden?* Hieran anschließend habe ich mir im Kontext des Wettbewerbs der Wüstenrot Stiftung zudem die Frage gestellt: *Welchen Beitrag leisten gebaute Orte bei der Lösung dieser Herausforderungen?* Dies wird anhand von drei Beispielen dargelegt.

FREIHEIT, GLEICHHEIT UND KONTROLLE ALS KERNPRINZIPIEN DER DEMOKRATIE

Um sich der Frage, welche aktuellen Herausforderungen in unserer Demokratie bestehen, systematisch anzunähern, muss zunächst geklärt werden, was unter dem komplexen Begriff der Demokratie verstanden wird. Folgt man der Wortherkunft, setzt sich der Begriff aus den griechischen Worten „Demos", zu Deutsch „Volk", und dem Verb „kratein", welches „herrschen" bedeutet, zusammen. Demokratie bezeichnet entsprechend die Herrschaft des Volkes über sich selbst und beinhaltet „das prinzipielle Recht, die allgemeinen Angelegenheiten in einer Gemeinschaft der Freien und Gleichen selbst zu bestimmen" (Alcántara et al. 2016, 23). Doch wie gestaltet sich dies konkret aus? In den Sozialwissenschaften finden sich unzählige Definitionen, die sich in ihrer konzeptuellen

Komplexität, ihren Ansprüchen und Zielen unterscheiden. Zur Bestimmung der Qualität moderner Demokratien hat sich eine Betrachtungsweise etabliert, die sich auf die drei Kernprinzipien der Freiheit, Gleichheit und Kontrolle konzentriert und deren praktische Umsetzung betrachtet (vgl. Bühlmann et al. 2012).

Das Prinzip der **Freiheit** beschreibt die bürgerlichen und politischen Rechte – auch Freiheitsrechte genannt. Diese beinhalten einerseits Abwehrrechte des Individuums gegen den Staat, indem sie den Eingriff des Staates auf bestimmte Lebensbereiche der Bürger:innen begrenzen. Gleichzeitig beinhalten sie politische Mitwirkungsrechte. Ihre Absicherung und Durchsetzung wird durch den Rechtsstaat gewährleistet und gilt als Grundvoraussetzung für die Demokratie. Als umso problematischer ist es daher zu bewerten, wenn solche Rechte systematisch eingeschränkt und insbesondere Minderheiten gefährdet werden. Denn ohne die Gewährleistung der Freiheitsrechte können auch politische Partizipationsrechte nicht hinreichend wahrgenommen werden (vgl. Bühlmann et al. 2012, 119).

Das Prinzip der Freiheit bildet eine Voraussetzung für das zweite Prinzip, der **Gleichheit**. Gleichheit ist zu verstehen als *politische* Gleichheit und beinhaltet vor allem die Gleichbehandlung aller Individuen im politischen Prozess. Dies bedeutet im Sinne einer demokratischen Selbstregierung von Freien und Gleichen, dass allen Bürger:innen das gleiche Recht zukommt, auf demokratische Entscheidungen Einfluss zu nehmen. Während das Prinzip der Freiheit die bürgerlichen und politischen Rechte absichert, geht es in der Dimension der Gleichheit also um den gleichen Zugriff auf diese Rechte. Dies wird in modernen Demokratien meist über *Repräsentationsverhältnisse*, die durch *Wahlen* zustande kommen, gesichert. Hier wird der enge Zusammenhang von Freiheit und politischer Gleichheit deutlich: So braucht es beispielsweise Informations- und Meinungsfreiheit als Grundlage für Bürger:innen, um eine informierte Wahlentscheidung treffen zu können. Politische Gleichheit ist insbesondere dann effektiv, wenn eine gleichberechtigte Einbindung möglichst aller Präferenzen gesichert wird. Um diesen pluralistischen Anspruch umzusetzen, braucht es eine gut organisierte, aktive Öffentlichkeit, die dazu beiträgt, Interessen zu bündeln und sichtbar zu machen (vgl. Bühlmann et al. 2012, 120).

Das Prinzip der **Kontrolle** bezieht sich auf die Machtbeschränkung der politischen Repräsentant:innen. Im Rahmen der horizontalen Kontrolle bedeutet dies eine klassische Gewaltenteilung: Legislative, Exekutive und Judikative überwachen und beschränken sich mittels konstitutioneller und institutioneller Kontrollmechanismen gegenseitig, um Machtmissbrauch zu verhindern und sich gegenseitig auszubalancieren. Gleichzeitig existiert eine vertikale Kontrolle zwischen Bürger:innen und ihren Repräsentant:innen, die in repräsentativen Demokratien über Wahlen umgesetzt wird. In diesem Rahmen haben Bürger:innen die Möglichkeit, ihre Repräsentant:innen wiederzuwählen oder zu ersetzen. Dieser Mechanismus soll die Amtsträger:innen dazu bringen, ihre politischen Entscheidungen und das politische Handeln möglichst an den Interessen und Forderungen der Wähler:innen auszurichten. Damit eine tatsächliche Aus- und potenzielle Abwahl für Bürger:innen im Rahmen von Wahlen möglich ist, müssen diese kompetitiv und offen sein. Eine zentrale Voraussetzung dafür, dass der vertikale Kontrollmechanismus funktioniert, liegt in einer effektiven Regierungsgewalt, die es den Vertreter:innen tatsächlich ermöglichen muss, aus den Wählerinteressen politische Entscheidungen zu formen und diese umzusetzen. Der Mechanismus von Wahlen, Repräsentation und das Ideal demokratischer Selbstbestimmung würde obsolet, wenn die demokratisch gewählte Regierung kollektiv getroffene Entscheidungen nicht umsetzen könnte, da sie beispielsweise durch außerkonstitutionelle, private oder etwa militärische Akteur:innen eingeschränkt würde (vgl. Bühlmann et al. 2012, 122).

AKTUELLE GESELLSCHAFTSPOLITISCHE HERAUSFORDERUNGEN – EINE EINORDNUNG

Welche Diagnose ergibt sich nun für die Verfasstheit unserer Demokratie, wenn man diese Ideale einer Betrachtung zugrunde legt? Die kurze Antwort lautet: Es können Symptome festgestellt werden, die eine sogenannte „latente Krise" (Merkel 2015a, 25) charakterisieren, schleichende Prozesse der Erosion, des Qualitätsverfalls der Demokratie in verschiedenen Teilbereichen. Einige werden nachfolgend skizziert.

Soziale Ungleichheit in Repräsentation und Partizipation

Im Hinblick auf das Prinzip der politischen Gleichheit kann aktuell die Wahlbeteiligung in Deutschland als problematisch bewertet werden. Diese ist zwar zuletzt leicht gestiegen, etwa in den Bundestagswahlen 2017 und 2021 und den Europawahlen 2019 (vgl. Statista 2021, 2019). Jedoch zeigt sich in der Wahlbeteiligung eine schichtspezifische Selektion, wonach besonders sozioökonomisch schwächere Schichten, etwa das „untere Drittel" der Gesellschaft, an der Einflussnahme auf politische Entscheidungsprozesse nicht teilnehmen. Insofern bildet sich zunehmend ein Ungleichgewicht, das das Ideal der gleichen politischen Partizipation unterläuft und sich folglich auf der Repräsentationsebene niederschlägt (vgl. Weßels 2015, 88 und Merkel 2015b, 475). Hinzu kommen Menschen, die zwar in Deutschland leben und von politischen Entscheidungen betroffen sind, aber nicht die deutsche Staatsbürgerschaft und somit kein Wahlrecht besitzen. Studien zeigen darüber hinaus, dass in Parlamenten die Präferenzen höherer Schichten systematisch besser vertreten werden als jene des unteren Gesellschaftsdrittels (vgl. Lehmann et al. 2015, 177). Dies stützt den Eindruck vieler Bürger:innen, die beklagen, sich nicht gehört zu fühlen (vgl. OECD 2020, 22).

Repräsentations- und Strukturschwächen der politischen Interessenvertretung und -vermittlung

Die zweite zentrale Herausforderung unserer Demokratie ist eng mit der zuvor genannten verknüpft. Um das Prinzip der politischen Gleichheit praktisch umzusetzen, sind nicht nur Wahlen, sondern insbesondere intermediäre Instanzen wie Parteien, aber auch Kirchen, zivilgesellschaftliche Organisationen wie NGOs, Interessenverbände oder auch Gewerkschaften von großer Bedeutung. Diese übernehmen die wichtige Funktion der Interessenbündelung und -vermittlung innerhalb demokratischer Systeme. In diesem Bereich sind jedoch verstärkt Repräsentations- und Strukturschwächen festzustellen. Tatsächlich verlieren repräsentative Kerninstitutionen wie Parlamente, besonders aber Parteien, zunehmend das Vertrauen der Bürger:innen: Nach Umfragedaten des Ipsos-Instituts 2018 misstrauen 75 Prozent der Befragten den Parteien (vgl. Kronenberg/Horneber 2019, 4).

Eine fundamentale Herausforderung moderner Demokratien liegt in der „adäquaten Berücksichtigung und Austarierung der heterogeneren und sich deutlich schneller wandelnden Interessen der Bevölkerung" (Kronenberg/Horneber 2019, 9). Gesellschaftliche Entwicklungen wie die zunehmende Individualisierung oder kulturelle Diversifizierung, die durch die Globalisierung sowie ökonomische Ungleichheiten beschleunigt werden, sind hierbei von Relevanz. Parteien sind vor diesem Hintergrund zentral, um politische Streitfragen und Diskurse zu strukturieren, Interessen zu bündeln, gesellschaftliche Interessen zu repräsentieren und gleichzeitig integrierend zu wirken (vgl. Diamond/Gunther 2001).

Im Zuge multipler gesellschaftlicher, wirtschaftlicher und politischer Entwicklungen ist jedoch das Parteiensystem selbst im Wandel begriffen (vgl. Wiesendahl 2011, 214). Politische Parteien verlieren seit Jahren an Anhänger:innenschaft. Ehemalige Volksparteien verzeichnen einen massiven Stimmenrückgang und programmatische Differenzen werden von Bürger:innen als kaum mehr existent wahrgenommen, wovon unter anderem rechtspopulistische Parteien profitieren (vgl. Kronenberg/Horneber 2019, 8). Insofern wird das Parteiensystem immer *fragmentierter* (vgl. Merkel 2015b, 480). Dies kann durchaus positiv im Sinne eines demokratisierenden Zuwachses im pluralistischen Parteienangebot gedeutet werden. Jedoch erschwert die Fragmentierung zunehmend die Kompromissfindung, was sich unter anderem in immer längeren Koalitionsverhandlungen ablesen lässt. Zugleich befördert sie eine zunehmende Polarisierung innerhalb der Gesellschaft, zumal populistische Parteien mithilfe von „Simplifizierung und Freund-Feind-Rhetorik selbst zur politischen Verengung und Radikalisierung bei [tragen]" (Kronenberg/Horneber 2019, 10).

Gleichzeitig ist zu beobachten, dass außer den bereits angeführten Parteien auch andere intermediäre Instanzen an gesellschaftlicher Bindungskraft verlieren. Dies trifft zum Beispiel auf ehemals noch bedeutsamere Instanzen wie Kirchen oder Gewerkschaften zu (vgl. Kleinert 2012). Stattdessen nehmen Bürger:innen vermehrt Formen der Beteiligung, Organisation und politischen Auseinandersetzung wahr, die außerhalb etablierter repräsentativer Institutionen stattfinden. Beispiele hierfür sind NGOs, Nachbarschaftsinitiativen oder Bürger:innenproteste (vgl. Diehl 2016, 328).

Zunehmende Komplexität gesellschaftlicher Strukturen: Individualisierung, Globalisierung, Singularisierung

Gesellschaften sind stets von unterschiedlichen Entwicklungen geprägt. Eine prägende Entwicklung unserer Zeit ist die Pluralisierung von Lebensformen, die durch eine zunehmende Individualisierung aufgrund steigenden Wohlstands und fortschreitender Globalisierung vorangetrieben wird.

Der gesellschaftliche Individualisierungsschub wie Ulrich Beck (1986) ihn beschreibt, wurde in Deutschland unter anderem durch den wirtschaftlichen Aufschwung nach dem Zweiten Weltkrieg und der damit verbundenen Wohlstandssteigerung sowie der Bildungsexpansion beschleunigt. Mehr Einkommen, soziale Sicherheit, Bildung und Freizeit bedeuten für mehr Menschen mehr Ressourcen und mehr Optionen für individuelles Handeln. In der Folge kommt es zu einer Pluralisierung von Lebensformen. Menschen lösen sich aus restriktiven Verhaltensregeln zentraler Gemeinschaften wie Familie, Religion oder lokaler Gemeinde und gestalten ihr Leben relativ eigenständig. Damit einher geht jedoch der Verlust von traditionellen Sicherheiten, ehemals verlässliche gemeinschaftliche Bezugspunkte für die Individuen im Hinblick auf Handlungswissen, Glauben und leitende Normen sind nicht länger vorhanden. Dies führt zur Suche nach Reintegrationsmöglichkeiten in moderne Formen der Gemeinschaft. Um Halt und Richtung zu finden, schließen sich Menschen mit anderen Menschen zusammen, welche ähnliche Lebensziele aufweisen. Während frühere Gemeinschaften, wie regionale oder religiöse Zugehörigkeiten, in der Regel lebenslang prägend waren, zeichnen sich die neuen Gemeinschaften durch eine größere Flüchtigkeit und Wandelbarkeit aus.

Es eröffnen sich zudem immer neue Möglichkeiten und Vernetzungen: Waren, Geld, Informationen, aber auch Menschen werden zunehmend mobiler. Dies erzeugt weitreichende Abhängigkeiten und wir erleben, dass Menschen sich aus dem Gefühl, in ihrer Lebenswelt bedroht zu sein, heraus zu fundamentalistischen oder populistischen Strömungen zusammenfinden (vgl. Reckwitz 2018, 394).

Einen weiteren Trend bezeichnet der Soziologe Andreas Reckwitz als „Aufstieg der Singularitäten" (Reckwitz 2018). Demnach versuchen bestimmte Gruppen vermehrt, sich über die Inszenierung besonderer Eigenschaften oder Erlebnisse von anderen abzuheben und abzugrenzen. Umgesetzt und präsentiert werden etwa Reisen in abgelegene Gegenden, exklusive Restaurantbesuche oder besondere Bildungswege mit Auslandsaufenthalten oder Eliteschulen. Eine solche Art der Distinktion und Singularisierung zeigt sich zugleich in der Gemeinschaftsbildung bzw. der politischen Öffentlichkeit, in der vermehrt „One-Issue-Bewegungen" zu beobachten sind. In deren Rahmen engagieren sich Menschen zum Beispiel für den Schutz bestimmter Pflanzenarten. Solche monothematischen Gruppierungen sind aus demokratietheoretischer Sicht zwar bedeutsam, insbesondere, wenn diese sich für die Rechte von sozial oder kulturell benachteiligten Gruppen einsetzen. Sie bieten häufig auch einen Schutzraum für die Betroffenen selbst, um sich auszutauschen und gesellschaftliche Missstände zu kritisieren. Bleiben diese „One-Issue-Bewegungen" jedoch unter sich, so sind sie durchaus kritisch zu bewerten, da sie sich an voneinander getrennten „Resonanzorten" in ihren jeweiligen Anliegen selbst verstärken und andere gesellschaftliche Zielgruppen gar nicht mehr erreichen (vgl. Röbke 2018, 270).

Soziale Medien, Fake News und Filterblasen: Veränderung der politischen Kommunikation

Die sozialen Medien haben die politische Kommunikation maßgeblich verändert und neue Herausforderungen hervorgebracht. Leicht verbreitbare Desinformation verzerrt den politischen Diskurs, und der Rückzug in (digitale) Teilöffentlichkeiten gefährdet die für das Gemeinwohl essenzielle öffentliche Sphäre.

Medien sind für die Öffentlichkeit als politische Handlungssphäre von zentraler Bedeutung. Zivilgesellschaftliche Akteur:innen, die nicht über unmittelbare Zugangsmöglichkeiten zu politischen Entscheidungsprozessen verfügen, können zum Beispiel mediale Aufmerksamkeit für ihre Interessen generieren und so ihre Anliegen einer breiten Bevölkerung präsentieren (vgl. Schmitt-Beck 1990, 642). Gleichzeitig dienen Medien als wichtige Quellen für Bürger:innen zur Information über politische Prozesse und gesellschaftlich relevante Diskurse. Besondere Bedeutung kommt Journalist:innen zu, die als Gatekeeper agieren und durch ihre Themenauswahl und Relevanzzuschreibung den medialen Diskurs prägen und gleichzeitig dafür sorgen, eine gewisse Themenvielfalt abzubilden. Durch redaktionelles Management werden Verfahren umgesetzt, mittels derer ein Standard der Medienqualität sichergestellt werden soll. Hierzu gehören etwa das Vorhandensein publizistischer Leitlinien, „Fact Checking" und Gegenlesen, Blatt- bzw. Sendekritik oder institutionalisierte Weiterbildungen (vgl. Bonfadelli 2016).

Im Internet und in den sozialen Medien sind viele dieser Qualitätskriterien nicht mehr gegeben. Digitale Mechanismen wie komplexe Algorithmen erschweren es, Informationsflüsse und -quellen nachzuvollziehen. Mit Hilfe von „Social Bots", die sich als Menschen ausgeben, aber (teilweise) automatisiert kontrolliert werden, können etwa gezielt Inhalte, häufig Desinformationen – sogenannte „Fake News" – verbreitet werden. Algorithmen von Social Media Plattformen machen Inhalte durch Interaktionen wie Teilen, Liken oder Kommentieren sichtbarer. Dabei ist es egal, ob die Nutzer:innen Menschen oder Bots sind. Auf diese Art kann die Reichweite bestimmter Botschaften und Themen künstlich vergrößert werden. Solche Instrumente sind selbst für Expert:innen schwer zu identifizieren (vgl. Klinger 2019). Des Weiteren begünstigen soziale Medien durch ihren Aufbau und vorhandene Algorithmen die Ausbildung digitaler Teilöffentlichkeiten, die personalisiert gefilterte Informationen aufnehmen und gegenseitig verstärken. Dies kann dazu führen, dass die Verbreitung einer gemeinsamen, von allen geteilten Vorstellung der gesellschaftlichen Realität abnimmt. Solche Teilöffentlichkeiten haben insofern das Potenzial, die gemeinsame, für das politische Gemeinwesen essenzielle öffentliche Sphäre zu untergraben (vgl. Kneuer 2017).

Globalisierung und Regierungshandeln

Wie bereits im Prinzip der Kontrolle benannt, ist eine effektive Regierungsgewalt bedeutsam für Demokratien. Hierin soll festgelegt sein, dass nur diejenigen Akteur:innen gesamtgesellschaftlich verbindliche Entscheidungen treffen können, die demokratisch legitimiert sind. Herausforderungen in diesem Bereich beziehen sich aktuell besonders auf Entwicklungen der Globalisierung. Nationalstaaten geben beispielsweise im Rahmen ihrer Einbindung in supranationale Organisationen wie der Europäischen Union einen Teil ihrer Souveränität ab. Solche regionalen und internationalen Zusammenschlüsse und die damit verbundene Zusammenarbeit sind insbesondere zur Bewältigung von Herausforderungen wie dem Klimawandel zentral. Dies bedeutet jedoch zugleich eine Steigerung an Komplexität und immer länger werdende Legitimationsketten. Entscheidungen erscheinen dadurch für Bürger:innen zunehmend undurchsichtiger, was zu Frustration führen kann (vgl. Merkel 2015a, 19).

Mehr Fragmentierung zwischen Bürger:innen, mehr Distanz zwischen Bürger:innen und Repräsentant:innen

Die benannten Entwicklungen und Herausforderungen können zu zwei Ebenen von Problemlagen verdichtet werden:

Erstens lässt sich eine **horizontale Ebene** der *gesellschaftlichen Fragmentierung* und *Polarisierung* erkennen. Individualisierung und Singularisierung, die Veränderung der politischen Kommunikation sowie wahrgenommene Bedrohung der eigenen Lebenswelt haben dazu geführt, dass der für die Demokratie so zentrale Bereich einer vitalen, demokratischen Öffentlichkeit zunehmend leidet. Es scheint, dass vor dem Hintergrund dieser Entwicklungen der Diskurs zwischen Bürger:innen, die Suche nach dem Gemeinsamen im Unterschiedlichen, verlorengegangen ist.

Zweitens ist auf einer **vertikalen Ebene** eine *strukturelle Distanz zwischen Repräsentierten und Repräsentierenden* festzustellen. Wichtige Indizien hierfür sind die Schwächen in der strukturellen Interessenvertretung und -vermittlung, immer länger werdende Legitimationsketten sowie schichtspezifische Wahlbeteiligung, so dass sich soziale Ungleichheiten in der politischen Interessenvertretung widerspiegeln. Dies ist insbesondere bedenklich, weil das Prinzip der politischen Gleichheit in repräsentativen Demokratien zur Realisierung auf funktionierende Repräsentationsverhältnisse angewiesen ist.

Gebaute Orte können an beiden Ebenen ansetzen: Sie können Orte horizontaler Vernetzung bilden, an denen Bürger:innen in einen Diskurs treten. Zudem können sie Orte vertikaler Vernetzung darstellen, an denen Bürger:innen und Repräsentant:innen in einen Dialog kommen und gemeinsame Prozesse gestalten.

BLAUE BUDE, DINSLAKEN ALS ORT HORIZONTALER VERNETZUNG

Die Blaue Bude (vgl. S. 128–133) zeichnet sich in besonderer Weise durch die Vielfalt der Menschen aus, die sie nutzen und gestalten. Dies spiegelt sich bereits in der vielfältigen Angebotsstruktur wider, welche die Unterschiedlichkeit an Interessen und Bedürfnissen der Bewohner:innen sichtbar macht. Im unmittelbaren Lebensumfeld der Bewohner:innen ermöglicht der Ort die Begegnung von Menschen unterschiedlicher sozialer Lebenslagen und Interessen im Alltag. Ihre Interaktionen zeichnen sich durch eine gewisse Unvorhersehbarkeit und Spontanität aus. Dies steht im extremen Gegensatz zu „One-Issue-Bewegungen" und digitalisierten Teilöffentlichkeiten, in denen sich Menschen bewusst diejenigen Themen und Inhalte aussuchen, die für sie von Interesse sind oder die eigenen Ansichten bestätigen. Das physische Zusammenkommen von Menschen unterschiedlicher Lebenslagen und Meinungen in der Blauen Bude regt dazu an, auch mental die eigene, ausgewählte „Blase" zu verlassen. Hier werden Erfahrungen möglich, die die Besucher:innen mit anderen Interessen und auch konträren Meinungen konfrontieren. Sie ermöglichen nicht nur Perspektivenwechsel. Sie fördern auch den (politischen) Diskurs und das gegenseitige Verstehen.

Als Nachbarschaftstreff, Ausstellungsort und Kommunikationshub wirkt die Blaue Bude, gelegen an einer Durchfahrtsstraße als räumlich und gesellschaftlich integrierendes Element. Sie ist ein Ort der horizontalen Vernetzung, der dazu beitragen kann, Tendenzen der Fragmentierung und Polarisierung zwischen Bürger:innen entgegenzuwirken. Das sichtbar angebrachte Motto „ICH bin EINER von WIR" versprachlicht dabei ein in der niedrigschwelligen Kommunikationskultur des Ruhrgebiets verwurzeltes Identifikationsmerkmal, unter dem das Gemeinsame im Unterschiedlichen (wieder-)gefunden und erlebt werden kann.

HAUS DER STATISTIK, BERLIN ALS ORT VERTIKALER VERNETZUNG

Wie aufgezeigt, kann im Rahmen gesellschaftspolitischer Herausforderungen aktuell nicht pauschal von Demokratiemüdigkeit gesprochen werden, jedoch haben die etablierten Strukturen der Interessenvermittlung wie etwa Parteien an Bindungskraft verloren. Gleichwohl sind ein starkes Engagement sowie die Bereitschaft und der Wille nach Mitwirkung und Gestaltung bei vielen Menschen festzustellen. Von einer Verlagerung dieser politischen Partizipation auf außerinstitutionelles Engagement ist dabei nicht per se als Gefahr für die repräsentative Demokratie zu interpretieren. Vielmehr können davon Erneuerungsimpulse ausgehen, wie sie unter dem Schlagwort der „Demokratisierung der Demokratie" (Offe 2003) seit Langem gefordert werden. Es stellt sich jedoch die zentrale politische Aufgabe, dieses Engagement sinnvoll aufzunehmen und in politische Prozesse zu integrieren. Dass dies eine anspruchsvolle und komplexe Aufgabe ist, zeigt das Haus der Statistik (vgl. S. 170–173) als Modellversuch einer koproduktiven Stadtentwicklung. Raum als knappes und entsprechend umkämpftes Gut unterliegt der Regel einer marktwirtschaftlichen Verwertungslogik. Raumbezogene Aushandlungsprozesse sind häufig von der Durchsetzung von Partikularinteressen gekennzeichnet. Beim Haus der Statistik wurde dies durch die Rekommunalisierung des Gebäudekomplexes und durch eine innovative Form der Zusammenarbeit zwischen öffentlicher Hand und Zivilgesellschaft erfolgreich aufgebrochen. Solche Ansätze, bei denen die Akteur:innen sich in einen intensiven Dialog begeben, können dazu beitragen, die strukturelle Distanz zwischen Bürger:innen und Repräsentant:innen zu verringern, indem sie Orte der und Anlässe zur vertikalen Vernetzung bilden. Die Kooperation stellt oft eine Herausforderung für beide Seiten dar: Engagierte Bürger:innen müssen ihr häufig lange aufgebautes Misstrauen gegenüber „der Politik" überwinden und sich auf neue, teils langwierige Prozesse einstellen. Gleichzeitig müssen Repräsentant:innen Transparenz beweisen, sich auf intensive, sicherlich auch konfliktgeladene Diskurse einlassen und politische Entscheidungsmacht abgeben, um eine ernsthafte Mitbestimmung zu ermöglichen und somit das Vertrauen der Bürger:innen (zurück-)zugewinnen. Im Gegensatz zu Wahlen bieten ein solcher Prozess und Ort Möglichkeiten zur Teilhabe für Menschen, die formal von Wahlen ausgeschlossen sind.

BRÜCKENHAUS, TÜBINGEN ALS ORT DER VERTIKALEN UND HORIZONTALEN VERNETZUNG

Eine Synergie beider Ansätze stellt das Brückenhaus Tübingen (vgl. S. 182–183) dar. Auch in der Entstehungsgeschichte dieses Ortes zeigt sich eine erfolgreiche Kooperation unterschiedlicher Akteur:innen, sowohl hinsichtlich der Finanzierung als auch der

Gestaltung. Neben Repräsentant:innen und zivilgesellschaftlichen Akteur:innen war auch die Wohnungswirtschaft maßgeblich beteiligt. Im kooperativen Planungsprozess wurden frühzeitig verschiedenste Menschen mit sehr unterschiedlichen Interessen einbezogen. Das leistet einen Beitrag zur Verringerung der strukturellen Distanz zwischen Bürger:innen und ihren Repräsentant:innen. Menschen erleben, dass ihre Interessen und Bedürfnisse aufgenommen und umgesetzt werden. Der entstandene Ort repräsentiert das Gefühl, gehört zu werden und lädt zur Identifikation ein. Einen Mehrwert im Hinblick auf die geschilderten gesellschaftspolitischen Herausforderungen bieten solche Prozesse insbesondere dann, wenn es gelingt, die Defizite der klassischen Formate repräsentativer Demokratie zu überwinden. Bei der Planung des Brückenhauses wurde bereits von Beginn an berücksichtigt, dass Menschen mit Fluchthintergrund, mit wenigen materiellen Ressourcen und aus unterschiedlichen sozialen Schichten Wohnraum finden und dort Räume für unterschiedlichste Nutzungen vorgehalten werden. Seit seiner Fertigstellung fungiert das Brückenhaus nicht nur für die dort Wohnenden als Ort der horizontalen Vernetzung. Vielmehr zeichnet sich die Einrichtung durch ihre Öffnung in die gesamte Stadtgesellschaft aus, zumal Initiativen und Engagierte aus der Nachbarschaft die Angebote aktiv mitgestalten. Durch die Multifunktionalität wird ähnlich wie bei der Blauen Bude die Vielfalt an sozialen Lebenslagen und Interessen sichtbar und erlebbar. Dies ermöglicht den Austausch über Generationen hinweg jenseits von Einzelinteressen und digitalen Teilöffentlichkeiten. Durch die vielfältigen Beratungsangebote wird zugleich ein Ansatz des Empowerments verwirklicht. Die Förderung von Teilhabe am gesellschaftlichen Leben kann dabei als Grundlage für die Ausübung politischer Beteiligungsrechte angesehen werden.

GEBAUTE ORTE: POTENZIALE, UM DEMOKRATISCHEN PROBLEMLAGEN ZU BEGEGNEN

Die Liste der aufgeführten Herausforderungen ist sicherlich nicht vollständig. Sie kann jedoch einen ersten Einblick in die Komplexität demokratischer Prozesse und möglicher Problemlagen bieten. Auf einer horizontalen Ebene gilt es wiederzuentdecken, dass Demokratie eine Form des Zusammenlebens bedeutet, die auf gemeinsamen und miteinander geteilten Erfahrungen basiert (vgl. Dewey 1996). Dabei geht es um die um die „Anerkennung der legitimen Ansprüche anderer, um die Relativierung der eigenen Interessen, um die Suche nach gemeinsamen Lösungen" (Röbke 2018, 266). Gegenseitige Offenheit und die Bereitschaft, Partikularinteressen gegenüber dem Gemeinwohl zurückzustellen, tragen dazu bei, verantwortliche Haltung gegenüber der Gemeinschaft wiederzugewinnen. Charles Taylor beschreibt zivile Tugenden und persönliche Haltungen als Garanten der Demokratie: Er benennt unter anderem die Bedeutung von „Einheit", die er als grundlegende *Solidarität* zwischen Bürger:innen eines Gemeinwesens konkretisiert. Zugleich betont er die Notwendigkeit des gegenseitigen Respekts, insbesondere gegenüber den unterschiedlichen Interessen anderer, die sich beispielsweise aus kulturellen Lebenslagen, sozialen Unterschieden oder Geschlechterdifferenzen ergeben (vgl. Taylor 2002, 22–24). Orte ohne formelle oder informelle Barrieren, an denen Menschen unterschiedlicher sozialer Lebenslagen und Interessen überhaupt wieder zusammenfinden können, um sozialen Austausch, aber auch gemeinsame Identifikation zu erleben. Orte einer solchen horizontalen Vernetzung bieten Auswege aus fragmentierten Teilöffentlichkeiten. Beispielhaft für eine solche sind die Blaue Bude oder das Brückenhaus.

Auf einer vertikalen Ebene gilt es unterdessen, die Distanz zwischen Bürger:innen und Repräsentant:innen zu überwinden oder zumindest zu verringern. Neue Prozesse der Zusammenarbeit zwischen politischen Entscheidungsträger:innen, zivilgesellschaftlichen Akteur:innen und auch Akteur:innen der Wirtschaft, wie etwa beim Haus der Statistik oder dem Brückenhaus, können hierzu einen bedeutenden Beitrag leisten. Gleichwohl stellen sie alle Beteiligten im Sinne eines Umdenkens und „Aufeinander-Einlassens" vor neue Herausforderungen. Eine Kraftanstrengung liegt hierbei einerseits in der Gestaltung entsprechender Verfahren politischer Entscheidungsfindung und Willensbildung. Gleichzeitig gilt es, bestehende Strukturen öffentlicher Verwaltung sowie Prozesse der Planung und Umsetzung von Projekten neu zu denken, um Spielräume bürgerschaftlicher Einbindung frühzeitig zu identifizieren und einzuplanen. Wenn solch komplexe Prozesse der Kooperation ernsthaft angegangen werden, kann es gelingen, eine Praxis gemeinsamen Gestaltens von Orten, Projekten und letztlich unseres demokratischen Zusammenlebens zu erreichen.

Eine nähere Betrachtung des alarmistischen Ausrufs einer Krise der Demokratie mag zwar keine Diagnose einer akuten Krise nahelegen. Sehrwohl zeigen sie aber vielfältige gesellschaftspolitische Herausforderungen, zu deren Überwindung gebaute Orte – insbesondere durch ihr Potenzial zur Vernetzung – einen wichtigen Beitrag leisten.

Literatur

- Alcántara, Sophia, Nicolas Bach, Rainer Kuhn und Peter Ullrich (2016): Demokratietheorie und Partizipationspraxis: Analyse und Anwendungspotentiale deliberativer Verfahren. Wiesbaden
- Alexander, Robin (2020): Die Geschehnisse des Septembers 2015 Oder: Sprachkämpfe um die Flüchtlingskrise. bpb.de
- Beck, Ulrich (1986): Risikogesellschaft: auf dem Weg in eine andere Moderne, 1. Aufl., Erstausg. Frankfurt am Main
- Bonfadelli, Heinz (2016): Medien und Gesellschaft im Wandel. bpb.de. Online: https://www.bpb.de/gesellschaft/medien-und-sport/medienpolitik/236435/medien-und-gesellschaft-im-wandel (20.11.2021)
- Brennan, Jason (2016): Against democracy. Princeton; Oxford
- Bühlmann, Marc, Wolfgang Merkel, Lisa Müller, Heiko Giebler und Bernhard Weßels (2012): Demokratiebarometer: ein neues Instrument zur Messung von Demokratiequalität, in: Zeitschrift für Vergleichende Politikwissenschaft 6/2012, S. 115–159
- Crouch, Colin (2008): Postdemokratie, 1. Aufl., dt. Erstausg. Frankfurt am Main
- Dewey, John (1996): Die Öffentlichkeit und ihre Probleme. Bodenheim
- Diamond, Larry Jay und Richard Gunther (2001): Political parties and democracy. Baltimore u.a.
- Diehl, Paula (2016): Die Krise der repräsentativen Demokratie verstehen. Ein Beitrag der politischen Theorie, in: Zeitschrift für Politikwissenschaft 26/2016, S. 327–333
- Forst, Rainer (2021): Die Demokratie in der Krise. Online: https://www.fr.de. https://www.fr.de/kultur/gesellschaft/die-demokratie-in-der-krise-90156539.html (03.01.2021)
- Habermas, Jürgen (1975): Legitimationsprobleme im Spätkapitalismus, 3. Aufl. Frankfurt am Main
- Höhne, Valerie (2020): Coronakrise: Bund und Länder rechnen mit Ausgaben von 1,3 Billionen Euro. Online: https://www.spiegel.de/politik/deutschland/corona-krise-bund-und-laender-rechnen-mit-ausgaben-von-1-3-billionen-euro-a-3339335d-b9b1-4766-b84d-3356397c2096 (03.01.2021)
- Kleinert, Hubert (2012): Krise der repräsentativen Demokratie? bpb.de
- Klinger, Ulrike (2019): Bürger oder Bots? Automatisierte Kommunikation im Bundestagswahlkampf 2017. bpb.de. Online: https://www.bpb.de/gesellschaft/digitales/digitale-desinformation/290557/buerger-oder-bots-automatisierte-kommunikation-im-bundestagswahlkampf-2017 (20.11.2021)
- Kneuer, Marianne (2017): Politische Kommunikation und digitale Medien in der Demokratie. bpb.de. Online:https://www.bpb.de/lernen/digitale-bildung/medienpaedagogik/medienkompetenz-schriftenreihe/257593/politische-kommunikation-und-digitale-medien-in-der-demokratie (14.12.2021)
- Kronenberg, Volker und Jakob Horneber (2019): Die repräsentative Demokratie in Anfechtung und Bewährung: Das „Wir" organisieren. Wiesbaden
- Lehmann, Pola, Sven Regel und Sara Schlote (2015): Ungleichheit in der politischen Repräsentation, in: Merkel, Wolfgang (Hrsg.): Demokratie und Krise: Zum schwierigen Verhältnis von Theorie und Empirie, S. 157–180. Wiesbaden
- Merkel, Wolfgang (2015a): Die Herausforderungen der Demokratie, in: Wolfgang Merkel (Hrsg.): Demokratie und Krise. Zum schwierigen Verhältnis von Theorie und Empirie, S. 7–42. Wiesbaden
- Merkel, Wolfgang (2015b): Schluss: Ist die Krise der Demokratie eine Erfindung? in: Wolfgang Merkel (Hrsg.): Demokratie und Krise. Zum schwierigen Verhältnis von Theorie und Empirie, S. 473–498. Wiesbaden
- Mounk, Yascha (2018): Der Zerfall der Demokratie: wie der Populismus den Rechtsstaat bedroht; aus dem Amerikanischen von Bernhard Jendricke. München
- OECD (2020): Innovative Citizen Participation and New Democratic Institutions: Catching the Deliberative Wave. Paris
- Offe, Claus (2003) Demokratisierung der Demokratie: Diagnosen und Reformvorschläge. Frankfurt u.a.
- Offe, Claus (1972): Strukturprobleme des kapitalistischen Staates: Aufsätze zur politischen Soziologie. 1. Aufl. Frankfurt am Main
- Reckwitz, Andreas (2018): Die Gesellschaft der Singularitäten, in: Hubertus Busche, Thomas Heinze, Frank Hillebrandt und Franka Schäfer (Hrsg.): Kultur – Interdisziplinäre Zugänge, S. 45–62. Wiesbaden
- Reybrouck, David van (2016): Gegen Wahlen: warum Abstimmen nicht demokratisch ist; aus dem Niederländischen von Arne Braun. Göttingen
- Röbke, Thomas (2018): Das Heilmittel der demokratischen Krise ist mehr Demokratie: Über die Vitalität demokratischer Alltagskultur, in: Forschungsjournal Soziale Bewegungen 31/2018, S. 263–279
- Schmitt-Beck, Rüdiger (1998). Kommunikation (Neuer) Sozialer Bewegungen, in: Otfried Jarren, Ulrich Sarcinelli, Ulrich Saxer (Hrsg.): Politische Kommunikation in der demokratischen Gesellschaft, 1998, S. 473–481. Opladen
- Statista (2021): Wahlbeteiligung bei den Bundestagswahlen in Deutschland von 1949 bis 2021. Statista. Online: https://de.statista.com/statistik/daten/studie/2274/umfrage/entwicklung-der-wahlbeteiligung-bei-bundestagswahlen-seit-1949/ (20.11.2021)
- Statista (2019): Wahlbeteiligung bei den Europawahlen von 1979 bis 2019. Statista. Online: https://de.statista.com/statistik/daten/studie/12230/umfrage/wahlbeteiligung-bei-europawahlen-seit-1979/ (03.01.2021)
- Taylor, Charles (2002): Wieviel Gemeinschaft braucht die Demokratie?: Aufsätze zur politischen Philosophie. Dt. Erstausg., 1. Aufl. Frankfurt am Main
- Weiß, Marlene, und Vinzent-Vitus Leitgeb (2019): Klimakrise: Was wir besser machen können. Süddeutsche.de. Online: https://www.sueddeutsche.de/wissen/klimawandel-forschung-bundesregierung-1.4642424 (03.01.2021)
- Weßels, Bernhard (2015): Politische Ungleichheit beim Wählen, in: Merkel, Wolfgang (Hrsg.): Demokratie und Krise: Zum schwierigen Verhältnis von Theorie und Empirie, S. 67–94. Wiesbaden
- Wiesendahl, Elmar (2011): Volksparteien: Aufstieg, Krise, Zukunft. Opladen u.a

NINA-LINIE 1
VELIA - LINIE 1
adidas
adidas
CLAUDIA-LINIE1

MITEINANDER STATT NEBENEINANDER!

Robert Hummel

Wir leben in einer von Vielfalt geprägten Gesellschaft. Während die einen gerade in der kulturellen Diversität eine Quelle für soziale Innovation und eine gesellschaftliche Bereicherung sehen, ruft die wachsende Ungleichheit bei anderen Verunsicherungen hervor, die sich in Rassismus und sozialer Ausgrenzung niederschlagen können. Populistische und antidemokratische Strömungen, die diesseits und jenseits unserer Landesgrenzen an Zulauf gewonnen haben, greifen diese Ängste auf und entwerfen ein Bild des „Wir" gegen „die Anderen", das den Zusammenhalt in Europa zunehmend in Frage stellt. In Deutschland – zu diesem Schluss kommt etwa eine Studie der Bertelsmann Stiftung (2021) – scheint dieser „Kitt" trotz der Pandemie zwar bisher robust geblieben zu sein. Jedoch ist die Sicherung des sozialen Zusammenhalts eine Aufgabe, die angesichts der gesamtgesellschaftlichen Herausforderungen unserer Zeit – ob Migration, Digitalisierung oder Klimawandel – auch zukünftig an Bedeutung gewinnen wird. Vor diesem Hintergrund stellen sich auch Disziplinen, die sich mit der räumlichen Entwicklung befassen, die Frage, wie das Zusammenleben in einer von Vielfalt bestimmten Welt positiv gestaltet werden kann. Eine zentrale Antwort finden viele gerade in der sozialen Mischung der Quartiere, wo – so die Neue Leipzig Charta – „städtische Herausforderungen besonders häufig zum Ausdruck kommen" (BMI 2020, 3). So postuliert etwa auch die Charta, dass „sozial ausgewogene und gemischte Quartiere zur Integration aller sozialen und ethnischen Gruppen und Generationen beitragen" (ebd. 2020, 5).

Das Konzept der sozialen Mischung, also die Durchmischung der Bevölkerung anhand sozialer und ökonomischer Strukturdaten, erfährt seit den 1990er-Jahren erhöhte Aufmerksamkeit. Damals formulierte es einen Gegenentwurf zu den Wohn- und Sozialpolitiken der 1970er- und 1980er-Jahre, die die Konzentration migrantischer und ärmerer Bevölkerungsteile in bestimmten Quartieren forcierten. 1999 griff das Programm Soziale Stadt (heute Sozialer Zusammenhalt) die Forderungen des Bundesverbands deutscher Wohnungsunternehmen, in diesen „überforderten Nachbarschaften" (GdW 1998) zu intervenieren, auf und machte die soziale Mischung zu einem zentralen Leitziel in der Förderpolitik und der kommunalen Praxis. Seither ist sie eng mit dem Leitbild der europäischen Stadt verbunden (vgl. für einen Überblick der Geschichte und des Konzepts der sozialen Mischung: Harlander 2011, Senatsentwicklung für Stadtentwicklung und Umwelt 2013). Durchmischungsstrategien können sich durchaus positiv auf die Lebensqualität in den Quartieren auswirken. Sie können zu einer Verbesserung des Stadtteilimages führen, räumlicher Stigmatisierung entgegenwirken und in Kombination mit infrastrukturellen Investitionen – wie sie etwa im Programm Soziale Stadt vorgenommen wurden – die Bildungsperspektiven und Arbeitsmarktchancen der Bewohner:innen verbessern. Das „Mantra der Mischung" (Münch 2014) wird jedoch seit seiner Entstehung kontrovers diskutiert. Klar dabei ist, dass es allein kein Garant für ein funktionierendes Zusammenleben, einen erfolgreichen Umgang mit Diversität und den sozialen Zusammenhalt vor Ort sein kann.

Sozialer bzw. gesellschaftlicher Zusammenhalt ist eine Aufgabe, die auf unterschiedlichen Ebenen zu lösen ist und zugleich verschiedene Dimensionen umfasst. Geht es auf der staatlichen Ebene darum, allgemeine Rechte und die Daseinsvorsorge, den Zugang zum Bildungs- und Gesundheitswesen oder zum Arbeitsmarkt für alle zu gewährleisten, spielen auf der Ebene der Stadt oder des Quartiers die Identifikation mit dem Lebensumfeld und der lokalen Gemeinschaft, die Orientierung am Gemeinwohl sowie die Qualität der sozialen Beziehungen eine wichtige Rolle (vgl. Dangschat 2015, Bertelsmann Stiftung 2020, Schiefer und van der Noll 2017). Wenn es also um die Stärkung des Zusammenhalts und des guten Miteinanders in den Quartieren geht, muss es auch um die Förderung der sozialen Netze, der Interaktion, des Vertrauens und der gegenseitigen Verständigung in der Bevölkerung gehen. Grundlage dafür – so zeigte Gordon Alport bereits 1954 mit seiner Kontakthypothese – sind positive gruppenübergreifende Kontakte, die zum Abbau von Ängsten und Vorurteilen führen. Der Sozialpsychologe definierte für solche Begegnungen verschiedene Bedingungen. So verläuft der Kontakt unterschiedlicher sozialer Gruppen etwa dann positiv, wenn er die Zusammenarbeit an gemeinsamen Zielen beinhaltet, auf Augenhöhe stattfindet und von Institutionen unterstützt wird (vgl. Alport 1954). Diese Bedingungen wurden bis heute durch weitere sozialpsychologische Studien bestätigt und ergänzt. Um die Abgrenzung zwischen sozialen Gruppen zu schmälern, ist zum einen bedeutend, Unterscheidungen zwischen dem „Wir" und „den Anderen" (in der Sozialpsychologie: „In-Group" vs. „Out-Group) zu durchbrechen. Dazu können gemeinsame Identifikationsmuster dienen, die quer zur Distinktion der Gruppen liegen. Zum anderen sind affektive Prozesse förderlich, wie etwa der Aufbau von Empathie oder Vertrauen (vgl. Wiesemann 2019).

Begegnungen, wie sie Gordon Alport und andere Sozialwissenschaftler:innen beschreiben, finden im öffentlichen Raum allerdings selten statt (vgl. Dangschat 2019). Einerseits erfordern sie in diesen spontanen Situationen hohes soziales Kapital, das gerade in benachteiligten Quartieren meist nicht vorhanden ist (vgl. Dangschat/Alisch 2015, 201). Andererseits sind auch öffentliche Plätze, Straßen und Parks geprägt von sozialen Ausschlussprozessen (vgl. Amin 2002, 967). Die Chicago School of Sociology machte zudem schon zu Beginn des 20. Jahrhunderts darauf aufmerksam, dass Menschen nicht zwangsläufig Kontakte zu anderen Quartiersbewohner:innen suchen, sondern dass sich zwischenmenschliche Beziehungen auch über Stadtgrenzen hinweg erstrecken (vgl. Park 1925). Diese These hat bis heute in Zeiten allgegenwärtiger Mobilität und angesichts der Möglichkeiten digitaler Technologien an Gültigkeit gewonnen. Vor diesem Hintergrund stellt sich die Frage, welche räumlichen Rahmenbedingungen in den Quartieren und Nachbarschaften geschaffen werden müssen, damit „produktive" soziale Interaktionen zustande kommen, die – wie Lars Wiesemann (2019, 1) schreibt – „zum Wegbereiter für einen offenen und vorbehaltslosen Umgang mit Diversität werden können".

Antworten auf diese Frage liefert das Forschungsfeld der „Geografien der Begegnung" (vgl. für einen Überblick Dirksmeier et al. 2011). Für soziale Interaktionen, die sich positiv auf den Zusammenhalt in der Bevölkerung auswirken, bedarf es demnach konkreter, physischer Orte im Quartier, an denen Menschen unterschiedlicher Herkunft, sozialer Schichten und Generationen in alltäglichen Situationen aufeinandertreffen. Zu diesen Begegnungsorten zählen etwa Nachbarschaftszentren, Gemeinschaftsgärten, Einrichtungen für Freizeit, Kultur oder soziale Projekte. Diese Orte sind Gelegenheitsstrukturen im Alltag und „Möglichkeitsräume für transgressive Begegnungen" (Wiesemann 2019, 5). Sie bringen unterschiedliche Bevölkerungsteile, die sich sonst selten treffen, auf Basis gemeinsamer Interessen und Aktivitäten zusammen. Sie fördern die Überwindung sozialer Distinktionen, den Abbau von Vorurteilen und den Zusammenhalt vor Ort. Ash Amin nennt diese Orte „Micropublics" oder „Räume kultureller Verschiebung". „Ihre Effektivität liegt darin begründet", so der britische Humangeograf, „dass sie Menschen unterschiedlicher Hintergründe in neue Settings bringen, in denen die Bindung an den Anderen in der gemeinsamen Aktivität das einfache Empfinden des Fremden als Gegner überwindet und neue Bünde initiiert" (Amin 2002, 970 – Übersetzung des Autors). Welche Formen der Interaktionen sich dafür eignen und welche Potenziale diese Begegnungsorte bieten – dafür hat der Wettbewerb zahlreiche Beispiele geliefert. Darunter finden sich Orte, die den Dialog und Diskurs über Gemeinwohl betreffende Fragestellungen, das Aufeinandertreffen im gemeinsamen Kochen und Essen, kulturübergreifendes Musizieren, Tanzen oder szenisches Spiel sowie das gemeinschaftliche Gestalten von Raum ermöglichen.

MITEINANDER REDEN

Allem voran fördern Begegnungsorte den Austausch und Dialog. Dieser Dialog unterschiedlicher sozialer Gruppen ist Grundlage für Vertrauen und Kooperation, die wiederum den Zusammenhalt vor Ort stärken. In den Begegnungen kann es sowohl um persönliche

Anliegen als auch um gesellschaftspolitische Fragestellungen gehen. Ziel ist es, Meinungsverschiedenheiten zuzulassen, möglichst allen Teilen der Bevölkerung Zugang zu gewähren und ihnen Raum zur Formulierung ihrer Meinungen, Bedarfe und Interessen zu geben. Ein flüchtiger Blick auf die institutionalisierten Gelegenheiten und Orte macht jedoch deutlich, dass gerade marginalisierte Gruppen in diesen Diskursen unterrepräsentiert bleiben. Informellen, nicht-staatlichen Begegnungsorten, die den spontanen und freien Austausch und das ergebnisoffene Gespräch jenseits der Autoritäten ermöglichen, kommt daher eine besondere Bedeutung zu.

Ein Beispiel für solche Begegnungsorte sind Nachbarschaftstreffs wie etwa die Blaue Bude in Dinslaken (vgl. S. 128–133). Sie bietet einen niedrigschwelligen Raum für den Austausch und das unkomplizierte Gespräch. Ohne Bedenken, die sie etwa der Äußerung ihrer Meinungen gegenüber Institutionen und Autoritäten pflegen könnten, erhalten Anwohner:innen und Besucher:innen die Gelegenheit, ihren Mitmenschen frei zu begegnen und sich über alltägliche bis lokal- und gesellschaftspolitische Themen auszutauschen. Diese Gespräche ermöglichen das Aushandeln von konträren Ansichten und eine Verständigung über gemeinsame Werte und Ziele. Sie schaffen eine Basis für gemeinschaftliche Aktionen, die die gemeinwohlorientierte Entwicklung des Quartiers zum Ziel haben. Sie fördern die Solidarität und Hilfsbereitschaft sowie die sozialen Beziehungen vor Ort. Dass es angesichts von sprachlichen oder kulturellen Barrieren auch kreative Ideen braucht, um möglichst alle im Quartier für eine Teilnahme zu gewinnen, zeigt das CommunityArtCenterMannheim (CaCm) (vgl. S. 162–165). Dort bilden Kunst und Kultur niedrigschwellige Zugänge über das gesprochene und geschriebene Wort hinaus. Mit seinen großen Schaufenstern öffnet sich das Zentrum zum von Migration geprägten Stadtraum. Es lädt auch diejenigen zum Eintreten ein, bei denen herkömmliche Diskursformate Distanz und Skepsis hervorrufen, und vielleicht auch jene, die sonst schlicht nicht angesprochen werden.

MITEINANDER MUSIZIEREN, SPIELEN ODER TANZEN

Nicht nur das CaCm nutzt Kunst und Kultur als Medien für gruppenübergreifende Verständigung. Sie kommen an vielen Begegnungsorten zum Einsatz, insbesondere die Musik. „Musik kann“, so der Generalsekretär des Deutschen Musikrats Christian Höppner, „Brücken bauen zwischen Menschen unterschiedlicher Herkunftskulturen und die Suche nach der jeweils eigenen Identität befördern“ (Höppner 2018). In der Tat spielt Musikarbeit, ob Muszieren, szenisches Spiel oder Tanz im Kontext von Inklusion und Integration eine wichtige Rolle: von der Teilhabe von Menschen mit Migrationshintergrund, von Kindern und Jugendlichen bis hin zu Personen mit psychischen oder geistigen Beeinträchtigungen (vgl. Jank/Bossen 2017).

Das Bürgerhaus Wilhelmsburg (vgl. S. 206–209) zum Beispiel veranstaltet das Festival „48h Wilhelmsburg“, die Weltkapelle Wilhelmsburg oder das Elbinsel-Gipsy-Festival, das mit der ansässigen Sinti-Bevölkerung durchgeführt wird. Die Programme bringen Musizierende und Zuhörerende aus aller Welt zusammen. Das gemeinsame Musizieren bzw. Erleben von Musik ermöglicht die Begegnung und Verständigung zwischen allen Bewohner:innen des Stadtteils und fördert das Community-Building. Ein anderes Beispiel für solche Begegnungsorte sind Theater. Neben dem GRIPS Theater in Berlin (vgl. S. 218–221) versammelt das 2004 gegründete proVie Theater in Mecklenburg-Vorpommern Kunstschaffende verschiedenster Gattungen unter einem Dach. Das Programm bindet viele Menschen allen Alters, vor allem Kinder und Jugendliche, sowie Menschen mit Migrationshintergrund aktiv ein und schafft Möglichkeiten für gruppenübergreifende Begegnungen. Durch die Kooperation mit den örtlichen Schulen fördert der Ort Toleranz und Verständigung über die Spielstätte hinaus. Und auch das „Haus am Teuringer“ in Oberteuringen (vgl. S. 230–233) nutzt musisch-künstlerische Aktivitäten, um die vielfältigen Bevölkerungsteile der kleinen Gemeinde, „die sich sonst nur selten hören oder

sehen", in den Austausch zu bringen. In Kooperation mit der örtlichen Grundschule organisiert das Büro für Gemeinwesen Kunstprojekte mit Kindern und Menschen in der örtlichen Pflegeeinrichtung oder das Tanzprojekt „Oberteuringen tanzt", das Grundschüler:innen mit und ohne Beeinträchtigung zusammenbringt.

MITEINANDER KOCHEN UND ESSEN

„[D]er Blick in fremde Töpfe und Küchen [bietet] die Möglichkeit, sich Grundlagen einer anderen Kultur zu erschließen, verdeutlichen doch unterschiedliche kulinarische Vorlieben oft zugleich kulturelle Differenzen. Der Kontakt mit einer als ‚ausländisch' bewerteten Küche etwa bietet Gelegenheit, sich Anteile des Fremden im wahrsten Sinne des Wortes ‚einzuverleiben' und einer Kultur zumindest partiell habhaft zu werden", argumentieren die Kulturwissenschaftler:innen Claudia Lillge und Anne-Rose Meyer (2008, 11). Doch Kochen und Essen dienen nicht nur dem bloßen Kennenlernen anderer Kulturen. Wenn die Köch:innen die Mahlzeit gemeinsam zubereiten – das Kochen also zur gemeinsamen Aktivität wird – kann es gemeinschaftsstiftende, inklusive und integrative Wirkungen entfalten (vgl. Kirsch-Soriano da Silva 2021).

Kochabende und Gemeinschaftsküchen sind deshalb wiederkehrende Programminhalte an Begegnungsorten, etwa auch im KulturIntegration Quartier (KIQ) in Siegen (vgl. S. 174–177). Das ursprünglich von Migrant:innenselbstorganisationen betriebene ehemalige Schulgebäude beherbergt heute eine Vielzahl an Projekten, die Akteur:innen vereinen, die sich sonst nur selten begegnen. Dazu zählen ein afrikanischer Frauenhilfeverein und eine lokale Initiative zur Rettung von Lebensmitteln, die mit ihren Kochabenden unterschiedliche soziale Gruppen zusammenbringen und Gemeinschaft stiften. Das von und mit Geflüchteten betriebene Küchenmobil „Refugees' Kitchen" (vgl. S. 146–151) zeigt darüber hinaus, dass durch das gemeinsame Kochen nicht nur die Identifikation und die interkulturelle Verständigung, sondern auch das Empowerment und die Selbstwirksamkeit marginalisierter Gruppen gefördert werden können. Indem es Geflüchteten selbstbestimmten Handlungsspielraum gewährt, „degradiert [es] die Neuankömmlinge nicht zu passiven Empfänger:innen von Hilfsleistungen", so der Verein kitev (Kultur im Turm e. V.), der das Projekt initiiert hat, „sondern versetzt sie in die Lage, als mündige Gastgeber:innen für Bürger:innen eines Landes aufzutreten, das vielen kein wirkliches Gastrecht gewährt."

EMPOWERMENT UND SELBSTWIRKSAMKEIT

MITEINANDER GÄRTNERN, WERKEN UND BAUEN

Die gemeinschaftliche Gestaltung von Raum, das heißt, das gemeinsame Werken, Gärtnern oder Bauen kann ähnliche Effekte haben wie die bisher diskutierten Aktivitäten. Auch jene Begegnungsorte, die gestalterische Aktivitäten zu ihrem Programm machen, sind Orte, an denen sich unterschiedliche Menschen begegnen und in Beziehung treten, wo interkulturelle und -generationelle Verständigung stattfinden können. Wohl mehr noch sind diese Begegnungsorte jedoch Orte, die soziale Anerkennung produzieren, indem sie an den Kompetenzen jeder bzw. jedes Einzelnen ansetzen, und Orte, an denen die gemeinsame Aktivität etwas Bleibendes im Raum erzeugt. Durch diese Praktiken der Raumaneignung befördern sie in besonderem Maße die Selbstwirksamkeit und Identifikation aller Beteiligten mit ihrem Lebensumfeld und der lokalen Gemeinschaft (vgl. Müller 2002, Beispiel internationale/interkulturelle Gärten).

Gestalterische Aktivitäten finden sich an vielen Orten aus dem Wettbewerb. Ein Beispiel sind interkulturelle Gärten wie der Garten „Bunte Erde" in Chemnitz (vgl. S. 134–139). Das Gärtnern und die begleitenden Bildungsangebote werden dort zu Gemeinschaftsprojekten, die sich positiv auf das interkulturelle und soziale Kapital von Menschen unterschiedlicher Hintergründe auswirken. Der Garten schafft einen niedrigschwelligen Raum für Begegnung, die Arbeit den Humus für ein wachsendes Verständnis für „die Anderen" und die gemeinsam erwirtschafteten Erträge und das gemeinschaftliche Bestellen des Gartens fördern das „Wir-Gefühl". Dabei geht es auch um die Aushandlung von Konflikten und Diversität im gemeinsamen Tun. Ein weiteres Beispiel für die Gestaltung von Raum sind handwerkliche Aktivitäten, wie sie etwa im Erfahrungspark des Sport-und-Jugendclubs Hövelriege e.V. (vgl. S. 194–197) stattfinden. Kinder und Jugendliche mit und ohne Fluchterfahrung sowie in unterschiedlichen Lebenslagen bauen dort gemeinsam Kunstobjekte und Spielorte auf einem Abenteuerspielplatz. Diese Aktivitäten sind nicht nur gemeinschaftsstiftend, sondern fördern die Identifikation mit dem Ort und Verein und stärken die Selbstwirksamkeit der beteiligten Kinder und Jugendlichen.

Die dargestellten Beispiele verdeutlichen die vielfältigen Potenziale und Qualitäten von Begegnungsorten. Über diskursive, musischkulturelle, kulinarische oder handwerklich-gestalterische Angebote bieten sie Gelegenheit für produktive soziale Interaktionen. Sie ermöglichen den Austausch über gemeinsame Werte und gemeinwohlorientierte Ziele. Sie fördern die interkulturelle Verständigung, Inklusion und Integration. Sie stärken das Gemeinschaftsgefühl und die Selbstwirksamkeit benachteiligter Gruppen. Sie verhelfen zu sozialer Anerkennung und zur Identifikation mit dem Lebensumfeld. Dadurch bieten Begegnungsorte gruppenübergreifende Erfahrungen, die „das Gemeinsame" betonen und Identifikationspunkte liefern, ohne Vielfalt und Differenz zu verneinen. Statt Assimilation steht die Begegnung auf Augenhöhe, das Kennenlernen und die Akzeptanz des jeweils anderen im Mittelpunkt und die gemeinsamen Aktivitäten bilden Ausgangspunkte für Vertrauen und Empathie. Nicht zuletzt, indem sie die sozialen Netze in den Quartieren und Nachbarschaften fördern, spielen Begegnungsorte daher eine bedeutende Rolle bei der Stärkung des sozialen Zusammenhalts.

Das Erfolgsrezept von Begegnungsorten liegt in ihrer Niedrigschwelligkeit begründet. Sie setzen sich zum Ziel, möglichst allen Teilen der Bevölkerung Zugang zu gewähren und Angebote zu bieten, die mit wenig Vorkenntnis und ohne große Hürden wahrgenommen werden können. In ihrer programmatischen Ausrichtung setzen sie an den Potenzialen der Zielgruppen an: Gerade benachteiligte Gruppen können sich mit den eigenen Kompetenzen und Stärken – sei es ihre Fachkenntnis im Gärtnern, ihr handwerkliches Geschick oder musikalisches Talent – in die Angebote einbringen und die Orte mitgestalten. Begegnungsorte spielen daher für die Integration und Teilhabe eine bedeutende Rolle, weil sie durch die Ermöglichung persönlicher Erfolge und die Produktion sozialer Anerkennung das soziale Kapital ihrer Nutzer:innen fördern. Dieses soziale Kapital, das in benachteiligten Quartieren oft fehlt und dazu führt, dass marginalisierte Gruppen sich in den Diskursen und Räumen der Mehrheitsgesellschaft selten wiederfinden, kann gerade Menschen mit Migrations- oder Fluchtgeschichte das Einfinden in der neuen Heimat erleichtern. „Integration", wie Ahmed Abbas, Mitglied von kitev, zurecht betont, „ist [jedoch] keine Einbahnstraße", Integrationsarbeit keine Aufgabe, die nur den zu Integrierenden obliegt. Es ist daher falsch anzunehmen, dass es für ein gelungenes Zusammenleben nicht mehr braucht als die bloße Eingliederung der Neuen in das bestehende soziale Gefüge. Vielmehr liegen die Mehrwerte einer von Vielfalt geprägten Gesellschaft gerade in den spezifischen und von ihren jeweiligen Hintergründen geprägten Beiträgen jeder und jedes Einzelnen. In diesem Sinne – das zeigen die Beispiele, die benachteiligte und privilegiertere Gruppen zusammenbringen – sind Integration und Inklusion als Gemeinschaftsaufgaben und gesellschaftliche Aufträge zugleich zu verstehen. Sie sind begrifflich weiter zu fassen, als der gewöhnliche Sprachgebrauch es suggeriert. Denn damit das Zusammenleben gelingt, müssen die Bedarfe und Beiträge nicht nur von Menschen anderer kultureller Hintergründe, mit Migrations- oder Fluchtgeschichte, sondern auch jüngerer und älterer Generationen, von Menschen mit körperlichen und/oder geistigen Einschränkungen, Menschen mit alternativen Lebensentwürfen und aller sexuellen Orientierungen berücksichtigt werden.

Diese Komplexität gilt es auch bei der Umsetzung der sozialen Mischung zu berücksichtigen. Der Grat zwischen Verdrängung und Aufwertung ist dabei jedoch schmal. Selbstverständliches Ziel muss es daher sein, die gesellschaftliche Vielfalt in unseren Quartieren und Nachbarschaften zu erhalten und zu fördern.

Dafür ist eine sorgfältige Auseinandersetzung mit der jeweiligen Situation vor Ort, also „eine kontextbezogene, nach räumlichen Kontexten und sozialen Kategorien differenzierte Betrachtung der sozialen Mischung“ (ILS 2016) erforderlich. Nur so können bestehende Netzwerke und soziale Infrastrukturen, die gerade in Ankunftsquartieren wichtige Ressourcen für Zugewanderte bieten, und das komplexe soziale Gefüge, in dem das Potenzial der Vielfaltsgesellschaft begründet liegt, erhalten bleiben. Vor diesem Hintergrund ist die soziale Mischung keine „starre Quote oder universale Zielvorgabe“, sondern ein Prozess, in dem Segregationstendenzen in Quartieren und lokalen Institutionen genau betrachtet werden müssen (ILS 2016).

Damit das Zusammenleben vor Ort funktioniert, sind darüber hinaus weiche Standortfaktoren erforderlich. Das Programm Sozialer Zusammenhalt trägt bereits sehr erfolgreich dazu bei. Gerade mit den Quartiersmanagements, die seit den 2010er-Jahren verstärkt zum Einsatz kommen, lokale Kräfte bündeln und Initiativen vernetzen, befördert das Programm das Miteinander in den Quartieren und verbessert nicht nur die räumliche, sondern auch die soziale Situation vor Ort. Die oben angeführten Beispiele zeigen jedoch, dass es neben Quartiersmanagements zahlreiche weitere Aktivitäten gibt, die in diesem Kontext eine zentrale Rolle spielen. Der Wettbewerb hat eindrücklich gezeigt, wie vielfältig diese Begegnungsorte, wie groß das ehrenamtliche Engagement und wie tatkräftig der Einsatz aller Beteiligten dahinter sind. Sie übernehmen nicht nur in benachteiligten (z. B. Bürgerhaus Wilhelmsburg), sondern auch in gut situierten Gegenden (z. B. Haus am Teuringer), in städtischen sowie ländlichen Räumen wichtige Integrations- und Kohäsionsaufgaben. Für all diese Orte braucht es eine breite und umfassende Förderkultur. Auch das ist eine Maßnahme im Sinne des Leitbilds der europäischen Stadt, die nicht nur eine Stadt der Vielfalt und Mischung, sondern auch der Begegnung, des Austauschs und des Dialogs ist. Diese Qualitäten, die wir in der Pandemie ein weiteres Mal zu schätzen gelernt haben, gilt es heute mehr denn je zu verteidigen und zu stärken!

Literatur

- Allport, Gordon (1954): The nature of prejudice. Cambridge, Massachusetts
- Amin, Ash (2002): Ethnicity and the Multicultural City: Living with Diversity, in: Environment and Planning A: Economy and Space, 34, 6/2002, S. 959–980
- Bertelsmann Stiftung (2020): Gesellschaftlicher Zusammenhalt in Deutschland 2020. Eine Herausforderung für uns alle. Ergebnisse einer repräsentativen Bevölkerungsstudie. Gütersloh
- Bertelsmann Stiftung (Hrsg.) (2021): Gesellschaftlicher Zusammenhalt in Zeiten der Pandemie. Ergebnisse einer Längsschnittstudie in Deutschland 2020 mit drei Messzeitpunkten. Gütersloh
- Bundesministerium des Innern, für Bau und Heimat (BMI) (2020): Neue Leipzig Charta. Die transformative Kraft der Städte für das Gemeinwohl. Berlin
- Dangschat, Jens S. (2019): Sozialer Zusammenhalt durch Stadtentwicklung?, in: Alcaide, Naomi und Christian Höcke (Hrsg.): Vielfalt gestalten. Ansätze zur Förderung der sozialen Kohäsion in Europas Städten, S. 21–36. Berlin
- Dangschat, Jens S. und Monika Alisch (2015): Soziale Mischung als Lösung von Integrationsherausforderungen, in: Gans, Paul (Hrsg.): Räumliche Auswirkungen der internationalen Migration. Forschungsberichte der Akademie für Raumforschung und Landesplanung (ARL), S. 200–218. Hannover
- Dirksmeier, Peter, Ulrike Mackrodt und Ilse Helbrecht (2011): Geographien der Begegnung, in: Geographische Zeitschrift, 99, 2/2011 + 3/2011, S. 84–103
- GdW Bundesverband deutscher Wohnungsunternehmen e. V. (GdW) (1998): Überforderte Nachbarschaften. Zwei sozialwissenschaftliche Studien über Wohnquartiere in den alten und neuen Bundesländern. GdW Schriften 48, Köln und Berlin
- Harlander, Tilman (2012): Zuwanderung und „überforderte Nachbarschaften" – Zur Debatte um Segregation und Integration seit 1989, in: Wüstenrot Stiftung (Hrsg.): Soziale Mischung in der Stadt. Case Studies – Wohnungspolitik in Europa – Historische Analyse, S. 306–313. Stuttgart und Zürich
- Höppner, Christian (2018): Deutsches Musikinformationszentrum – Einführung. Online: https://integration.miz.org/einfuehrung-hoeppner (13.05.2022)
- Institut für Landes- und Stadtentwicklungsforschung (ILS) (2016): Soziale Mischung: Vom Neben- zum Miteinander? Plädoyer für einen kontextbezogenen und differenzierten Umgang mit dem stadtpolitischen Ideal. Pressemitteilung, 23. November. Online: https://jrf.nrw/wp-content/uploads/2016/11/ILS-Pressemitteilung-Stadtentwicklungsforschung.pdf (13.05.2022)
- Jank, Birgit und Anja Bossen (Hrsg.) (2017): Musikarbeit im Kontext von Inklusion und Integration. Potsdamer Schriftenreihe zur Musikpädagogik, 6/1. Potsdam
- Kirsch-Soriano da Silva, Katharina (2021): Community Cooking fördert Inklusion und Diversität. CSR und Inklusion, S. 457–468
- Müller, Christa (2002): Wurzeln schlagen in der Fremde: Die internationalen Gärten und ihre Bedeutung für Integrationsprozesse. München
- Münch, Sybille (2014): Das „Mantra der Mischung": Die Problematisierung ethnischer Segregation in Deutschland und den Niederlanden, in: Gans, Paul (Hrsg.) (2015): Räumliche Auswirkungen der internationalen Migration. Forschungsberichte der Akademie für Raumforschung und Landesplanung (ARL), S. 327–343. Hannover
- Park, Robert E. (1925): The City: Suggestions for the Investigation of Human Behavior in the Urban Environment, in: Park, Robert E., Ernest W. Burgess und Roderick D. McKenzie (Hrsg.): The City. S. 1–46. Chicago
- Schiefer, David und Jolanda van der Noll (2017): The Essentials of Social Cohesion: A Literature Review. Social Indicators Research 132, S. 579–603
- Senatsverwaltung für Stadtentwicklung und Umwelt (2013): Das Leitbild von der „Urbanen Mischung". Geschichte, Stand der Forschung, Ein- und Ausblicke. Berlin
- Wiesemann, Lars (2019): Begegnung schaffen im Quartier: Eine Reflexion von Theorie und Praxis. vhw werkSTADT, 34

ALWERK
DIGITALNAVIGATOR
Vorträge, Workshops,
Netzwerken, Essen & Trinken
WANN? 2. Juni, 18-21 Uhr
WO? Hier!
Jetzt anmelden:
digital-werk.org

ÜBER DEN ORT HINAUS

Potenziale der Digitalität erschließen

Marie Neumüllers

- Digitalisierung: Ein offener Prozess ohne eigene Logik, der täglich von uns als Gesellschaft beeinflusst wird.
- Demokratie: Eine derzeit geschwächte und instabile, aber immer noch die beste Regierungsform, die sich mit ihrer Legitimität befassen muss.
- Demokratie und Politik: Eine Beziehung, die wir im historischen Kontext beobachten sollten.
- Die ideale Welt der Demokratie in der digitalen Welt: Alle Menschen profitieren von fallenden Informations- und Beteiligungsbarrieren. Darüber hinaus lernen viele Menschen neue Formen der politischen Beteiligung kennen – und erhöhen auf diese Weise ihren Wissensstand.[1]

Auch wenn die digitale Transformation allgegenwärtig ist und tiefgreifende Veränderungen in unserem Raumverständnis, unserer Raumnutzung und unserer Interaktion nach sich zieht: Expert:innen wie die Politikwissenschaftlerin Jeanette Hofmann glauben nicht daran, dass die Entwicklung der Demokratie von der Digitalisierung kommandiert wird. Warum also ein Beitrag, der sich mit Digitalisierung und Demokratie befasst, in einem Buch, das sich mit gebauten Orten für Demokratie und Teilhabe auseinandersetzt? Aus dem Selbstverständnis der Wüstenrot Stiftung leitet sich ein besonderer Fokus auf die gebaute Umwelt ab, der auch zur Entwicklung und Ausformulierung der Wettbewerbsidee führte. Die hohe Zahl und die große Vielfalt von Orten, an denen Menschen sich darum bemühen, Beiträge zu einer offenen und demokratischen Gesellschaft zu leisten und anderen die Möglichkeit zu geben, an einer solchen Gesellschaft teilzuhaben, bewegt und berührt auch zwei Jahre nach Veröffentlichung unseres Wettbewerbsaufrufs noch. Ich möchte mich mit diesem Beitrag aber von der Betrachtung der konkreten Ebene der Wettbewerbsbeiträge zunächst etwas entfernen, um einen Aspekt zu verfolgen, der sich aus zwei Beobachtungen während der Durchführung und Auswertung des Wettbewerbs ergab.

Einerseits waren die gebauten Orte für Demokratie und Teilhabe während der Bearbeitungszeit des Wettbewerbs über lange Zeit fast unzugänglich. Als Teil der Vorprüfung durfte ich zahlreiche Projekte der engeren Wahl besuchen, musste bei diesen Besuchen aber auch lernen, wie sehr die Menschen fehlten und wie sehr die Macher:innen litten, weil die Selbstverständlichkeit der offenen Tür zu den Angeboten von Austausch, Bildung, Empowerment und Partizipation plötzlich verlorengegangen war. Es grenzt fast an ein Wunder und bedurfte einer ziemlichen Willensanstrengung aller Beteiligten, dass wir zwischen Juni und November 2020 entsprechend den Ergebnissen des Expert:innengremiums insgesamt 26 Vor-Ort-Termine wahrnehmen konnten.

In dieser Zeit konnte ich andererseits im familiären Umfeld, im eigenen Büro und nicht zuletzt in der Umsetzung des Wettbewerbs selbst einen „Digitalisierungssprung" feststellen. So sehr es anfänglich „knirschte" bei der Verfügbarkeit entsprechender Werkzeuge für Schule, für Jugendarbeit, für Partizipation: Eine hohe Lernbereitschaft, viel (häufig nicht bezahlter) Einsatz und Erfindungsgeist ermöglichten bereits im Laufe des Jahres 2020 Begegnungen und Prozesse, an die man vor der Pandemie schlicht nicht gedacht hätte. Die digital durchgeführte Jurysitzung zum Wettbewerb ist ein Beispiel dafür. Sind die digitalen Abstimmungs- und Partizipationsformate nun unzureichender Ersatz oder erzwungener Auftakt einer längst überfälligen Veränderung? Der frühere Chef von Telefonica Deutschland gab darauf eine simple Antwort: Wer einen schlechten Prozess digitalisiert, hat als Ergebnis einen

schlechten digitalen Prozess. Das passt ganz gut zur Kritik am Stand der Digitalisierung in Deutschland, die nicht erst seit der Pandemie von ganz verschiedenen Seiten immer wieder aufgebracht wird. Gerade die raumwirksamen Auswirkungen und Potenziale der sich rapide vollziehenden digitalen Transformation bedürfen neuer Steuerungsmodelle und Aushandlungsprozesse, um den sich ebenfalls wandelnden Ansprüchen an demokratische Teilhabe zu genügen.

Aus all diesen Beobachtungen entstand die Idee, einige grundlegende Überlegungen zum Verhältnis von Ort/Raum, Digitalität/Digitalisierung und Demokratie zu reflektieren und auf dieser Grundlage anhand ausgewählter Beiträge zu überprüfen, welche positive und verstärkende Wirkung die Digitalisierung für die Förderung von Demokratie und Teilhabe an den gebauten Orten haben kann. Zugleich richtet sich der Fokus darauf, welche Voraussetzungen die Orte dafür brauchen und welche sie schaffen müssen. Dabei weitet sich der Blick und geht über die im zweiten Teil dieses Bandes vorgestellte engere Projektauswahl der Expert:innen im Wettbewerbsverfahren hinaus.

DIGITALISIERUNG ALS FEIND DES ORTES? ODER MEHR RAUM DURCH DIGITALITÄT?

„Digitale Räume können Begegnungsorte nicht ersetzen", konstatieren Susanne Kutz und Karin Haist in einem KOMMUNAL-Gastbeitrag 2020 (Haist/Kutz 2020). Darum kann es auch nicht gehen. Schon zuvor gab es allerdings die journalistische Diagnose, „die Polis hat keine Agora mehr, keinen Marktplatz des öffentlichen Gesprächs und Meinungsstreits" (Wiebicke 2019, 23). Wiebicke betont, „wie wichtig in der derzeitigen Situation der Verunsicherung analoge Orte sind, damit wir Gelegenheit haben, uns wechselseitig zu versichern, wofür wir einstehen wollen. Und die Erfahrung machen, nicht allein zu sein. Solche analogen Orte der Demokratie benötigen wir jetzt hundertfach im ganzen Land." (ebd., 48). Die unterschwellige Botschaft solcher Aussagen ist, dass die Digitalisierung Demokratie eher gefährdet als sie zu befördern. Es gibt jedoch nicht erst seit der Pandemie und dem durch sie bedingten „Lockdown" Argumente dafür, dass „analoge Orte" allein die Agora-Funktion nicht mehr erfüllen können, dass der Antagonismus zwischen „analog" und „digital" mit der gesellschaftlichen Wirklichkeit des Jahres 2022 und mit unserem heutigen Verständnis von Raum nicht mehr viel zu tun haben. Dabei gilt: Was die Demokratie an „analogen" Defiziten aufweist oder was ihre Werte gefährdet, lässt sich digital nicht lösen. Schon vor mehr als zehn Jahren wurde vermutet, „dass das, was schwierig ist an der Demokratie, durch das Internet nicht leichter, sondern eher noch schwieriger wird. Während das, was ganz gut klappt, sich durch das Internet weiter verbessern lässt" (Preisendorfer 2011, 21).

Die „Attraktivität der Demokratie" ergibt sich, so Hartmut Rosa, „aus der Überzeugung, dass diese Stimme [der und des Einzelnen, Anm. der Autorin] *Wirksamkeit* entfaltet: Sie beruht auf dem Versprechen, dass es möglich wird und sein soll die Welt, in der wir leben, *gemeinsam* zu gestalten, sodass wir uns in ihr erkennen und widerspiegeln können ..." (Rosa 2019, 160). Wie müssen nun gebaute Orte für Demokratie und Teilhabe beschaffen sein, um ein solches Versprechen einzulösen? Es mutet wie ein alter Hut an, das „relationale" Raummodell ins Feld zu führen, das Martina Löw bereits Anfang des Jahrtausends entwickelte (Löw 2001). Auch zwanzig Jahre später gilt aber: „In seiner materiellen, haptisch greifbaren, dinglichen Seite ist Raum tatsächlich *da*; dies ist aber nur eine Betrachtungsweise, denn Raum wird immer auch gemacht: von uns selbst, von Menschen, Organisationen und anderen sozialen, politischen und ökonomischen Zusammenhängen" (Hörning/Misselwitz 2021, 5). An gebauten Orten der Demokratie und Teilhabe gestalten unterschiedliche Menschen und Gruppen in unterschiedlichen Formierungen unterschiedliche Räume. Und sie erfahren Selbstwirksamkeit im Sinne des Demokratieversprechens. Wenn nun aber die Digitalisierung unser Verhältnis zu realen und zu virtuellen Räumen verändert, ergibt sich daraus zumindest das Potenzial, genau diese Erfahrung von Selbstwirksamkeit zu verstärken. „Und auf der anderen Seite beobachten wir seit den 1990er Jahren durch Digitalisierungsprozesse eine starke Überlagerung von Räumen und ein kommunikatives Handeln auf verschiedenen Maßstabsebenen gleichzeitig", beschreibt Löw die Entwicklung (Knoblauch/Löw 2021, 9). Diese „Vervielfältigung von Räumen" bedeutet allerdings zugleich auch eine Vervielfältigung der Herausforderungen für jede:n Einzelne:n in der Bewältigung des Alltags – und im Schritthalten mit dem demokratischen Diskurs. Orte, die in solchen Konstellationen als Netzwerkknoten und Navigationspunkte fungieren sollen und können, brauchen neben den Begabungen, mit denen sie bisher Teilhabemöglichkeiten boten, neue Ressourcen und Kompetenzen. Die physische Gestaltung eines Ortes und die Transformation seines Angebots in einen digitalen Raum sollten im Idealfall korrespondierende Systeme werden.

DIGITALER DUALISMUS?

Der Mediensoziologe Nathan Jurgenson verwendet den Begriff „Digital Dualism", um eine Haltung zu charakterisieren, die „Offline" und „Online" als zwei getrennte Welten betrachtet – eine Haltung, die er als Irrtum bezeichnet (vgl. Jurgenson 2011). Ursprünglich bezog er seine Kritik auf die Charakterisierung digitaler Begegnungen über „social media" als minderwertig gegenüber solchen an physischen Orten und die Teilung in „real" und „virtuell". Seiner Argumentation nach verschiebt sich vielmehr unsere gesamte Wirklichkeit in Richtung einer „augmented reality", einem Begriff, der allerdings häufig nur auf die technischen Möglichkeiten computergestützter Erweiterungen der Wahrnehmung reduziert wird. Im Rahmen seiner langjährigen Beobachtung sozialer Netzwerke stellt Jurgenson immer wieder fest, dass sich teilhabeverhindernde, undemokratische Mechanismen „online" wie „offline" manifestieren und der Weg ihrer Manifestation durchaus vergleichbar ist. Crux seiner Argumentation ist ein reduziertes, binäres Verständnis der Digitalisierung, das dieser ein transformatives Potenzial um ihrer selbst willen zuweist. Geben Träger:innen und Akteur:innen in gebauten Orten aber ihrerseits die Vorstellung getrennter Welten und die Betrachtung der Digitalisierung als technikgesteuerte Bedrohung auf, erschließen sie zusätzliche Optionen, um den Anforderungen und Erwartungen der Menschen gerecht zu werden, denen die gebauten Orte Begegnung, Bildung, Schutz bieten wollen. Anbietende und Nutzende sollten gemeinsam Zweck und Ziel digitaler Erweiterungen des programmatischen Angebots gestalten. Die Verstärkung sichtbarer Zeichen für den demokratischen Anspruch wäre dabei ein Beispiel für ein handlungsleitendes Kriterium.

DEMOKRATIE UND DIGITALISIERUNG

Demokratie ist nicht einfach „da", sondern ist zugleich Produkt und Prozess beharrlicher Arbeit. Diese Arbeit hat sich durch das Internet verändert und vermehrt: Das Web 1.0 mit seinen vorwiegend statischen, durch Hyperlinks miteinander verbundenen Seiten hatte wenig Potenzial, in den Fokus eines Ringens um Demokratie zu geraten. Mit dem Wandel zum Web 2.0 änderte sich das: Die Möglichkeiten der Many-to-Many-Kommunikation versprachen kurzfristig eine „Demokratisierung der Demokratie", die Unabhängigkeit von Zeit und Ort schien eine Öffnung von Partizipation und zivilgesellschaftlichem Engagement auch für bisher schwer erreichbare Zielgruppen zu ermöglichen. Die kurzfristige Euphorie allerdings wurde rasch abgelöst von einer deutlichen Kritik an der Akkumulation von Macht, der Verstärkung von Ungleichheit, der Exklusion anderer oder weiterer Gruppen und der dystopischen Einschätzung, dass die Digitalisierung letztlich einen Ausverkauf der Demokratie an das Kapital nach sich zöge (vgl. u. a. Welzer 2016, Zuboff 2018). Parallel zu dieser wachsenden Kritik schwanden die Hoffnungen auf einen Automatismus, nach dem mehr digitale Möglichkeiten mehr Partizipation nach sich zögen. Vielmehr scheinen sich Öffentlichkeiten immer weiter zu zersplittern. Allerdings ist eine grundlegende Veränderung der demokratischen Agora zu verzeichnen, wie zuletzt die Leopoldina in ihrer „Stellungnahme zu Digitalisierung und Demokratie" feststellt. „Ein leichterer Zugang zu Informationen für Bürgerinnen und Bürger sowie mehr Möglichkeiten zur politischen Beteiligung und zur Stärkung der Zivilgesellschaft sind ebenso Folgen dieses Wandels wie eine Zunahme von Falschinformationen, Manipulationsversuchen und Hassrede" (Leopoldina 2021, 4). Diese Diagnose ist stark geprägt von einem ausschließlichen Blick auf das Digitale, und so sind es auch die Handlungsempfehlungen: Kuratierungspraxis, Forschung, Design und die Stärkung des unabhängigen Journalismus sind neben einem stärkeren Augenmerk auf die Entwicklung von Digital- und Medienkompetenz Eckpunkte. Die Rolle konkreter Orte bei der Umsetzung dieser Handlungsempfehlungen wird über die Nennung von Schulen und Hochschulen hinaus nicht beleuchtet. Damit bleiben digitale Räume insular – genau wie diejenigen gebauten Orte, die Potenziale der Digitalisierung aus unterschiedlichen Gründen nicht wahrnehmen wollen oder können. Eine Perpetuierung dieser Verinselung läuft Gefahr, die soziale Exklusion durch die zu Recht beklagte digitale Spaltung tatsächlich zu verschärfen. Demgegenüber haben gebaute Orte die Möglichkeit, durch entsprechendes Engagement ihrer Akteur:innen Netzwerkknoten innerhalb der digitalen Öffentlichkeit zu werden, die durch die Spiegelung an einer

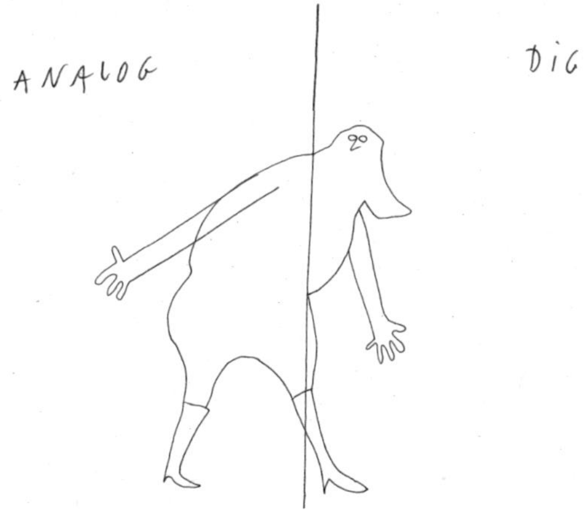

lokalen Realität Beeinflussung relativieren und bei der Bewertung von Informationen unterstützen. Das setzt allerdings voraus, dass der solchermaßen vervielfältigte Aufgabenkreis der Orte – anders als in der Studie der Leopoldina – öffentlich anerkannt und mitfinanziert wird.

DIGITAL NATIVES? VON WEGEN

Diese Unterstützung tut not: In Reaktion auf die nicht von der Hand zu weisende politische Desinformation und Manipulation sowie die Fragmentierung von Diskursen im Internet wird Demokratisierung als Leitprinzip der Digitalpolitik beschworen: „Konkret heißt das, dass ein universeller Zugang zu Infrastruktur und Inhalten sowie eine inklusive Gestaltung der Netz- und Digitalpolitik oberste Priorität haben" (Helmer 2021, o. S.).

Lange kursierte die Idee, alle ab etwa 1980 Geborenen seien *Digital Natives*: ein Konzept, das mehrfach in die Irre führt. Zunächst manifestiert sich auch in diesem Begriff die Vorstellung eines digitalen Dualismus: Die Zugehörigkeit zu einer Welt wird anhand des Geburtsjahrgangs festgemacht. Implizit verbindet sich damit zudem die Vorstellung, Menschen dieser Generation seien in der analogen Welt nicht (mehr) beheimatet. Die wenigsten Jugendlichen allerdings können mit dem Begriff etwas anfangen, geschweige denn, dass sie ihn zur Selbstcharakterisierung benutzen. Das Zuhausesein im Digitalen beschränkt sich auch in der Selbstwahrnehmung häufig auf Gaming und Social Media (vgl. Sinus/DIVSI 2019). Die angeblichen *Digital Natives* sehen weiterhin „andere in der Pflicht, sie auf die digitale Zukunft vorzubereiten und sehen sich insgesamt eher als Getriebene denn als Gestalter einer digitalen Transformation" (ebd., 106).

Zwanzig Jahre nach dem ersten Auftauchen des Begriffs „Web 2.0" als Synonym für den Wandel des Internets von einem Sender-Empfänger-Modell zu einem interaktiven Modell wird damit mehr als deutlich, dass sich die für die Demokratie so wichtige Orientierungsfähigkeit in den vervielfältigten Räumen nicht von selbst ergeben wird, sondern dass sie lokale, verortete Begleitung braucht. Wie eine solche Begleitung aussehen könnte, zeigen im Folgenden einige Beispiele aus dem Wettbewerb.

ABBAU VON SPRACHBARRIEREN ALS EINSTIEG IN DIE MEDIALE INTERAKTION

Das Gallus Zentrum in Frankfurt am Main besteht schon seit über 40 Jahren. Es ist ein Umnutzungsprojekt in einer früheren Autowerkstatt und seither ein Ankerpunkt im Gallus. Das Quartier war damals geprägt vom Strukturwandel und verzeichnet bis heute einen hohen Anteil an sozial benachteiligten Familien, hohe Jugendarbeitslosigkeit und einen hohen Migrationsanteil. Gleichzeitig sind, auch durch die Entwicklung des benachbarten Europaviertels, deutliche Gentrifizierungstendenzen zu verzeichnen.

Diese quartiers- und lebensweltbezogenen Erfahrungen seiner Zielgruppen greift das Zentrum in der Programmarbeit seit jeher auf. Ausschlaggebend für die zu Beginn der 1990er-Jahre eingeleitete Konzentration des programmatischen Angebots auf Medienkultur war noch nicht die Digitalisierung, sondern die Einschätzung, mit mediengestützten Projekten Sprachbarrieren besser überwinden zu können. Dieser Weg wurde konsequent fortgesetzt, sodass das Gallus Zentrum mittlerweile bundesweit als Pionier bei der Verknüpfung aktueller digitaler Jugendkultur auf YouTube, Instagram und SnapChat mit lokalen Inhalten gilt. Das Gallus ist prominenter Vertreter einer Gruppe soziokultureller Stadtteilzentren, die nicht zuletzt angesichts des Anspruchs auf Diversität und Inklusion auf dem Weg zur Transformation in einen auch digital präsenten Ort sind und sich zugleich die auch von der Leopoldina (s. o.) eingeforderte Stärkung von Medien- und Digitalkompetenz zur Aufgabe machen. Das Beispiel zeigt allerdings auch, vor welchen Herausforderungen diese Orte stehen: Zahlreiche Schritte auf dem Weg zur Digitalisierung sind nur über Projektfinanzierungen möglich, die zwar Ausgaben für Personal und in begrenztem Umfang für Software ermöglichen, nicht aber für Hardware oder für eine technologisch angemessene Ertüchtigung der Räumlichkeiten. Hinzu kommt, dass zahlreiche Förderprogramme eine Mittelbindung über einen Zeitraum beinhalten, der mit dem Tempo der digitalen Transformation kaum kompatibel ist.

BIBLIOTHEKEN UND MUSEEN ALS DRITTE ORTE?

Ein Begriff, den insbesondere Kulturinstitutionen auf der Suche nach einem neuen Profil als Ort in der Informationsgesellschaft gern bemühen, ist der des Dritten Orts. Der US-amerikanische Soziologe Ray Oldenburg bezeichnete damit (ausgehend von Beobachtungen in den amerikanischen Suburbs) jene Orte, die außerhalb des Zuhauses und des Arbeitsorts die Möglichkeiten zu Begegnung, Gemeinschaft und Austausch bieten. Sie sind in seinen Worten "essential to the political processes of a democracy" (Oldenburg 1989, 83). Die Kritik am Begriff selbst und an seiner Übertragung auf nichtkommerzielle Orte in dichten europäischen Altstädten sei hier beiseitegelassen. Interessant ist seine Wiederentdeckung und die Rückbindung an den Demokratiediskurs durch die Kulturinstitutionen in einer Phase, in der diese sich durch die Digitalisierung mit dem Zwang zur programmatischen Erneuerung konfrontiert sehen. Bibliotheken und Museen bezeichnen sich selbst als „dritte Orte", die als gesellschaftliche Knotenpunkte soziale, kulturelle und digitale Teilhabe ermöglichen und neben (und manchmal auch stattdessen) dem traditionellen Medienangebot „Services" wie „Makerspace, Gaming-Area, Medienwerkstatt, Repair-Café, Bibliotheksgarten und -café oder digitales, analoges und interaktives Veranstaltungsprogramm" anbieten wollen (vgl. Deutscher Bibliotheksverband 2020).

Beispiele für solche dritten Orte wurden im Wettbewerb „Gebaute Orte für Demokratie und Teilhabe" gezeigt. Die Stadtbücherei der Kleinstadt Glücksburg beweist, dass ein solcher Versuch der Neuerfindung nicht auf Neubauprojekte und Großstädte begrenzt ist: Sie wirbt – unter Nutzung eines digitalen Zugangssystems – mit eigenverantwortlicher Nutzung für jede/n mit einem Bibliotheksausweis sowie der Möglichkeit zur Durchführung von Treffen, Sitzungen, Weiterbildungskursen, Seminaren, kleinen Konzerten, Kinoabenden und anderen Veranstaltungen. Damit soll ein zeitlich fast unbegrenzt zugänglicher Ort der Zusammenkunft, des Austausches und des Verweilens entstehen, der bewusst nicht mehr zwischen analog und digital abgrenzt, sondern die digitalen Möglichkeiten für Optionen der Angebotserweiterung nutzt. Medienbildung ist dabei ein programmatisches Spielbein mit wachsender Bedeutung.

Auch das Staatliche Museum für Archäologie in Chemnitz, kurz SMAC, hat sich die Neuprofilierung als smacDIGITAL nicht erst seit der Pandemie zur Aufgabe gemacht. Dabei spielt das Museumsgebäude, das frühere Kaufhaus Schocken von Erich Mendelsohn, bei der digitalen Repräsentation des Museums auch als Ort eine wichtige Rolle: Erinnerungskultur ist die Basis für ein Museumskonzept, das auf Barrierefreiheit, Inklusion und Partizipation ausgelegt ist. Gerade deswegen wird das SMAC zunehmend digital: Inhalte sollen nicht nur den Besucher:innen vor Ort vorbehalten bleiben, sondern auch zuhause und unterwegs rezipiert werden. Und die Interaktion mit den Ausstellungsmacher:innen soll nicht auf wenige Führungstermine beschränkt bleiben. Also gibt es kostenlose digitale Ausstellungen, virtuelle Rundgänge durch das Gebäude, Apps und Spielmöglichkeiten, teilweise auch mehrsprachig. Die kuratorische Integration von tangiblen Exponaten und virtuellen Ausstellungsbestandteilen hat dem SMAC – bezeichnenderweise für die Ausstellung „Die Stadt" – eine der raren Auszeichnungen für digitale Kulturprojekte eingebracht. Die insgesamt sehr positive Rezeption der Arbeit des SMAC zeigt, dass eine solche „hybride" Neudefinition der musealen Arbeit die Teilhabemöglichkeiten und damit den potenziellen Beitrag des Museums zur Demokratiebildung durchaus erhöhen kann.

TEILHABEFÖRDERUNG DURCH MEHR DIGITALITÄT: AUFGABE IN LÄNDLICHEN UND STÄDTISCHEN RÄUMEN

Gerade in ländlichen Regionen kann digitale Zugänglichkeit einen wichtigen Beitrag zur Erreichbarkeit von Orten der Teilhabe leisten: „Mir würde es gefallen, wenn die ‚dritten Orte', die gerade überall in den Gemeinden oder Dörfern als neue, wiederbelebte Gemeinschaftorte entstehen, auch digital gut ausgestattet wären. Mit schnellem Internet und mit einem offenen Hotspot, sodass der Ort auch in dieser Hinsicht für alle Generationen nutzbar wäre", bilanziert Claudia Stauß von Neuland gewinnen e.V. (Bredehöft 2021). Vor dem Hintergrund unzureichender ÖPNV-Angebote und steigender individueller Mobilitätskosten wünschen sich zunehmend auch Senior:innen solche Möglichkeiten – und das nicht nur auf dem Land: Die Freie Wohlfahrtspflege in Nordrhein-Westfalen hat in Reaktion auf die Kontaktbeschränkungen 2020 ein Sonderprogramm aufgelegt, das der Einschätzung folgte, dass gerade vulnerable Personengruppen durch den Wegfall der gewohnten und etablierten Angebote wie Gruppentreffen, Freizeitangebote, ambulante Betreuungs-, Entlastungs-, Beratungs- und Unterstützungsangebote besonders hart getroffen wurden: „Kinder und Jugendliche konnten nicht gefördert, ältere Menschen, kranke Menschen und Menschen mit Behinderung nicht besucht und nicht begleitet werden. Folglich wurde deutlich, dass neue, digitale Wege erschaffen werden müssen, um diese Personengruppen in der Pandemie weiterhin zu erreichen." (Stiftung Wohlfahrtspflege NRW 2020). Neu an dem Programm war, dass explizit Projekte gesucht wurden, die sich auf die Arbeit mit den Zielgruppen, die Angebote und Dienstleistungen der Träger bezogen. Ob es gelingt, auf diesem Weg die Träger krisenresilienter und ihr Programmangebot zukunftsfähiger zu machen, kann noch nicht beurteilt werden. Dass die Möglichkeiten der Digitalisierung auf die Förderung von Teilhabe z.B. für Menschen mit Behinderung bezogen werden, ist jedoch ebenso ein wichtiger Schritt wie die Vernetzung von Online- und Offline-Angeboten, die z.B. von der Duisburger Werkkiste (einem der 455 im Wettbewerb vorgestellten gebauten Orte für Demokratie und Teilhabe) jetzt im benachteiligten Stadtteil Duisburg-Marxloh mithilfe dieses Förderprogramms erprobt werden kann. „Wir haben ein Nebeneinander von verschiedenen Kulturen und nach Jahren der Resignation hier auch etwas geschaffen, wo es um einen Aufbruch geht [...] Wir möchten die Brücke zwischen der analogen Welt und der digitalen Welt bauen" (Fricke 2018).

Die Potenziale der digitalen Vernetzung für eine bessere sozialraumorientierte Versorgung sind erst ansatzweise gehoben. Inklusiv gestaltet können sie Identifikation stärken – vorauszusetzen ist allerdings eine digitale Souveränität der Nutzenden.

DO-OCRACY UND HOLOCRACY: BESSERE, ANDERE, ERNEUERTE DEMOKRATISCHE SPIELREGELN FÜR ORTE DER DEMOKRATIE?

Während an vielen klassischen Orten der Teilhabe in den Pandemiejahren eine „Turbodigitalisierung" eingesetzt hat, gibt es auch Projekte, in denen ein digitales Umfeld bereits zu den Konstituierungsbedingungen gehörte und deren Macher:innen die digitale Souveränität zur „Eroberung" neuer Orte nutzten. Das PLATZprojekt in Hannover, von der Jury im Wettbewerb als Experimentierfeld für raumwirksame Ideen und für eine gemeinsame Stadtgestaltung prämiert, zeichnet sich nicht nur durch die Besonderheit des Ortes und seiner Bespielung, sondern auch durch eine besondere Arbeitsweise aus (vgl. S. 140–145). In den „Regeln" des PLATZprojekts gibt es enge Bezüge zu Organisationsprinzipien, die der Welt des Programmierens entlehnt sind: Zum einen ist das Do-ocracy, charakterisiert durch ergebnisoffene Diskurse und Entscheidungswege, die auf Selbstermächtigung und der Akzeptanz des Handelns anderer basiert, entstanden in der Frühphase der Arbeit am Code für die Liquid Democracy. Zum anderen ist es das Führungsprinzip der Holocracy, das auf dynamischen Rollen und verteilter Autorität basiert. Damit sollten – ebenfalls in der Welt des Programmierens – schnelle iterative Verbesserungen nach transparenten Regeln entstehen. Beide Neologismen spiegeln die digital gestützte Erweiterung eines Demokratieverständnisses, das seine Legitimation eher aus gemeinwohlorientiertem Aktivismus als aus dem Dreiklang von Verhandlung, Beratung und Abstimmung zieht. Damit verbindet sich die Erwartungshaltung an die demokratisch gewählten Repräsentant:innen, die Bürgerschaft nicht nur in die politische Entscheidungsfindung einzubeziehen, sondern dass sie sich ihrerseits so verhalten, dass die Praxis der Do-ocracy optimal unterstützt wird und sich zugleich die Mitwirkenden untereinander demokratisch verhalten. Solche Organisationsformen sind Resultat eines Zusammendenkens technologischer Entwicklungen und ihres gesellschaftspolitischen Kontexts (vgl. Adler 2018, 101), und sie knüpfen zugleich an die Commoning-Bewegung an: Räumliche Ressourcen in der Stadt sollen als Allmende begriffen und gemeinsam, demokratisch und gemeinwohlorientiert entwickelt werden.

„Im Mittelpunkt des Demokratieverständnisses stehen die Normen der Gleichheit und der Teilhabe [...] Als Teil der Open-Source-Bewegung ist es selbstverständlich, ja verpflichtend, das eigene Wissen und die eigenen Dinge soweit möglich zu teilen oder mit anderen zu tauschen" (Baier et al. 2013, 84).

Die zeitweilig mit Liquid Democracy und den technologischen Möglichkeiten der dafür entwickelten Software verbundene Hoffnung auf ein dynamischeres Demokratiekonzept ist mittlerweile einer weitgehenden Ernüchterung gewichen. Wie oben dargelegt, werden die Folgen der Digitalisierung häufig als Potenzierung einer Bedrohung der Demokratie wahrgenommen, der gegenüber die Potenziale in den Hintergrund treten. Genau diese Potenziale waren jedoch zentral für die Entstehung einer neuen Typologie gebauter Orte für Demokratie und Teilhabe: In vielen Städten entstanden und entstehen – teilweise durch Digitalisierungsprogramme gefördert – Maker-Spaces und Fablabs, die sich als offene und demokratische Werkstätten verstehen, in denen nicht nur Bildung, Diskurs und Teilhabe praktiziert werden, sondern auch die urbane Produktion Raum findet. Es bleibt eine Zukunftsaufgabe, diese neuen Orte als Orte der Demokratie zu stärken und dazu beizutragen, dass sie nicht als stadträumliche Schaufenster einer Smart City blankpoliert werden, sondern als Schauplätze der Aushandlung von Gemeinwohlorientierung erhalten bleiben.

DIGITAL IST BESSER?

Das mag für Tocotronic und – bezogen auf die Demokratie – für die euphorische Phase der 1990er-Jahre gelten. Aber ein „offener Prozess ohne eigene Logik" (s. o.) entzieht sich der Kategorisierung in „schlecht", „gut" oder „besser", solange er nicht von uns als Gesellschaft gestaltet wird. Digitale Transformation hat keine eigenen, inhärenten Werte. Ihr Mehrwert oder ihre Bedrohung entsteht durch die Werte, auf die sie gerichtet wird. Darin liegen Risiko und Chance zugleich: Parallel zum eingangs beschriebenen Digitalisierungsschub wurden in der Corona-Pandemie zahlreiche Gestaltungsmängel der Digitalisierung deutlich – schlecht ausgestattete öffentliche Verwaltungen und Bildungseinrichtungen stehen übermächtigen internationalen Digitalkonzernen gegenüber, die vermeintlich sozialen Medien wurden Plattformen der Polarisierung. Die ohnehin bedrohliche soziale Spaltung verschärfte sich durch fehlenden Breitband- oder Endgerätzugang sowie unzureichende Kompetenzen im Umgang mit digitalen Angeboten weiter. Der Eindruck, die Demokratie und ihre Institutionen seien auf die Herausforderungen der digitalen Transformation unzureichend vorbereitet, ist nicht von der Hand zu weisen. Das belegt, so zeigen es auch die vorgestellten Beiträge aus dem Wettbewerb: Gebaute Orte bleiben als vitale Ankerpunkte im physischen Raum für die Demokratie unersetzlich. Den Antagonismus zwischen Gebautem und Digitalem fortzuschreiben, hieße aber, Potenziale zu verschenken: Outreach und Interaktion lassen sich mit digitalen Medien erhöhen, die Sichtbarkeit lässt sich verbessern und erweitern, es lassen sich neue Formate konzipieren und realisieren, und auch die Vernetzungsmöglichkeiten mit anderen Orten lassen sich stärken und verstetigen.

All das stärkt die gebauten Orte und damit schlussendlich die Demokratie. Es wird allerdings nur gelingen, wenn die Ausstattung zeitgemäß ist und Programm, Personal und Publikum gleichermaßen qualifiziert werden. Gebraucht werden Orte, an denen die vervielfachten Räume und der Digitalisierungsprozess aktiv und gemeinwohlorientiert gestaltet werden können – und die sich dabei dynamisch verändern.

Fußnote

1 Hofmann, Jeanette (2020): Die Entwicklung der Demokratie wird nicht von der Digitalisierung kommandiert. Online: https://www.dwih-saopaulo.org/de/themen/demokratie-und-menschenrechte/die-entwicklung-der-demokratie-wird-nicht-von-der-digitalisierung-kommandiert/ (28.06.2022)

Literatur

- Adler, Anja (2018): Liquid Democracy in Deutschland: zur Zukunft digitaler politischer Entscheidungsfindung nach dem Niedergang der Piratenpartei. Bielefeld
- Baier, Andrea, Christa Müller und Karina Werner (2013): Stadt der Commonisten. Neue urbane Räume des Do it yourself. Bielefeld
- Bredehöft, Imke (2021): Neuland gewinnen e.V.: Nicht alles Digitale funktioniert auf dem Land – aber vieles, in: D3 – so geht digital, 27.07.21. Online: https://so-geht-digital.de/neuland-gewinnen-e-v-nicht-alles-digitale-funktioniert-auf-dem-land-aber-vieles/ (26.04.2022)
- Deutscher Bibliotheksverband e.V. (2020): Der Dritte Ort: Ein vielbeachtetes Konzept im Bibliothekswesen, in: Bibliotheksportal, 05.08.2020. Online: https://bibliotheksportal.de/informationen/die-bibliothek-als-dritter-ort/dritter-ort/ (26.04.2022)
- DIVSI Deutsches Institut für Vertrauen und Sicherheit im Internet (2018): DIVSI U25-Studie – Euphorie war gestern: Die „Generation Internet" zwischen Glück und Abhängigkeit. Online: https://www.divsi.de/publikationen/studien/divsi-u25-studie-euphorie-war-gestern/ (26.04.2022)
- Fricke, Thomas (2018): Geschäftsführer der Duisburger Werkkiste zum Josefstag. Brücke zwischen analoger und digitaler Welt, in: domradio.de, 19.03.2018. Online: https://www.domradio.de/artikel/geschaeftsfuehrer-der-duisburger-werkkiste-zum-josefstag (26.04.2022)
- Hoerning, Johanna und Philipp Misselwitz (2021): Alle machen Raum. Vorwort der Herausgeber*innen, in: Dies. (Hrsg.): Räume in Veränderung: Ein visuelles Lesebuch, S. 4–7. Berlin
- Hofmann, Jeanette (2020): Die Entwicklung der Demokratie wird nicht von der Digitalisierung kommandiert. Online: https://www.dwih-saopaulo.org/de/themen/demokratie-und-menschenrechte/die-entwicklung-der-demokratie-wird-nicht-von-der-digitalisierung-kommandiert/ (28.06.2022)
- Jurgenson, Nathan (2011): Digital Dualism and the Fallacy of Web Objectivity, in: Cyborgology, 13.09.2011. Online: https://thesocietypages.org/cyborgology/2011/09/13/digital-dualism-and-the-fallacy-of-web-objectivity/ (28.06.2022)
- Knoblauch, Hubert und Martina Löw (2021): Veränderungen neu denken: Das Ende einer spezifischen Geschichte, in: Hoerning, Johanna und Philipp Misselwitz (Hrsg.): Räume in Veränderung. Ein visuelles Lesebuch, S. 8–24. Berlin
- Kutz, Susanne und Karin Haist (2020): Hilfe? Nein danke! Corona: Warum Ältere oft keine Unterstützung wollen, in: kommunal.de, 28.04.2020. Online: https://kommunal.de/corona-senioren (26.04.2022)
- Löw, Martina (2001): Raumsoziologie. Frankfurt am Main
- Nationale Akademie der Wissenschaften Leopoldina, Union der deutschen Akademien der Wissenschaften, acatech – Deutsche Akademie der Technikwissenschaften (2021): Digitalisierung und Demokratie. Halle (Saale)
- Oldenburg, Ray (1989): The Great Good Place. New York
- Preisendörfer, Peter (2011): Einführung: Organisationssoziologie im Überblick, in: Ders. (Hrsg.): Organisationssoziologie, S. 11–25. Wiesbaden
- Stiftung Wohlfahrtspflege NRW (2022): Sonderprogramm „Zugänge erhalten – Digitalisierung stärken". Online: https://www.sw-nrw.de/foerderung/foerdergrundlagen/sonderprogramm-zugaenge-erhalten-digitalisierung-staerken/ (28.06.2022)
- Welzer, Harald (2016): Die smarte Diktatur. Der Angriff auf unsere Freiheit. Frankfurt am Main
- Wiebicke, Jürgen (2017): Zehn Regeln für Demokratieretter. Köln

COOP.

FUNKTION UND WANDEL INSTITUTIONELLER ANGEBOTE GESELLSCHAFTLICHER TEILHABE

Sabine Wenng

„Gebaute Orte für Demokratie und Teilhabe" haben eine gesamtgesellschaftliche Bedeutung und eine brisante politische Aktualität. Teilhabe erfährt man vor allem im sozialen Nahraum vor Ort; hier ist es „normalerweise" möglich, an den verschiedensten Angeboten, Aktivitäten und Programmen teilzunehmen, die beispielsweise in Begegnungsstätten, in Mehrgenerationenhäusern und in Volkshochschulen stattfinden. Ein großer Teil dieser Teilhabe wird durch institutionelle Angebote ermöglicht, das heißt in einer verbindlichen, geregelten Form und oft verbunden mit der gezielten Ansprache von bestimmten Bevölkerungs- und Zielgruppen. Diese institutionellen Angebote erreichen zahlreiche Menschen und haben deshalb eine wichtige Funktion für die Teilhabe in einer demokratischen Gesellschaft.

EINFLUSS UND BEDEUTUNG NEUER, INFORMELLER ANGEBOTE

Trotz der Vielfalt institutioneller Angebote gibt es Einschränkungen in ihrer Verfügbarkeit; mal sind sie an bestimmten Orten weniger breit vorhanden, mal gibt es Grenzen in der allgemeinen, leichten Zugänglichkeit der Angebote. Immer häufiger gestalten deshalb Bürger:innen „ihre eigenen" Teilhabeformen und schaffen neue, zusätzliche Angebotsstrukturen. Gestärkt wird dieser Trend nicht zuletzt durch den demografischen Wandel, insbesondere durch die „Rentner-Boomer", die vielerorts in ihren Gemeinden neue Impulse setzen und aktiv mitwirken möchten. Ihr Fokus richtet sich wesentlich stärker als bei den herkömmlichen, eher „konsumierbaren" Angeboten und Programmen darauf, dass Raum dafür entsteht und bleibt, sich selbst aktiv einzubringen und zu engagieren.

Diese Entwicklung wirkt sich zunehmend auf Form und Selbstverständnis der bereits vorhandenen, institutionellen Angebote aus. Sie reagieren auf die Impulse, die von den neuen Akteur:innen und ihrem Engagement ausgehen. Beispielhaft für solche Impulse sind die sogenannten Grundsätze, die aus dem Volunteers-Projekt im Landkreis Esslingen hervorgehen. Sie benennen die Rahmenbedingungen, unter denen Menschen bereit sind, ihre Zeit und ihre Kompetenz mit Freude einzubringen und sind somit ein Grundverständnis für freiwilliges, ehrenamtliches Engagement. Über 100 Initiativen aus den Bereichen Soziales, Natur- und Umweltschutz sowie Kultur arbeiten nach den Volunteers-Grundsätzen. Und die Erfahrung zeigt: gute Projekte finden mehr Freiwillige.

INFORMELLE ANGEBOTE UNTER DRUCK ZUR INSTITUTIONALISIERUNG

Der Übergang zwischen institutionellen und informellen Angeboten ist jedoch in beide Richtungen fließend. So kommt es häufig vor, dass neue, informelle Angebote sich nach einiger Zeit stärker institutionalisieren. Ein solcher Weg wird beispielsweise häufig dann diskutiert, wenn es notwendig wird, zusätzliche finanzielle Mittel für die Fortführung oder Verstetigung der Projekte zu gewinnen. Dann kann der Weg zu einem eingetragenen, gemeinnützigen Verein eine geeignete Lösung sein. Allerdings wachsen damit dann auch die organisatorischen Aufgaben, wie die Wahl eines Vereinsvorstandes, die Verabschiedung einer Satzung etc. Auch das ursprünglich oft rein ehrenamtliche, informelle Engagement der Mitarbeitenden wird dabei in ein rechtliches Korsett geschnürt; Ehrenamtspauschalen müssen dann mit dem zuständigen Finanzamt geklärt werden, steuerrechtliche Fragen werden relevant und nicht selten fühlen sich die Initiator:innen überfordert oder durch die formalen Aufgaben in ihrem eigentlichen Anliegen behindert.

Die Bedeutung und Kraft der informellen Aktivitäten ist enorm, dies zeigte sich in den spontanen Hilfsaktionen in der Pandemiezeit genauso wie angesichts der Diskussion rund um den Klimawandel (Fridays for Future). Deshalb ist es so wichtig, dass auch diese Angebote bei Bedarf einen gebauten Raum bekommen, um sich zu treffen, auszutauschen und Ideen zu entwickeln.

INSTITUTIONELLE ANGEBOTE VOR NEUEN HERAUSFORDERUNGEN

Das aufgrund der Erfahrungen mit den neuen, informellen Angeboten gewandelte Verständnis von Beteiligung und Mitwirkung stellt viele herkömmliche Angebote vor neue Herausforderungen. So wird zum Beispiel gesellschaftliche Teilhabe als Seniorenmitwirkung in Form von Seniorenbeiräten oder -vertretungen derzeit bundesweit mit dem Ziel einer gesetzlichen Verankerung diskutiert, unter anderem auf dem Deutschen Seniorentag 2021. Der DGB fordert die gesetzliche Regelung der Mitwirkungsstrukturen von Senior:innen in allen Bundesländern. Bislang haben nur vier Bundesländer verbindliche Mitwirkungsstrukturen, dies sind Berlin, Hamburg, Mecklenburg-Vorpommern und Thüringen. In Bayern wird derzeit ein Seniorenmitwirkungsgesetz auf den Weg gebracht, das im Vorfeld sehr kontrovers diskutiert wurde. Insbesondere die kommunalen Spitzenverbände in Bayern lehnen ein Seniorenmitwirkungsgesetz ab und betonen das kommunale Selbstverwaltungsrecht. Hinzu kommt das Argument, dass Gemeinde- oder Stadträte als demokratisch gewählte Gremien die Bürgerschaft vertreten und somit weitere zusätzliche Vertretungen von ausgewählten Zielgruppen (Familien, Menschen mit Behinderung, Ältere etc.) nicht notwendig seien. An dieser Diskussion zeigt sich exemplarisch, wie Ausrichtung, Form und Zielsetzung gesellschaftlicher Teilhabe im politischen Kontext unterschiedlich bewertet und eingeschätzt wird.

Viele der bisherigen institutionellen Angebote müssen auf diese Entwicklungen mit einem neuen Selbstverständnis reagieren. Teilhabestrukturen und Angebotsformen sind zunächst Ausdruck der unterschiedlichen Bedürfnisse von Menschen im sozialen Nahraum. Besonders gilt das für Menschen, deren Teilhabechancen eingeschränkt sind, sei es aufgrund von körperlichen, geistigen oder psychischen Problemen. Oft bieten gerade institutionelle Angebote die größten Chancen für gesellschaftliche Teilhabe: Manchmal geht es nur darum, Rat und Unterstützung zu erfahren, oft darum, andere (Gleichgesinnte) zu treffen und sich auszutauschen, und letztlich darum, aktiver Teil der Gesellschaft sein zu können. Je diverser die Ansprüche an Teilhabe werden, desto mehr müssen die institutionellen Angebote ihre Vielfalt und ihre Ausrichtung erweitern, um ihre Funktion und Bedeutung nicht zu verlieren.
Dabei kommen zwei Ansätze zum Tragen, die jeweils ihre eigenen Perspektiven haben. Es gibt Angebote, die sich an möglichst viele Bürger:innen in ihrem eigenen sozialen Nahraum wenden. Klassischerweise sind dies Begegnungsstätten wie zum Beispiel die Bürgerhäuser und die Mehrgenerationenhäuser in Deutschland. Hier besteht die Chance, dass durch das Miteinander unterschiedlicher Gruppen das Verständnis füreinander wächst und Toleranz erfahren und gelebt wird.

Das Bürgerhaus Wilhelmsburg in Hamburg bietet ein breit gefächertes Programm, das die unterschiedlichen Interessen vieler Bürger:innen anspricht. Es ist Netzwerkmotor, Beteiligungsplattform und Kulturvermittler zugleich, verknüpft lokale Ökonomien und ermöglicht es den Bürger:innen, ihren eigenen Lebensraum zu gestalten. Besonders positiv ist zudem, dass die Angebote in einem identitätsstiftenden Gebäude stattfinden. Als Treffpunkt, Kommunikations- und Veranstaltungsort fördert das Bürgerhaus durch seine sozialen, kreativen und künstlerischen Aktivitäten auf vielfältige Weise demokratische Austausch- und Lernprozesse (vgl. S. 206–209).

Daneben gibt es Teilhabestrukturen und Angebote, die sich bewusst auf bestimmte Bevölkerungsgruppen fokussieren, deren Teilhabe eingeschränkt ist, weil sie beispielsweise kognitive Defizite haben oder Sprachbarrieren bestehen. Diese zielgruppenspezifischen Angebote werden durchaus auch kritisch diskutiert, denn in gewisser Weise widersprechen sie dem Grundsatz der Inklusion. So wurde spätestens mit der Verabschiedung der UN-Behindertenrechtskonvention noch einmal sehr deutlich hervorgehoben, dass gleichberechtigte Teilhabe aller sich auf sämtliche Lebenslagen und gesellschaftlichen Bereiche bezieht. Für die praktische Umsetzung von Angeboten der gesellschaftlichen Teilhabe bedeutet das viel Arbeit: Das hohe Ziel, das die UN-Behindertenrechtskonvention setzt, braucht den richtigen Weg und Umgang. Die Anbieter müssen sich und neue Wege ausprobieren und werden dabei auch Rückschläge erfahren. Im Nationalen Aktionsplan 2.0 der Bundesregierung zur UN-Behindertenrechtskonvention (NAP 2.0, Bundesministerium für Arbeit und Soziales 2016) wird – trotz der erreichten Erfolge (wie selbstverständliche Hinweise zur barrierefreien Erreichbarkeit von Museen, Kinos und anderen Angeboten) darauf verwiesen, dass Menschen mit Beeinträchtigungen ihre freie Zeit häufiger allein verbringen, weniger reisen und seltener an kulturellen Veranstaltungen teilnehmen als Menschen ohne Beeinträchtigungen. Ähnliche Befunde gelten für die politische Teilhabe von Menschen mit Beeinträchtigungen. Der Teilhabebericht der Bundesregierung (Bundesministerium für Arbeit und Soziales 2021) und der NAP 2.0 liefern hierzu grundlegende Informationen.

INSTITUTIONALISIERTE ANGEBOTE IM WANDEL

Zahlreiche Teilhabestrukturen und Angebote werden von Kommunen und anderen institutionellen Träger:innen initiiert. Sie leiten sich primär aus den Bedürfnissen und Bedarfslagen im sozialen Nahraum ab und verfolgen das Ziel, hier einen Beitrag zur Verbesserung der Teilhabechancen zu leisten. Förderprogramme, wie „Soziale Stadt" sind hier einzuordnen, sie verfolgen unter anderem das Ziel, bessere Lebensbedingungen für soziale „Randgruppen" (häufig umschrieben als Alte, Arme, Arbeitslose, Asylsuchende, Ausländer:innen) durch Teilhabe und Quartiersmanagement zu schaffen. Im Rahmen der Gemeinwesenarbeit werden unterschiedliche Akteur:innen zusammengebracht und verschiedene Interessen (und Konflikte) diskutiert. Durch Angebote und Kommunikation wird das Miteinander im sozialen Nahraum Realität. In Baden-Württemberg und Bayern werden seit einigen Jahren vom Land Quartierskonzepte gefördert. So gibt es die SeLA-Förderrichtlinie des Bayerischen Sozialministeriums, die für seniorengerechte Quartierskonzepte bis zu 80.000 € für vier Jahre vorsieht. Ein Baustein dabei ist „Beratung und soziale Netzwerke", neben „Wohnen und Grundversorgung" und „Ortsnahe Unterstützung und Pflege". In den vergangenen Jahren wurden damit in vielen Gemeinden Orte der Begegnung belebt oder geschaffen. Entstanden sind neben Begegnungsorten Wohnprojekte, Nachbarschaftshilfen, Bürgerbusse, Anlaufstellen für Ratsuchende und vieles mehr.

Ein Beispiel für gesellschaftliche Teilhabe mit Blick auf Menschen mit Behinderung ist auch das Haus am Teuringer in Oberteuringen in Baden-Württemberg. Es umfasst ein Bildungs-, Begegnungs- und Förderzentrum (BBF) für Menschen mit Behinderung, 20 Wohnungen für Jung und Alt sowie ein Café, ein Kinderhaus, einen Familientreff und eine Mediathek. Gerade durch die Verknüpfung unterschiedlicher Bausteine in einem Gebäudekomplex gelingt dort ein inklusives Miteinander, wo sich alle mit ihren jeweiligen Kompetenzen und Fähigkeiten einbringen kann. Ein Erfolg wurde das Projekt auch durch das gelingende Miteinander der Gemeinde Oberteuringen und der Stiftung Liebenau. In der Gemeinde ist es gelungen, Inklusion und Teilhabe im Zentrum des Ortes zu realisieren und eine lebendige Mitte zu schaffen (vgl. S. 230–233). Erfahrungen zeigen, dass von derartigen Initiativen eine Kultur ausgeht, die weitere Prozesse anstößt. So ist es nicht verwunderlich, dass ein Gemeindeentwicklungskonzept „Oberteuringen 2035" beauftragt wurde, welches die Weichen für die Kommunalentwicklung stellen soll.

Erfreulicherweise sind Beispiele wie das Haus am Teuringer heute zwar weiterhin besonders bemerkenswerte Projekte, aber keine Ausnahme mehr. Das Miteinander von Kommune, Akteur:innen und der Bürgerschaft wird vielerorts erprobt und auch in der Wettbewerbsreihe „Land und Leute" (vgl. Wüstenrot Stiftung o.D.) der Wüstenrot Stiftung finden sich zahlreiche Beiträge, die in die gleiche Richtung zielen und auf die positiven Erfahrungen im Miteinander im sozialen Nahraum verweisen und demokratiefördernd wirken.

NEUE KOALITIONEN UND BÜRGERSCHAFTLICHES ENGAGEMENT

Manchmal bedarf es aber eines besonderen zivilgesellschaftlichen Engagements, um gesellschaftliche Durchsetzungskraft zu erreichen. Beispielhaft steht hier das Bellevue di Monaco eG. In zentraler Lage in München bietet es Wohnraum für Geflüchtete und Familien mit einem Begegnungscafé und Veranstaltungen für alle aus der Nachbarschaft und ist eine gebaute Demonstration gegen die Gentrifizierung in München (vgl. S. 234–237). Gerade für Geflüchtete, die in ihrem Herkunftsland von demokratischen Prozessen ausgeschlossen wurden, ist es hilfreich, wenn sie Verantwortung übernehmen, positive Erfahrungen im Miteinander machen und auf Augenhöhe miteinander kommunizieren können. Dies sind auch die Erfahrungen im Projekt Refugees' Kitchen aus Oberhausen (vgl. S. 146–151).

Das Brückenhaus (Stadtteiltreff) im Stadtteil Neckar-Stauwehr in Tübingen ist ein weiteres gelungenes Beispiel für privates Engagement und für die Beteiligung und Einbindung aller. Nicht nur Wohnen, sondern Leben und Austausch werden hier im Alltag praktiziert, alle Akteur:innen fühlen sich verantwortlich für das Gemeinwohl. Immer wieder wird „probiert", unterschiedliche Gruppen

zusammenzuführen. Bemerkenswert ist, dass die Baugemeinschaft, also die Bauherr:innen, eine robuste soziale Gemeinschaft von Beginn an wollten und von Anfang an Bürger.innen am Entstehungsprozess beteiligten. Das Beispiel zeigt zudem, dass die Gründungsinitiativen vielfältig sein können, besonders gelungen ist das Miteinander der privaten Bauherrengemeinschaft Wolle+ und der kit jugendhilfe (vgl. S. 182–185).

VERÄNDERUNGSDRUCK UND DIE HERAUSFORDERUNG DURCH DIE PANDEMIE

Die Orte für Demokratie und Teilhabe sind keine Selbstläufer, sondern sie müssen sich immer wieder anpassen, vielleicht sogar „neu erfinden". Dies zeigte sich insbesondere auch während der Corona-Pandemie. Eine Befragung von Expert:innen sozialer Einrichtungen in Bayern während der Corona-Pandemie ergab hier ein differenziertes Bild. Nur ein Teil der Einrichtungsträger entwickelten alternative Angebote, wie Begegnungsangebote im Freiraum / auf Distanz, Online-Kurse, Unterhaltung / Angebote für Aktivitäten daheim. Es zeigte sich hier das besondere Dilemma der Angebote, in deren Fokus eine persönliche Ansprache und Teilhabe standen, vor allem für Menschen, deren Möglichkeiten aus den verschiedensten Gründen und Rahmenbedingungen bereits unter normalen Umständen – also vor bzw. nach einem Lockdown – eingeschränkt sind.

Die Pandemie stellt viele Angebote vor besondere Herausforderungen. Die positiven Wirkungen von sozialer Teilhabe auf das persönliche Wohlbefinden sind erforscht, sie sind beispielsweise ein wirksames Instrument zur Reduzierung von Einsamkeit, insbesondere bei Älteren. Dies wurde in der Corona-Pandemie und den damit einhergehenden Einschränkungen deutlich. Eine Befragung von Expert:innen aus Einrichtungen der Altenhilfe in der Corona-Pandemie in Bayern ergab Folgendes: Die allermeisten befragten Expert:innen sahen das Wegfallen sozialer Kontakte, den Mangel an Teilhabe und die drohende Einsamkeit als die größte und eigentliche Herausforderung für ältere Menschen während der Pandemie. Für viele Seniorinnen und Senioren brachten das Wegbrechen gewohnter Aktivitäten und die fehlende Teilnahme an wiederkehrenden Treffen etc. einen großen Verlust von Tages- und Wochenstrukturen mit sich, so die Befragungsergebnisse. Gleiches gilt sicher auch für Jüngere, insbesondere auch für Kinder und Jugendliche, die im Lockdown aus dem sozialen Zusammenhang mit ihrem Umfeld in den Kindergärten und Schulen herausgerissen wurden. In der Krise ist es insofern gerade nicht gelungen, denjenigen zur Seite zu stehen, die von den damit verbundenen Einschränkungen und dem Wegfall der vertrauten, oft institutionell verankerter Angebote besonders betroffen waren.

Zu Zeiten des Lockdown waren diejenigen im Vorteil, die über digitale Kompetenzen und die notwendige technische Infrastruktur verfügten. Dies gilt sowohl für Menschen wie auch für die Institutionen und bedeutet für die Zukunft, die Erreichbarkeit der Orte der Begegnung breiter als bisher zu denken. Wie sich deutlich gezeigt hat, reicht die physische Erreichbarkeit allein nicht mehr aus. Eine neue Qualität digitaler Erreichbarkeit ist erforderlich, die neue Räume und Formen der Teilhabe schaffen kann. Deshalb ist es wichtig, den Zugang zu digitalen Medien für alle zu sichern und die Kompetenzen dafür zu stärken.

VORAUSSETZUNGEN FÜR EINE GELINGENDE TEILHABE

Eine wichtige Grundlage für eine gelingende Teilhabe ist ein Zusammenwirken von Haupt- und Ehrenamt. Dabei gilt das Prinzip der Augenhöhe, das auch bedeutet, dass Ehrenamtliche sich mit ihren Ideen einbringen können. Dazu braucht es entsprechende Strukturen.

Nicht zu unterschätzen ist dabei die Anerkennung des bürgerschaftlichen Engagements. Nicht nur der Verleih einer sogenannten „Ehrenamtskarte", die zum Beispiel Vergünstigungen zu Kultureinrichtungen umfasst, ist förderlich, sondern auch für beide Seiten passende und verlässliche Vereinbarungen zum zeitlichen Umfang des Engagements. Und es ist darauf zu achten, dass Ehrenamt nicht Mangel an Hauptamt kompensiert und damit in die Überforderung getrieben wird.

Vor allem entscheidend aber ist die Bereitschaft aller Entscheidungsträger:innen, der Teilhabe einen Raum zu geben, insbesondere auch auf Seiten der Verantwortlichen in den Kommunen. Um Teilhabestrukturen zu schaffen, bedarf es manchen Ortes noch Überzeugungskraft bei den politisch Handelnden. Nicht selten werden finanzielle Gründe dafür angeführt. Dabei hat die Pandemie noch einmal anschaulich gemacht, wie wichtig gerade auch eine präventive Orientierung zur Schaffung notwendiger Strukturen und Voraussetzungen ist, um Teilhabe und Zugang sicherstellen zu können. Während der Pandemie konnten durch fehlende Netzwerke und fehlendes Wissen oft gerade die Menschen nicht erreicht werden, für die ein Kontinuum ihrer Teilhabemöglichkeiten in dieser Situation besonders wichtig gewesen wäre.

Voraussetzung ist und bleibt also aller Digitalisierung zum Trotz weiterhin die Sicherstellung eines einfachen Zugangs zu gebauten Orten der Demokratie und Teilhabe. Das bedeutet insbesondere, jede:r muss sich die Nutzung finanziell leisten können, um nicht von der Teilhabe an der Gesellschaft aus finanziellen Gründen abgekoppelt zu werden. Das gilt auch für die Zugänglichkeit dieser Orte, zum Beispiel im Hinblick auf eine inklusive Gestaltung der Teilhabe, nicht nur in baulicher Hinsicht, sondern mit Blick auf eine Teilhabe aller, auch von Menschen mit Behinderungen und mit ausländischen Wurzeln.

Literatur

- Bundesministerium für Arbeit und Soziales (Hrsg.) (2021): Dritter Teilhabebericht der Bundesregierung über die Lebenslagen von Menschen mit Beeinträchtigungen. Teilhabe – Beeinträchtigung – Behinderung. Berlin
- Bundesministerium für Arbeit und Soziales (Hrsg.) (2016): Der Nationale Aktionsplan 2.0. Berlin
- Wüstenrot Stiftung (2021): Wettbewerbsreihe „Land und Leute". Online: https://wuestenrot-stiftung.de/land-und-leute/ (02.03.2022)

Hallo, mach mit

„SIE BEKOMMEN EINEN KOCHLÖFFEL IN DIE HAND UND KÖNNEN EINFACH LOSLEGEN“

Annika Levels

Was macht gebaute Orte eigentlich zu Orten für Demokratie und Teilhabe? Die Beiträge zum Wettbewerb zeigen vielfältige konzeptionelle Ansätze, Bauweisen und Programmatiken. Mit viel Engagement sorgen Initiator:innen und Betreiber:innen dafür, dass dort durch Begegnung, Vernetzung, Information oder praktische Erfahrungen und Aktivitäten Zugang zu Teilhabe für unterschiedliche Zielgruppen entsteht. Insbesondere Marginalisierte gehören oftmals zu den Personen, die an diesen Orten besondere Unterstützung erfahren, aber auch die Vernetzung und Zusammenkunft vielfältiger Milieus stehen im Fokus. Viele der gebauten Orte bieten Schutz vor Diskriminierung, Raum zur Selbstwirksamkeit und die Möglichkeit, sich selbst und die eigene Position und Teilhabe in der Gesellschaft zu verändern. Entsteht der Ort für Demokratie und Teilhabe also aus der Gestaltung des Ortes, seiner Programmatik oder der gemeinsamen Praxis unterschiedlicher Akteur:innen – oder deren Interdependenzen?

Als Mitarbeiterin von Urbanizers, einem Büro für Stadtentwicklung, sind diese Fragen für mich von besonderer Relevanz. Eines unserer zentralen Tätigkeitsfelder ist die Beteiligung von Bürger:innen an der Stadtentwicklung. Wir vertreten den Anspruch, Partizipation ehrlich und offen für alle zu gestalten, auch leisen Stimmen Gehör zu verschaffen und die Diversität der Gesellschaft in unseren Beteiligungsangeboten abzubilden. Im Rahmen von Workshops, Veranstaltungen und anderen Formaten gestalten wir – wenn man so will – temporäre Orte der Teilhabe, die wir durch die Wahl und Gestaltung der Räumlichkeiten, die Ansprache und Einladung von Teilnehmer:innen, die Wahl von Formaten und weiteren Setzungen formen. Allzu oft müssen wir dabei jedoch feststellen, dass wir einen wesentlichen Teil der Bevölkerung nicht erreichen. Die Frage, die wir uns immer wieder stellen, lautet: (Wie) Lässt sich das ändern? Diese Frage ist in der Beteiligungspraxis weder neu, noch ist die Antwort darauf abschließend zu geben (vgl. auch Selle 2019). Was wir dafür aber auch unter anderem bräuchten, ist eine genauere Vorstellung davon, was Menschen, insbesondere marginalisierte, benötigen, um sich an solche Orte zu begeben.

GESCHICHTEN ÜBER MÖGLICHKEITEN UND ENGAGEMENT

Vor diesem Hintergrund ist es Aufgabe dieses Beitrags, die Geschichten ausgewählter Orte für Demokratie und Teilhabe lesbar zu machen. Er basiert auf fünf Interviews mit insgesamt sieben Personen, die an drei unterschiedlichen Orten aus dem Wettbewerb mitwirken. Die drei Orte wurden in Abstimmung mit den Bearbeiter:innen des Wettbewerbsverfahrens ausgewählt und repräsentieren unterschiedliche Herangehensweisen: Während der Lebensort für Vielfalt am Ostkreuz (vgl. S. 186–189) in erster Linie ein „Safe Space“ ist und seinen Bewohner:innen Schutz vor Diskriminierung bietet, fokussieren die Projekte Kultur im Quartier in Siegen (vgl. S. 174–177) und Refugees' Kitchen in Oberhausen (vgl. S. 146–151) deutlich stärker Aspekte von Begegnung und Austausch sowie des Ermächtigens zu mehr gesellschaftlicher Teilhabe. Sie bilden demnach unterschiedliche Ort-Nutzer:innen-Verhältnisse und eine Vielzahl möglicher Interessen, Bedarfe und Angebote ab. Dabei herausgekommen sind Geschichten, die zeigen, dass gleichberechtigte Demokratie und Teilhabe vor allem eines erfordert: viel Engagement auf allen Seiten.

LEBENSORT FÜR VIELFALT AM OSTKREUZ: SCHUTZ VOR DISKRIMINIERUNG UND AUSGRENZUNG

„Ich bin 26 Jahre alt und wohne seit drei Jahren hier. Mein Vater hat mich damals zu Hause rausgeschmissen.“ Der Mann auf meinem Computerbildschirm sagt diesen Satz irgendwie beiläufig und gleichzeitig bestimmt. Er möchte anonym bleiben, weil er sich aufgrund seiner Identität immer noch vor seiner Familie verstecken muss. Irgendwo zwischen den Zeilen höre ich einen letzten Rest Scham und eine große, lebenslange Verletzung. Aber auch eine mühsam erarbeitete Zuversicht, die vermutlich daraus resultiert, dass er hier – im Lebensort für Vielfalt am Ostkreuz in Berlin (LOVO) – nicht nur ein neues Zuhause, sondern Unterstützung gefunden hat wie viele Menschen, die sind wie er selbst: queer und trans*.

Das LOVO steht im Stadtteil Friedrichshain, mitten in der Stadt. Zwei Architekten haben gemeinsam mit der Schwulenberatung hier 2016 einen Neubau errichtet, in dem sich vier Wohngemeinschaften für etwa 30 LGBTQI-Personen, ein Café sowie – in den oberen Stockwerken – zwei Luxus-Apartments befinden. Im LOVO finden besonders vulnerable Menschen aus der Eingliederungshilfe mit und ohne Fluchterfahrung ein Zuhause und Unterstützung, um ihr Leben frei von Diskriminierung leben zu können. Sprich: Der LOVO bietet den notwendigen Schutz, der es den Bewohner:innen ermöglicht, sich dieser Sorgen und Ängste zumindest insofern zu entledigen, dass sie sich anderen Themen im Leben zuwenden können, wie Marcel de Groot von der Schwulenberatung bekräftigt.

Das Zimmer, in dem der Bewohner des LOVO während des Interviews sitzt, ist nur schwach beleuchtet. Im Hintergrund sieht man die Ränder einer Regenbogenflagge. Er steht spät auf, sagt er, oder früh – wie man es nimmt. Tag und Nacht trifft er Gleichgesinnte aus aller Welt auf einer Online-Chat-Plattform, sie spielen Webspiele, tauschen sich aus, „quatschen“. Es ist sein Freundeskreis. Er erzählt auch davon, wie er in den drei Jahren am LOVO erfahren hat, dass er nicht allein auf der Welt ist – dass es Personen wie ihn gibt, dass es Bars, Clubs und andere Orte gibt, an denen er queere Menschen treffen kann und wie ihm das schrittweise mehr Selbstvertrauen gegeben hat. „Es macht einfach mehr Spaß, in der Gruppe in eine Bar einzukehren als alleine“, erklärt er.

Es geht aber nicht nur darum, Anschluss an die Community zu finden und ein soziales Netz aufzubauen. Die Bewohner:innen des LOVO brauchen Hilfe in der Bewältigung ihres Alltags: bei der Wohnungs-, Arbeits- und Therapieplatzsuche, beim Ausfüllen von Formularen, Beantragen von Geldern. Und sie benötigen niedrigschwelligen Zugang zu Räumen und Orten, an denen sie sein können. All das bietet ihnen der LOVO. Das Café transfair im Erdgeschoss bietet Beschäftigungsmöglichkeiten und einen Treffpunkt. In den Wohngemeinschaften gibt es zwar Hausregeln, aber beispielsweise kein allgemeines Alkohol- oder Drogenverbot. Es gibt auch Beschäftigungstagesstätten, an denen die Bewohner:innen einer Tätigkeit nachgehen können. Mein Interviewpartner geht keiner Tätigkeit nach, er lebt bereits in Rente. „Wegen meiner Psyche“, wie er sagt, ist er berufsunfähig. Ideen für eine Zukunft und Perspektive hat er aber: Im Laufe des Gesprächs erzählt er von seinem Freund, der aus Australien zu ihm nach Berlin ziehen will, sie haben sich im Internet kennengelernt. Wenn der nicht wäre, sagt er, würde er für immer im LOVO wohnen bleiben. Das ist so im Konzept zwar eigentlich nicht vorgesehen. Der LOVO soll ein Übergangsort sein, will den Bewohner:innen nicht nur einen Schutzraum bieten, sondern auch neue Möglichkeiten der gesellschaftlichen Teilhabe. „Viele“, sagt Marcel von der Schwulenberatung am Telefon, „schaffen das nicht“. Zu groß sind die Wunden, die Traumata und die Herausforderungen des eigenen Lebens. Für viele Bewohner:innen bleibt Diskriminierung, insbesondere von Transpersonen, ein Problem. Die Schwulenberatung unterstützt hier nicht nur psychisch, sondern auch dabei, die Vorfälle polizeilich zu melden.

Am Ende unseres gemeinsamen Gesprächs bitte ich den Bewohner des LOVO um ein paar Worte an die Welt außerhalb des LOVO. Was er ungefähr sagt war, dass sie keine Angst haben soll vor Menschen wie ihm. Ich bin bewegt und irritiert gleichzeitig. In seinen Sätzen steckt eine immense Akzeptanz davon, am Rande der Gesellschaft zu stehen, nicht akzeptiert zu sein oder dazu gehören zu können. Gleichzeitig schwingt in ihnen die immerwährende Hoffnung mit, doch irgendwann seinen Platz darin zu finden. Sie zeigen aber auch: Mehr gesellschaftliche Teilhabe ist an dieser Stelle vor allem davon abhängig, dass sich die Gesellschaft in ihrer Haltung gegenüber Transpersonen verändert und ihnen diese überhaupt zugesteht, dass strukturelle Veränderungen auf anderen Ebenen als dieser lokalen angestoßen werden müssen. Der Schutz des LOVO ist dringend notwendig, um ihm und anderen Transpersonen ein Minimum an Sicherheit und gesellschaftlicher Teilhabe zumindest innerhalb dieses Schutzraums zu ermöglichen.

KULTURINTEGRATIONQUARTIER (KIQ), SIEGEN: RAUM FINDEN, AUSHANDELN UND GESTALTEN

Das Projekt „KulturIntegrationQuartier“ in Siegen ist darauf ausgerichtet, eine offene Infrastruktur für seine Nutzer:innen zu sein. Das Gebäude mit seinen Räumlichkeiten und Außenanlagen steht seit 2015 verschiedenen Akteur:innen und Initiativen offen. Es beherbergt vielfältige Nutzungen von internationalen Kulturvereinen über Studierendengruppen und Urban Gardening und vieles mehr. Hier finden kulturelle Angebote, Hilfsangebote, Gartenprojekte, Fortbildungen oder Informationsabende zu unterschiedlichen Themen für vielfältige Zielgruppen statt. Das Grundprinzip ist nicht, all diesen Nutzer:innen eigene Räumlichkeiten zur Verfügung zu stellen, sondern vielmehr durch das Wechseln der Räumlichkeiten Begegnung, Austausch und Vernetzung zwischen den einzelnen Organisationen zu fördern. Als ehemalige Schule gehört das Gebäude der Stadt, die als Ansprechpartnerin für Nutzer:innen fungiert.

Lea Burwitz kommt aus Siegen, hat Agrarwissenschaften studiert und ist Mitglied bei „Siegen isst bunt“, einer Initiative, bei der „Lebensmittel das Bindemittel für gelingende Beziehungen von Menschen sind“ (Siegen isst bunt, o.J.), wie sie sich auf ihrer Website selbst beschreiben. Lea ist schon lange Lebensmittelaktivistin und kam ins KIQ auf der Suche nach neuen Kontakten, als sie nach dem Studium nach Siegen zurückzog. Über gemeinsame Kochabende von „Siegen isst bunt“ hat sie die Initiative kennengelernt und sich seitdem hier engagiert. Der wichtigste Ort im KIQ war für sie von Anfang an die Küche: „Dadurch gibt es einen Ort, an dem man sich begegnen und gemeinsam essen kann und der gleichzeitig nicht nur funktional, sondern auch gemütlich ist.“ Vor der Corona-Pandemie kamen an solchen Abenden bis zu 50 Personen zusammen, von der Initiative, der erweiterten Szene des Lebensmittelaktivismus und aus der Nachbarschaft.

Von der Küche aus haben die Teilnehmer:innen dann weitere Ideen entwickelt: Im Garten des KIQ stehen heute Hochbeete. Sie wurden von „Siegen isst bunt“ selbst finanziert und gebaut. Das, was da angebaut wird, steht jedoch allen Menschen offen. Die Ernte wird für das Essen verwendet oder zu Tees verarbeitet. Außerdem fand schon einige Male ein Saatgutfestival statt. Von dort aus haben sich für „Siegen isst bunt“ und Lea Burwitz neue Optionen ergeben: Kooperationen mit anderen Gärtner:innen und die Gründung neuer Gemeinschaftsgärten in Siegen und sogar eine durch die Stiftung Umwelt und Entwicklung geförderte Stelle für die Agrarwissenschaftlerin. Als sie zurück nach Siegen kam, hatte Lea das Gefühl in einem „Loch für Nachhaltigkeit“ gelandet zu sein, wo sich kaum jemand für die Themen, die ihr wichtig sind, interessiert. „Aber letztendlich ist es eigentlich nur so gewesen, dass die Menschen einfach nur wenig vernetzt sind bzw. waren“, stellt sie im Interview fest.

Im KIQ standen ihr für diese Vernetzung alle Türen offen: Es gab immer eine Ansprechperson und von Anfang an wurde dem Verein viel Vertrauen entgegengebracht, sodass sie die Ideen, die sie hatten, auch verwirklichen konnten. Aber wie läuft es mit der Vernetzung und dem Austausch zwischen den Initiativen und Nutzer:innen? Die Hochbeete sind ein Versuch von „Siegen isst bunt“, ein räumliches Angebot des Zusammenkommens und der Vernetzung zu schaffen. Einerseits unter Corona-Bedingungen, weil man Gärtnern zumindest an der frischen Luft kann, andererseits aber auch, damit die unterschiedlichen Nutzer:innen des KIQ sich dort treffen und miteinander in Kontakt kommen können. „Theoretisch könnte dort jeder ernten, aber oft trauen sich Menschen auch nicht etwas zu ernten, weil sie niemandem etwas wegnehmen wollen“ berichtet Lea Burwitz.

Die aktive Vernetzung der unterschiedlichen Nutzer:innen im KIQ passiert nach Ansicht von Lea Burwitz eigentlich noch zu wenig. Austausch und Vernetzung werden von der Stadt im KIQ nicht systematisch gefördert, es gibt keine kommunale Steuerung des Kulturangebotes. Der Verein würde das zwar gern übernehmen, sieht sich aber auch mit den Grenzen seines ehrenamtlichen Engagements konfrontiert. Um Menschen vor Ort zu Austausch über ihre eigenen Aktivitäten hinaus zu motivieren, braucht es mehr Zeit und Energie, die bisher niemand aufbringt.

REFUGEES' KITCHEN OBERHAUSEN: TOR ZUR GESELLSCHAFT

Refugees' Kitchen ist ein Projekt des 2006 gegründeten Vereins kitev – Kultur im Turm e. V., ein Verein für Kunst, Partizipation und Integration in Oberhausen. Ein umgebauter Kleinlaster wurde zur mobilen Kantine, die an unterschiedlichen Orten in der Stadt aufgestellt werden kann. Mittlerweile umfasst das Projekt auch ein Catering-Angebot sowie diverse stationäre Essens-, Beratungs- und Hilfsangebote.

Für diesen Bericht sprach ich mit Samia und Ahmad über ihre Erfahrungen mit Refugees' Kitchen. Samia kommt aus Tunesien, lebt aber mittlerweile in Deutschland. Sie kocht regelmäßig bei kitev und in der Refugees' Kitchen und ist davon sichtlich begeistert. „Es ist wie Kochen für die Familie“ sagt sie, „man fühlt sich nicht mehr so alleine.“ So allein man ist, wenn man in ein fremdes Land zieht oder flieht, mit keiner oder schwieriger Perspektive, obwohl man so sehr auf eine bessere hofft. Samia ist ohne ihre Kinder oder Familie nach Deutschland gekommen.

Ahmad kommt aus Syrien, er ist 2015 nach Deutschland geflohen. Er war von Anfang an bei Refugees' Kitchen dabei und der Verein war zentral für sein Ankommen in Deutschland. Während in der Geflüchtetenunterkunft Vorschriften, Degradierung und Stigmatisierungen an der Tagesordnung waren und die Bewohner:innen schon allein durch das räumliche Setting außerhalb der Gesellschaft wohnten, bot ihm Refugees' Kitchen einen niedrigschwelligen Zugang zu mehr gesellschaftlicher Teilhabe, einem Zuhause und einem Gefühl von Zugehörigkeit. „Sie bekommen einen Kochlöffel in die Hand und können einfach loslegen“, erinnert sich Ahmad.

Ein Ort, eine sinnstiftende Aufgabe und ihnen entgegengebrachtes Vertrauen sind die Schlüssel, die Mitwirkende bei Refugees' Kitchen von geduldeten Gästen zu großzügigen Gastgeber:innen machen, von Heimatlosen zu Ortsgebundenen. Auch Samia ist froh bei Refugees' Kitchen gelandet zu sein, auch sie hat hier eine Aufgabe, Selbstwert und einen Weg zu weniger Stigmatisierung gefunden. Sie empfindet sich nicht nur als weniger allein, sondern auch als weniger arm. In unserem Gespräch erzählt sie davon, wie sie einmal ihr Sohn besuchte, als sie im Frauenhaus lebte. Weil dort Männer keinen Zutritt hatten, konnte sie mit ihm dort nicht essen, sondern musste dies draußen auf der Straße tun. „Ich fühlte mich wie eine Bettlerin“ sagt sie. Bei Refugees' Kitchen isst sie nun oft und gern in Gesellschaft.

Ahmad arbeitet mittlerweile nicht mehr für Refugees' Kitchen, sondern macht eine Ausbildung zum Gesundheits- und Krankenpfleger. Ohne Refugees' Kitchen, sagt er, wäre er aber vielleicht nicht so weit gekommen. Hier brauchte er kein Arbeits- oder Sprachzeugnis, keinen Wohnsitz oder ein Empfehlungsschreiben. Vom Initiator von Refugees' Kitchen bekam er dann aber ein Arbeitszeugnis, um sich auf Ausbildungsplätze zu bewerben: „Das hat sicher geholfen, ein paar Vorurteile abzubauen und mir die ersten Türen zu öffnen", sagt Ahmad. „So wurde meine Bewerbung überhaupt gelesen oder ich wurde zum Gespräch eingeladen, um mich dann vorzustellen, wie ich bin."

Refugees' Kitchen unterstützt aber nicht nur Geflüchtete bei ihrer Integration in die Gesellschaft, sondern bietet auch ein Forum, auf dem sich die Gäste gegenseitig mit ihren Erfahrungen des Ankommens in Deutschland unterstützen können. Samia berichtet zum Beispiel über den schwierigen Umgang mit der deutschen Bürokratie. Früher habe sie immer Angst gehabt, wenn ein Brief vom Amt bei ihr eingetroffen ist, erzählt sie, weil sie wenig Deutsch konnte, die komplizierte deutsche Bürokratiesprache nicht verstand und die Angst vor Abschiebung groß war. Ein Problem, das viele Migrant:innen teilen. Seitdem sie bei Refugees' Kitchen ist, weiß sie, an wen sie sich wenden und wer ihr helfen kann. Aber nicht nur sie bekommt hier Hilfe, sondern sie gibt ihre Erfahrungen, Kenntnisse und Unterstützung auch gern an andere weiter. Wissen und Erfahrungen werden geteilt, das Netzwerk wächst, Teilhabe an der Gesellschaft wird für viele leichter. Samia erklärt, dass das für sie und viele andere eine enorme psychische Erleichterung darstellt.

Und die andere Seite? Refugees' Kitchen richtet sich nicht nur an Geflüchtete und Migrant:innen, sondern auch an andere gesellschaftlich ausgegrenzte Personen und vor allem auch an Deutsche, ihre Vorurteile zu hinterfragen und mit Migrant:innen in Kontakt zu kommen. Refugees' Kitchen lenkt die Aufmerksamkeit auf die Lebenswelten Geflüchteter, sagt Ahmad, und zeigt, wie das gemeinsame Leben aussehen kann. Nora Schlebusch, Mitarbeiterin bei kitev, unterstreicht das: Es geht darum zu zeigen, dass eine andere Politik möglich ist, eine Politik, die Teilhabe und Partizipation für alle ermöglicht und Fremdsteuerung mindert.

SORGE TRAGEN: WIE ORT UND AKTEUR:INNEN TEILHABE ERMÖGLICHEN

Schutzraum, Infrastruktur, Möglichkeitsraum – die drei Beispiele zeigen drei ganz unterschiedliche räumliche Settings und programmatische Herangehensweisen. Allen gemeinsam ist jedoch, dass sich zwischen Initiator:innen und Nutzer:innen – durch die Praktiken des Wohnens, gemeinsamen Kochens oder Essens und daran geknüpfte vielfältige Interaktionen – ein dynamischer Prozess gesellschaftlicher Teilhabe entwickelt.

Wesentliche Grundvoraussetzung dafür ist der Schutz vor Diskriminierung. Nur dadurch werden die betreffenden Akteur:innen überhaupt fähig, ihre Ängste abzulegen und sich am gesellschaftlichen Leben zu beteiligen. Dieser Schutz entsteht sowohl durch die vor Ort bestehende Community als auch durch bestimmte Regeln, Praktiken und Selektionsmechanismen. Durch die Fokussierung auf LGBTQI*-Personen aus der Eingliederungshilfe und die aktive Unterstützung der Schwulenberatung wird der LOVO zu einem Ort, an dem die Bewohner:innen Gleichgesinnte finden, die nicht auf sie herabblicken oder sie gar bedrohen. In einem so intimen Bereich wie der eigenen Wohnung braucht es diese Regeln, um stark marginalisierten und psychisch beeinträchtigten Menschen eine Perspektive auf minimale gesellschaftliche Teilhabe zu eröffnen. Die Unterstützung bei alltäglichen Aufgaben schafft hier erst den Raum, soziale Kontakte und Netzwerke aufzubauen. Auch bei Refugees' Kitchen finden die Teilnehmer:innen Schutz vor Diskriminierung, Gängelung und Ausgrenzung. Dies entsteht allerdings weniger durch die Konzentration auf eine Nutzer:innengruppe und damit die Exklusion anderer, als vielmehr durch Unterstützung, Wertschätzung und dem aktiven Ermöglichen von Zugang zu bestimmten Ressourcen.

Die Förderung von Austausch und Vernetzung sind Schlüsselstrategien bei Refugees' Kitchen sowie auch im KIQ. Niedrigschwellige gemeinsame Aktivtäten wie Kochen, Essen oder Gärtnern sorgen für neue Begegnungen und Erfahrungen. Als gemeinsame Aufgabe und Ziel ohne Leistungsdruck bringen sie Menschen zusammen und stiften Sinn, das Gefühl zu etwas beitragen und an etwas teilhaben zu können, selbst etwas wert zu sein. Aus diesem gemeinschaftlichen Erlebnis können, wie im Fall von Samia und Ahmad, Impulse für mehr Selbstbestimmung im eigenen Leben entstehen oder aber, wie im Fall von Lea Burwitz, ihr ohnehin schon bestehendes Engagement weiter gestärkt werden.

Beides führt zu mehr Teilhabe, jedoch lässt sich an dieser Gegenüberstellung auch erahnen, dass die Frage nach gesellschaftlicher Teilhabe nicht nur eine nach Orten, Räumen und Möglichkeiten ist, sondern auch nach den eigenen Startvoraussetzungen: Bin ich auf fremde Hilfe angewiesen? Kann ich gut Deutsch? Habe ich Geld? Bin ich in der Lage meinen Alltag zu bewältigen? Besitze ich ein Aufenthaltsrecht? Welche geschlechtliche Identität, sexuelle Orientierung oder Hautfarbe habe ich? Lea Burwitz hat genug eigene Ressourcen, das KIQ als offenen Möglichkeitsraum in ihrem Sinne zu nutzen und zu bespielen. Alles was sie braucht ist ein ihr offenstehender Ort und Personen, die ein ähnliches Ziel verfolgen – sie muss sich als Individuum in der Gesellschaft deutlich weniger einen Platz überhaupt erst erkämpfen als andere Interviewpartner:innen. Und dennoch hat ihr Engagement, beziehungsweise das ihrer Initiative, Grenzen: Um sich auch für Vernetzung und Austausch zwischen den unterschiedlichen Nutzer:innen zu engagieren, benötigen sie mehr Zeit und finanzielle Ressourcen. Hier wären sie also auf Unterstützung seitens der Stadt angewiesen, um den Ort weiter mitzugestalten und noch stärker auch anderen etwas von ihren Teilhabemöglichkeiten zu geben.

Ahmad und Samia wurden durch die Unterstützung von kitev und Refugees' Kitchen von Gästen zu Gastgeber:innen, von

Hilfesuchenden zu Helfenden. Mit sich veränderndem Status verändert sich auch die Fähigkeit und Kapazität, für andere Sorge zu tragen und ihnen Teilhabe zu ermöglichen. Diese „Sorgetragenden" pflegen den Ort gleichermaßen wie seine Nutzer:innen. Sie sind Ansprechpartner:innen, Unterstützer:innen, Zuhörer:innen, sie geben Empfehlungen und zeigen Wege und Möglichkeiten auf, sie halten den Ort lebendig. Die gebauten Orte stellen für diese sozialen Prozesse Ressourcen bereit und geben Raum für Unterstützung und Interaktion. Sie sind nicht notwendigerweise offen für alle, sondern sie ermöglichen unterschiedliche Praktiken, die wiederum wesentlich für die Konstitution des Raumes sind.

Es geht an diesen gebauten Orten für Demokratie und Teilhabe um die Ermächtigung der Nutzer:innen hin zu einem selbstbestimmteren Leben und zu einer Fähigkeit des „Sorgetragens" und damit hin zu mehr gesellschaftlicher Teilhabe für alle. Sorgetragen bedeutet, Räume und Personen durch ihre Verbindung zu und Interdependenz mit anderen wahrzunehmen und auch zu verstehen, dass die Pflege dieser Verbindungen wesentlich ist für das Überleben von Ökosystemen und Gesellschaften (vgl. Krasny 2019, 33 ff.). Ein Nehmen und Geben zwischen Ort, Sorgetragenden und Umsorgten lässt einen Raum entstehen, der Impulse setzt für ein selbstbestimmteres Leben mit mehr gesellschaftlichen Teilhabemöglichkeiten. Im besten Falle – denn manchmal, wie im Falle vieler Bewohner:innen des LOVO, kann Schutz für die Nutzer:innen sogar lebensnotwendig sein und auch bleiben. Ihnen diesen zu gewähren, ist ebenso ein Akt des Sorgetragens für mehr Teilhabe.

POSITION BEZIEHEN: SCHLUSSFOLGERUNGEN FÜR DIE GESTALTUNG VON PARTIZIPATION UND TEILHABE

Was können wir nun also lernen für die Gestaltung von Orten für Partizipation im städtischen Planungskontext? Ich denke, am Ende dieses Textes geht es darum, zu betonen: Die Gestaltung gerechterer Partizipations- und Teilhabeprozesse ist eine Frage der Haltung auch und im Besonderen auf Seiten der Planenden. Unsere Aufgabe ist es, Orte zu schaffen, die den Beteiligten Möglichkeitsräume zur aktiven Teilhabe eröffnen. In einer heterogenen Gesellschaft ist Gleichberechtigung und Emanzipation eine fortwährende politische Frage und Aufgabe, weil davon ausgegangen werden muss, dass diese aufgrund unterschiedlicher Machtverhältnisse nur für bestimmte Gruppen und Individuen überhaupt existieren. Kommunikative Planung, so eine viel gehörte Kritik, ist auf diesem Auge weitgehend blind (vgl. Hamedinger 2020). Um nach Hannah Arendt „Freiheit unter Gleichen" herzustellen, sind dagegen bestimmte Setzungen notwendig, die Menschen nicht nur zusammenbringen, um Konsens zu finden, sondern vielmehr den öffentlichen Raum für sie so zu gestalten und zu organisieren, dass alle Freiheit zu Teilhabe erlangen und offene Diskussionen und Dissens zumindest als Möglichkeiten bestehen (vgl. Heindl 2020, 146 ff.).

Planende und Beteiligende sind für diese Setzungen in den durch sie betreuten Prozessen verantwortlich. Dafür notwendig ist zuerst und grundsätzlich eine Positionierung, die anerkennt, dass ungleiche Machtverhältnisse existieren, und die sich dazu bekennt, die Möglichkeit zur Teilhabe für möglichst viele herstellen zu wollen und langfristig etwas dazu beizutragen, dass sich ebendiese Machtverhältnisse verändern. Wir sind dafür verantwortlich, Orte – in diesem Falle Orte der Partizipation – so zu gestalten, dass vielfältige Personen und Akteur:innen darin ihren Platz finden.

Was die drei oben porträtierten Orte der Demokratie verbindet ist, dass sie im Interesse und aus der Perspektive ihrer Nutzer:innen gestaltet sind, unter anderem durch deren aktive Mitwirkung bzw. die gemeinsame Wirkung, das gemeinsame „Sorge tragen" am Ort durch Organisator:innen und Nutzer:innen. Und auch, dass sie zielgruppenspezifisch und in oft kleinen Schritten Angebote für mehr Teilhabe schaffen. Dies lässt sich dann vielleicht doch auf die Planungswelt übertragen: Planende und die sie umgebenden Netzwerke aus Kommunalvertretung, Politik, Verbänden und anderen Agierenden müssen zu Sorgetragenden werden. Sie müssen sich trauen, die Nutzer:innenperspektive einzunehmen und mit ihnen in Interaktion zu treten, Regeln zum Schutz marginalisierter Gruppen aufzustellen und ihre Position zu stärken, für diese einzutreten und ihnen spezifische Angebote zu unterbreiten – auch und gerade, wenn da vielleicht nur wenige kommen.

Literatur

- Hamedinger, Alexander (2020): Ist die kommunikative Planung am Ende? Protest und BügerInnenbeteiligung in der Stadtentwicklung aus planungstheoretischer und planungspraktischer Sicht, in: dérive Zeitschrift für Stadtforschung, 79, April–Juni/2020, S. 4–10.
- Heindl, Gabu (2020): Stadtkonflikte. Radikale Demokratie in Architektur und Stadtplanung. Wien und Berlin
- Krasny, Elke (2019): Architecture and Care, in: Fitz, Angelika; Krasny, Elke (Hrsg.): Critical Care. Architecture and Urbanism for a Broken Planet, S. 33–4. Wien und Cambridge
- Selle, Klaus (2019): Ende der Naivität? Öffentlichkeitsbeteiligung in der Stadtentwicklung. Anstiftungen zur Revision, in: vhw – Bundesverband für Wohnen und Stadtentwicklung e.V., vhw Schriftenreihe 15. Berlin und Schwerte
- Wüstenrot Stiftung (Hrsg.) (2021): Gebaute Orte für Demokratie und Teilhabe. Ein bundesweiter Wettbewerb der Wüstenrot Stiftung. Ludwigsburg
- Siegen isst bunt (o.J.): Über die Gruppe. Online: https://wechange.de/group/siegen-isst-bunt/ (08.12.2021)

Interviews

- Abbas, Ahmad; Abed, Samia; Schlebusch, Nora; Refugees' Kitchen und kitev e.V. Oberhausen; Interview am 18.10.2021
- Anonym; Bewohner des Lebensort für Vielfalt am Ostkreuz, Berlin; Interview am 29.09.2021
- Büker, Torsten; Integrationsbeauftragter Stadt Siegen; Interview am 30.09.2021
- Burwitz, Lea; Initiative „Siegen isst bunt"; Interview am 18.10.2021
- De Groot, Marcel; Geschäftsführer Schwulenberatung Berlin; Interview am 23.09.2021

ALLESANDERSPLATZ
WIR HABEN EIGEN BEDARF
ALLES SUPER!
BRD
1,00 DM
AUSSTELLUNG

DEMOKRATIE BRAUCHT BODEN

Franziska Lind

No man made the land
John Stuart Mill

Halle, Berlin, Frankfurt am Main, München, Hamburg, Dresden – insbesondere in Großstädten ist uns als Wettbewerbsbüro auf unseren Besuchen der gebauten Orte für Demokratie und Teilhabe ein Thema immer wieder begegnet: Die dort engagierten Menschen und Initiativen kämpfen mit einem zunehmenden Aufwertungs- und Verdrängungsdruck. Es stehen immer weniger Räume für eine gemeinschaftliche und gemeinwohlorientierte Nutzung zur Verfügung. Bestehende Projekte werden verdrängt, da sie mit explodierenden Mieten nicht mehr mithalten können. Neue Projekte stehen vor großen Herausforderungen, da Liegenschaften nicht mehr erschwinglich bzw. verfügbar sind. Doch ohne räumliche Ressourcen bleiben viele gesellschaftlich nützliche Ideen auf der Strecke. „In einer Gesellschaft, die mehr und mehr auseinanderdriftet und deutliche demokratische Defizite offenbart, braucht es offene demokratische Räume als integralen Bestandteil für funktionierende Nachbarschaften, die für Stadtteilversammlungen genauso Platz bieten wie für informelle Treffen, gesellige Feierlichkeiten, Weiterbildung, Kulturveranstaltungen und gesellschaftspolitisches Engagement" (Laimer 2020, 5). Langfristig kommt es zu einem Mangel an notwendiger Infrastruktur, öffentlichen und gemeinschaftlichen Räumen und schließlich zu sozialer Spaltung (vgl. Laimer 2020).

Planende, Forschende und Initiativen appellieren seit Jahrzehnten, diesem Mangel an Raum mit einem nachhaltigen Weg in der Bodenpolitik entgegenzutreten. Der Staat greift im Rahmen festgelegter Regeln zwar ein, jedoch erweisen sich viele planungsrechtliche Instrumente vor dem Hintergrund der auch für den Boden geltenden Eigentumsgarantien des Artikel 14 des Grundgesetzes häufig als stumpfe Schwerter (vgl. Löhr 2020, 112). Insbesondere in prosperierenden Städten und Regionen lässt sich deshalb mit dem Verpachten oder spekulativen Kaufen und Weiterverkaufen von Liegenschaften viel Geld verdienen. In Städten über 500.000 Einwohner:innen lag der Quadratmeterpreis für ein baureifes Grundstück durchschnittlich bei 1.212,79 €/m^2 (zum Vergleich: bei Gemeinden unter 2.000 Einwohner:innen lag er bei 71,16 €/m^2) (Destatis 2022). Bundesweit steigen die Bodenpreise kontinuierlich an.

Folge ist: Wo Boden als Ware behandelt wird, setzt sich in der Regel der dickste Geldbeutel durch. Schulen, Kinderspielplätze, Theater, Gedenkstätten, Bürgerhäuser und viele andere gemeinschaftliche und öffentliche Orte sind einzelwirtschaftlich betrachtet vergleichsweise ineffizient (vgl. Belina 2021, 67). Hinzu kommt, dass viele Gemeinden ihre Flächenressourcen in den zurückliegenden Jahren in großem Umfang privatisiert haben. Gebaute Orte für Demokratie und Teilhabe können also auf der einen Seite auf dem privaten Markt bei Boden- und Immobilienpreisen oft nicht mithalten. Auf der anderen Seite steigt die Konkurrenz zwischen beispielsweise Schulen, bezahlbarem Wohnen, Grünflächen und anderen gemeinwohlorientierten Orten auf den wenigen Flächen der Gemeinden und gemeinnützigen Eigentumsträger:innen.

Und doch haben uns die Wettbewerbsbeiträge gezeigt, was möglich gemacht werden kann. Der vorliegende Beitrag beleuchtet zuerst die Hintergründe der steigenden Bodenpreise und den damit verbundenen Kampf um Boden für gebaute Orte für Demokratie und Teilhabe näher. Im Anschluss werden anhand einiger Beispiele aus dem Wettbewerb Lösungsstrategien vorgestellt, mit denen Projekte trotz der Herausforderungen ermöglicht werden können.

DIE BODENFRAGE

Boden wird für gemeinschaftliche Nutzungen, für Wohnen, Gewerbe, sportliche und gesundheitliche Zwecke oder auch für Naturschutz, Klimaschutz und Klimaanpassung benötigt. Er ist begrenzt verfügbar, nicht beliebig reproduzier- oder vermehrbar, als Fläche auch nicht transportabel. Das macht Boden seit jeher zu einem umkämpften Gut. Der Zugang zu Grund und Boden steuert die Raumproduktion und die gesellschaftliche Ordnung (vgl. Brandlhuber et al. 1, 2018). Das Recht auf Grundeigentum wurde in Europa nach der bürgerlichen Revolution eingeführt. Boden war als Produktionsmittel jedem zugänglich. Gemeinsam mit der Ausbeutung anderer Erdteile im Kolonialismus führte dieser Umstand zu einer beispiellosen Industrialisierung und einer neuen hierarchischen Ordnung – der Klassengesellschaft. Mit Einführung der Sozialen Marktwirtschaft nach dem Zweiten Weltkrieg wurden das Recht auf freie wirtschaftliche Betätigung sowie das Privateigentum an den Produktionsmitteln – also auch der Zugang zu Grund und Boden – schließlich zu Grundprinzipien (vgl. Rettich 2020, 60).

Der Nutzung des Bodens geht seither ein gesetzlich erzwungener Akt der Privatisierung voran. Wer auf einem Grundstück eine Immobilie bauen möchte, muss dieses zunächst erwerben. Die eigentliche Wertsteigerung erfährt ein Grundstück nicht über dessen Nutzung, sondern über die kommunale Planung bzw. das Planungsrecht und Investitionen (oft seitens der öffentlichen Hand). Wird ein Grundstück beispielsweise von Grün- zu Bauland umgewidmet, steigt der Wert. Wenn die öffentliche Hand dann auch noch Schulen, öffentliche Grünflächen oder andere Infrastruktur im Umfeld errichtet, steigt der Wert weiter, ohne dass Grundstückseigentümer:innen etwas dafür hätten tun müssen.

Die leistungslosen Gewinne fließen dann an die Eigentümer:innen. Umgekehrt erhalten Eigentümer:innen für eine durch kommunale Planung verursachte Wertminderung eine Entschädigung. „Die durch die Infrastrukturausstattung erzeugten Bodenerträge werden von einer privilegierten Minderheit eingestrichen. Der heutige Steuerstaat festigt so den Rentier-Kapitalismus. Das Resultat: In Deutschland gehören 10 Prozent der Bevölkerung rund 55 Prozent des Vermögens. Hierbei stellt Immobilienvermögen den mit Abstand wichtigsten Bestandteil dar." (Löhr 2020, 113). Und wäre das nicht schon attraktiv genug, sind solche leistungslosen Gewinne im Vergleich zu anderen Anlageoptionen zusätzlich steuerlich begünstigt (vgl. Rettich 2020, 11 f.).

Boden ist also schon lange nicht mehr einfach nur Produktionsmittel. Saskia Sassen (vgl. Sassen 2014) beschreibt, wie sich mit der neoliberalen Globalisierung und dem Eintritt internationaler Akteur:innen in die Boden- und Immobilienmärkte eine Verschärfung der Lage beobachten lässt. Insbesondere seit der Finanzkrise 2008 werden sichere Anlageformen durch das High Finance bevorzugt. Immobilien sind dafür besonders geeignet. Sie werden so – und mit ihnen der Boden, auf dem sie stehen – zu handelbaren Finanzprodukten, sie erfahren eine Finanzialisierung.

Preisentwicklung für baufreies Land in Deutschland in den Jahren 2000 bis 2021
Preis in Euro pro Quadratmeter (Quelle: Destatis, Stand 01.02.2022)

DIE BODENPREISSPIRALE UND PLANUNGSRECHTLICHE INSTRUMENTE: DAS OFFENE HAUS DER KULTUREN

Die theoretischen Ausführungen zur Wertsteigerung von Boden werden am Beispiel des Offenen Haus der Kulturen im ehemaligen Studierendenhaus Frankfurt am Main (vgl. 214–217) deutlich. Das Beispiel zeigt zudem, dass die öffentliche Hand mit vorhandenen planungsrechtlichen Instrumenten durchaus (wenn auch nicht ausreichende) Möglichkeiten hat, Bodenspekulationen zu verhindern und Bodenpreise zu regulieren.

Das ehemalige Studierendenhaus liegt auf dem alten Campus der Frankfurter Universität. Das Büro Otto Apels entwarf das Studierendenhaus, welches 1953 durch Horkheimer eröffnet wurde (vgl. Stadtplanungsamt Frankfurt am Main o.J.). Das Gelände war zunächst in Besitz der Stadt Frankfurt, welche die Flächen aber 1999 kostenlos dem Land überließ. Bereits Anfang der 1990er-Jahre stieß das rasante Wachstum der Universität jedoch an räumliche Grenzen. Und so begann 2001 der Umzug der Universität auf einen neuen Campus, dessen Bau aus dem Verkauf der innerstädtisch, attraktiv gelegenen Fläche des alten Campus refinanziert werden sollte (vgl. Schuster 2021, 267). Die Stadt Frankfurt beauftragte ihre Wohnungsbaugesellschaft ABG HOLDING zu diesem Zweck mit dem Rückkauf des Geländes vom Land Hessen, entsprechend den mittlerweile hohen Bodenpreisen für rund 90 Millionen Euro. Land und Kommune sind in diesem Fall nicht nur Leidtragende steigender Bodenwerte, sondern auch Verursacher:innen, indem sie das ehemals in öffentlicher Hand befindliche Land kommodifizierten.

Nachdem ein erster Rahmenplan bei Bürger:innen auf Widerstand stieß und aufgrund der Finanzkrise 2008 die Nachfrage nach Immobilien sank, wurde 2010 ein neuer Rahmenplan „Kulturcampus Frankfurt" (Kulturcampus Frankfurt o.J.) vorgestellt. Anders als im ersten Rahmenplan von 2004 waren nicht ausschließlich Bürogebäude für messe-, unternehmens- und finanznahe Dienstleistungen vorgesehen, sondern auch neun etablierte Kulturinstitutionen. Die Ansiedlung dieser Institutionen sollte das krisenbedingt fehlende Investitionsinteresse einerseits kompensieren. Andererseits sollte durch Investitionen der öffentlichen Hand in die soziale Infrastruktur das private Investitionsinteresse – durch eine nun höhere Attraktivität der umliegenden Grundstücke – gesteigert werden (vgl. Dzudzek 2013, 185).

Diese Entwicklungen machten den Campus zu einem zentralen Thema der Stadtpolitik. Der Protest richtete sich gegen die Logik einer unternehmerischen Stadt Frankfurt, die die Fläche innerhalb einer internationalen Standortkonkurrenz vermarkten wollte. Dies war auch der Zeitpunkt, zu dem sich schließlich die Inititative für ein „Offenes Haus der Kulturen" gründete und die selbstorganisierte Weiternutzung des Studierendenhauses einforderte. Die Initiative entwickelte ein Konzept für die Weiternutzung des Gebäudes als selbstorganisiertes soziokulturelles Zentrum. Der daraus enstandene Verein Offenes Haus der Kulturen e.V. versteht sich seit jeher als Plattform für alle Gruppen und Initiativen, die gemeinsam das Offene Haus nutzen (vgl. Offenes Haus der Kulturen e.V. o.J.).

Der breite Protest zeigte schließlich Wirkung. Die Stadt richtete Planungswerkstätten ein. Die Initiativen standen diesen sehr kritisch gegenüber, konnten aus ihrer Sicht aber zumindest Teilerfolge erreichen. Es gelang im sogenannten Konsensplan den Abriss des Studierendenhauses zu verhindern und dessen Weiternutzung als „Sondergebiet Wissenschaft und Kultur" im Bebauungsplan festzuschreiben (vgl. Dzudzek 2016). Diese Festschreibung ist die heutige Grundlage dafür, dass der Bodenrichtwert für das Grundstück, auf dem das ehemalige Studierendenhaus steht, „nur" bei 370 €/m^2 liegt und nicht wie auf den angrenzenden Grundstücken mit 4.000 €/m^2 bis 13.500 €/m^2 um das Zehnbis Vierzigfache höher (vgl. Zentrale Kompetenzstelle für Geoinformation beim Hessischen Landesamt für Bodenmanagement und Geoinformation 2022).

Heute, im Jahr 2022 ist der Umzug der Universität immer noch nicht vollständig abgeschlossen. Da sich der Neubau des AStA verzögert, nutzt dieser nach wie vor das Studierendenhaus – voraussichtlich bis 2023. Doch auch dann ist die Zukunft des Offenen Hauses ungewiss. 2021 hat der Verein im Auftrag des Frankfurter Magistrats eine Umsetzungsstudie erstellt. Ein Ergebnis war, dass der Verein einen gemeinwohlgebundenen Verkauf von Grundstück und Gebäude gemäß dem geltenen Bodenrichtwert für 1,4 Millionen Euro vorschlägt. Alternativ sei laut Verein eine Erbpachtlösung[1] zwischen der Stadt Frankfurt bzw. ihrer Tochter ABG Holding und dem Verein mit einem Erbbauzins von 0,5 % auf den Bodenrichtwert möglich. Der Preis bezieht sich dabei ausschließlich auf das Grundstück, das Gebäude als Bau-

denkmal und Geschenk der amerikanischen Regierung wurde mit einem symbolischen Euro bemessen (vgl. Offenes Haus der Kulturen e.V. 2021, 27). Hinzu kommen Nebenkosten für den Kauf und die bauliche Umorganisation im Bestandsschutz. Ob sich die Stadt darauf einlässt, ist unklar. Klar ist, dass ein anderer Standort auf dem ehemaligen Campus oder in der näheren Umgebung aufgrund der hohen Bodenpreise nicht infrage kommt.

KOOPERATION BRAUCHT KOMMUNIKATION: DAS GÄNGEVIERTEL

Von Frankfurt gelangen wir nach Hamburg. 2009 besetzten hier rund 200 Bürger:innen, zu denen viele Künstler:innen und Kulturschaffende zählten, das Gängeviertel. Heute ist das Gängeviertel ein selbstorganisierter Freiraum für Kunst, Kultur und Politik sowie geförderten Wohnraum. Die Initiative hat die kooperative Entwicklung von Stadträumen bundesweit und international maßgeblich geprägt. Das Beispiel verdeutlicht die Möglichkeiten, aber auch Schwierigkeiten, die allen beteiligten Akteur:innen im Rahmen dieses Prozesses – einen am Gemeinwohl orientierten Ort kooperativ zu diskutieren und herzustellen – begegnen. Das Gängeviertel ist ein Gebäudeensemble in der Hamburger Innenstadt, letztes Überbleibsel eines historischen Arbeiter:innenviertels mit engen Gassen. Umgeben ist die historische Bausubstanz heute von hochpreisigen Bürogebäuden. Die Gebäude wurden ab den 1980er-Jahren unter Denkmalschutz gestellt. Eigentümerin war die Freie und Hansestadt Hamburg. Da viele der Gebäude nach dem Zweiten Weltkrieg stark vernachlässigt wurden, kam es zu einem Sanierungsstau. Um diesem entgegenzuwirken, entmietete die Stadt die Häuser, um diese dann zu sanieren (vgl. Ziehl 2020, 97). Allerdings scheiterte das Vorhaben. Die Gebäude standen von nun an jahrelang leer und drohten zu verfallen. Schließlich erwarb das niederländische Unternehmen Hanzevast das Gebäudeensemble höchstbietend von der Stadt. Der Investor plante mit einem Investitionsvolumen von rund 50 Millionen Euro den Bau von Wohnungen, Gewerbeflächen und Büros. Die Stadt Hamburg genehmigte zu diesem Zweck den Abriss weiter Teile des denkmalgeschützten Ensembles (vgl. Ziehl 2020, 98).

Der Ausverkauf von städtischen Flächen an Immobilieninvestor:innen war kein Einzelfall. Gepaart mit einer zunehmenden Verdrängung sowohl von Kulturschaffenden als auch Bewohner:innen aus der Innenstadt formierte sich Widerstand. 2009 besetzten 200 Bürger:innen das Gängeviertel unter dem Namen „Komm in die Gänge". Das medienwirksame Auftreten der Aktiven und das Anknüpfen an das stadtpolitische Ziel der Förderung der kreativen Klasse zeigte Wirkung (vgl. Novy/Colomb 2012). Die Stadt Hamburg sah sich durch den politischen Druck gezwungen, das Gelände zurückzukaufen. Nachdem der Kauf für 2,8 Millionen Euro rückabgewickelt war, kündigte die damalige Behörde für Stadtentwicklung und Umwelt (BSU) an, das Gängeviertel gemeinsam mit den Aktiven entwickeln zu wollen (vgl. Ziehl 2020, 99).

Was folgte war ein jahrelanger Aushandlungsprozess. Erster Schritt war die Beauftragung der Stadterneuerungs- und Stadtentwicklungsgesellschaft Hamburg (steg) mit der Entwicklung eines integrierten Entwicklungskonzeptes, das seitdem die Grundlage für die Sanierung bildet. Die steg sollte zudem als Treuhänderin der Stadt Hamburg alle relevanten Aufgaben wie Planung, Verwaltung der Gebäude usw. allein übernehmen. Dieses Vorgehen war umstritten, da die Aktiven zwar eingebunden wurden, aber keine Verbindlichkeit für eine Beteiligung im Sanierungsprozess oder gar bei der Selbstverwaltung der sanierten Gebäude erzielt wurde (vgl. Ziehl 2020, 109). Um das Ziel der Selbstverwaltung weiterzuverfolgen, gründeten die Aktiven die Gängeviertel Genossenschaft 2010 eG. Im September 2011 konnte schließlich eine Kooperationsvereinbarung geschlossen werden. Drei Modelle zur späteren Selbstverwaltung wurden in Aussicht gestellt: Generalmiete, Erbbaurecht oder Kauf durch die Genossenschaft. Bereits während der ersten Sanierungsarbeiten entstanden jedoch Unklarheiten insbesondere in Hinblick auf die langfristige Selbstverwaltung[2]. Die Kooperationsvereinbarung sicherte den Aktiven keinen Rechtsanspruch und hätte jederzeit aufgekündigt werden können (vgl. Ziehl 2020, 119). Um diesem unausgewogenen Machtverhältnis zu entgehen, erwirkten die Aktiven 2015 daher einen Planungsstopp. Es dauerte mehr als vier Jahre, bis die Akteur:innen sich 2019 auf einen Erbbaurechtsvertrag einigen konnten und somit eine langfristige Selbstverwaltung möglich wurde (obwohl der Planungsstopp insbesondere finanziell wegen steigender Baupreise und fehlender Mieteinnahmen schwierig war) (vgl. Ziehl 2020, 147). Eine solche Zusammenarbeit zur Gestaltung eines am Gemeinwohl orientierten Ortes stellt einen Meilenstein dar. Vom öffentlichkeitswirksamen Protest über die Gründung einer Genossenschaft als Organisationsform bis hin zur Herausarbeitung verschiedener rechtlicher Möglichkeiten mit dem Ziel der Selbstverwaltung des Ortes – bis heute zehren viele weitere nationale und internationale Projekte aus der Expertise, die durch das Gängeviertel bei allen beteiligten Akteur:innen gewonnen wurde.

STIFTUNGEN ALS SCHLÜSSELAKTEURINNEN BEI DER FINANZIERUNG: BÜRGERPARK FREIFELD

Das nächste Beispiel führt uns zum Bürgerpark FreiFeld in Halle an der Saale (vgl. S. 158–161). Es macht deutlich: Um das Engagement von Akteur:innen langfristig zu sichern und um Gemeinwohlarbeit zu verstetigen, ist ein Ort als Plattform und Motor unabdingbar. Stiftungen können bei der Finanzierung solcher Orte unterstützen. Im Stadtviertel Freiimfelde – von den Bewohner:innen einst selbst als „leerstehendstes Viertel Deutschlands" betitelt – konnten Bürger:innen und Stiftung gemeinsam mit der Stadt eine Industriebrache in einen Bürgerpark umgestalten. Die Fläche befand sich in Privatbesitz. Da es im Stadtteil Freiimfelde im Osten von Halle kaum Freiräume gab, wurde die Brache als Freiraumgalerie für Street Art und Treffpunkt der Nachbarschaft genutzt. Nach erfolglosen Verhandlungen mit dem Eigentümer, die Brache zwischennutzen zu können, bewarb sich der Verein Freiimfelde e.V. für das „Initialkapital" bei der Montag Stiftung. Die Stiftung versteht Gemeinwohl als Rendite. Ziel ihres Initialkapital-Prinzips ist es, ein „Grundstück aus dem Immobilienmarkt herauszunehmen und gemeinschaftliche Nutzungskonzepte zu erarbeiten, die das Gemeinwohl dauerhaft im Stadtteil verankern" (Montag Stiftung Urbane Räume o.J.). Ähnlich wie bei anderen Stiftungen werden die Grundstücke meist im Erbbaurecht oder aber – wie im vorliegenden Beispiel – per Kaufvertrag erworben. Die Bewerbung war erfolgreich, die Stiftung kaufte das Grundstück.

Im Jahr 2016 wurde ein neuer Bebauungsplan für die Fläche aufgestellt. Die Fläche wurde als grünordnerische Ausgleichs-

maßnahme (für fehlende Freiflächen bei Aufstellung eines weiteren Bebauungsplans) mit Entsiegelungsmaßnahmen und Initialbepflanzung festgelegt (vgl. Halle Saale Händelstadt 2017). Auf Grundlage des Bebauungsplans konnte im Jahr 2017 schließlich eine Kooperationsvereinbarung[3] zwischen der Stadt, der Stiftung und der Projektgesellschaft Urbane Nachbarschaft Freiimfelde gGmbH abgeschlossen werden (vgl. Halle Saale Händelstadt Bürgerinfoportal 2017). Die Projektgesellschaft Urbane Nachbarschaft gGmbH kümmert sich im Rahmen des Initialkapital-Prinzips vor Ort um die Umsetzung, bis das Projekt finanziell auf eigenen Beinen steht.

Der Verein Freiimfelde e. V. hat das Grundstück schließlich 2020 übertragen bekommen. Er hat sich mit der Schenkung dazu bekannt, die Gemeinnützigkeit des Vereins und die gemeinwohlorientierte Nutzung des Grundstücks fortzuführen. Zugleich ist im Bebauungsplan festgeschrieben worden, dass die Hälfte der Fläche naturschutzrechtliche Ausgleichsfläche ist. Beide Aspekte zusammengenommen können eine langfristige Sicherung des grünen, am Wohl der Allgemeinheit ausgerichteten Freiraums sichern.

Mittlerweile ist der Leerstand in Freiimfelde gesunken, die Immobilienpreise steigen. Ein direkter Zusammenhang zwischen der Gestaltung des Bürgerpark FreiFeld sowie weiteren Aufwertungsmaßnahmen (Wandgemälde der Freiraumgalerie, Quartiersfonds) und steigenden Mieten im Stadtteil kann an dieser Stelle natürlich nicht hergestellt werden. Dennoch soll nicht außer Acht gelassen werden, dass solche Aufwertungen erstens ein Mehr an Lebensqualität in die Stadtteile bringen, dass die Aufwertung zweitens aber auch zu einer Wertsteigerung der umliegenden Grundstücke führen kann. Zugespitzt: Gebaute Orte für Demokratie und Teilhabe können als eine Infrastrukturinvestition im Rahmen aktueller Bodenpreisentwicklungen selbst ein preissteigender Faktor für ganze Quartiere werden.

EIN LERNENDER PROZESS: DAS HAUS DER STATISTIK

Ein weiteres Modellprojekt für koproduktive Stadtentwicklung entsteht aktuell mitten in Berlin (vgl. S. 170–173). Aufbauend auf den Erfahrungen anderer Projekte, wie beispielsweise dem Gängeviertel, werden Maßnahmen und Instrumente des Gemeinschaffens ausgehandelt und erprobt. Das Beispiel zeigt die Herausforderungen, aber auch Möglichkeiten, die durch eine Zusammenarbeit auf Augenhöhe entstehen.

2015 wurde bekannt, dass das ehemalige Haus der Statistik abgerissen und eine renditemaximierende Neubebauung entstehen soll. Kurz darauf hing ein Plakat an der Gebäudefassade, das auf den ersten Blick von der Stadtverwaltung zu sein schien: „Hier entstehen für Berlin: Räume für Kultur, Bildung und Soziales". Erst auf den zweiten Blick wurde sichtbar, es handelte sich um eine Kunstaktion. Die Allianz bedrohter Berliner Atelierhäuser (AbBA) forderte eine gemeinwohlorientierte Neuentwicklung des Areals. 2017 kaufte das Land Berlin das Gebäude vom Bund mit dem Ziel, hier einen Ort von und für die Stadtgesellschaft zu entwickeln. Ein neues Rathaus für den Bezirk und integrierte Formen des Wohnens und Arbeitens sowie Raum für Kunst, Kultur und Soziales sollen geschaffen werden.

Der erste Kooperationsvertrag wurde 2018 und somit zu Beginn der Projektentwicklung zwischen der sogenannten „Koop5" geschlossen. Die Koop5 ist ein Zusammenschluss bestehend aus der Senatsverwaltung für Stadtentwicklung und Wohnen, dem Bezirksamt Berlin-Mitte, den landeseigenen Gesellschaften WBM Wohnungsbaugesellschaft Berlin-Mitte mbH und BIM Berliner Immobilienmanagement GmbH, sowie der ZUsammenKUNFT Berlin eG. Die ZKB eG agiert stellvertretend für den dahinterstehenden Zusammenschluss zivilgesellschaftlicher Initiativen. Anders als bei anderen Projekten verlaufen Projektkoordinierung, Projektsteuerung und Partizipation entsprechend integriert (vgl. Kühne 2021).

Seit Sommer 2019 befinden sich Pioniernutzungen in einigen Erdgeschossflächen. Im Kleinen werden hier Nutzungen bzw. Nutzer:innenkonstellationen erprobt, die später im Großen bestehen könnten (vgl. Lynen 2020). Ein paritätisch besetztes Gremium entscheidet über das gemeinsame Leitbild, den solidarischen Mietzins und die Auswahl der Nutzungen. Aufbauend auf einem städtebaulichen Werkstattverfahren, folgt zudem die Sanierung des 45.000 m² großen Bestandsgebäudes und der 65.000 m² große Neubau.

Auch beim Haus der Statistik sind noch viele Themen offen, die erst im Prozess selbst anhand konkreter Fragestellungen bearbeitet werden können. Ein Thema, das aktuell immer weiter in den Vordergrund tritt, ist die langfristige Sicherung gemeinwohlorientierter Nutzungen. Die ZKB eG möchte ca. ein Fünftel der späteren Nutzfläche zu diesem Zweck vermieten. Würde ein Erbpachtvertrag, wie er aktuell angedacht ist, sich am Bodenrichtwert orientieren (der liegt am Alexanderplatz bei ca. 14.000 €/m²), so läge allein der Erbbauzins bei 15 bis 18 €/m² (vgl. Kühn 2021). Das Dilemma der unbezahlbaren Mieten für gemeinwohlorientierte Nutzungen bliebe bestehen. Alternative Möglichkeiten zeigen andere Kommunen und Städte. So wird beispielsweise in München das Residualwertverfahren angewandt. Ausgangswert wäre eine festgelegte Zielmiete, von der aus zurückgerechnet wird, wie hoch die Erbbauzinsen ausfallen können.

HILFREICHE WERKZEUGE UND GROSSE STELLSCHRAUBEN

Gebaute Orte für Demokratie und Teilhabe können nur durch das Engagement der Aktiven vor Ort entstehen. Die steigenden Bodenpreise und Mieten erschweren oder verunmöglichen die Gestaltung solcher Orte zunehmend, insbesondere in großen Städten. Rechtsformen wie Vereine, Genossenschaften oder gGmbHs können den notwendigen Rahmen geben, um Projekte umzusetzen.

Dabei helfen ihnen Werkzeuge wie Bebauungspläne, Konzeptverfahren, Erbbaurecht oder Kooperationsvereinbarungen.

Eine entscheidende Rolle haben die Kommunen inne. Ihnen obliegt die kommunale Planungshoheit, sie sind als Akteurinnen entsprechend immer beteiligt. Die bauliche und sonstige Nutzung von Grundstücken ist von den Kommunen nach Maßgabe des Baugesetzbuches (BauGB) vorzubereiten und zu leiten. Die Kommunen sollen im Wege der Bauleitplanung „eine nachhaltige städtebauliche Entwicklung, die die sozialen, wirtschaftlichen und umweltschützenden Anforderungen auch in Verantwortung gegenüber künftigen Generationen miteinander in Einklang bringt, und eine dem Wohl der Allgemeinheit dienende sozialgerechte Bodennutzung unter Berücksichtigung der Wohnbedürfnisse der Bevölkerung gewährleisten" (§ 1 Abs. 5 BauGB). Jedoch können die vom Gesetzgeber formulierten Ziele angesichts der fehlenden Verfügungsbefugnis über Grund und Boden (für den Boden gelten Eigentumsgarantien des Artikel 14 des Grundgesetzes) insbesondere auf privaten Flächen nicht allein im Wege der aktuellen Baugesetzgebung erreicht werden. Das Beispiel aus Frankfurt macht deutlich, dass eine Festschreibung im Bebauungsplan zwar eine entscheidende Voraussetzung ist, aber noch lange keinen gebauten Ort für Demokratie und Teilhabe macht. Und auch das FreiFeld in Halle kann durch die Festlegung als Ausgleichsfläche langfristig als eine Grünfläche bestehen. Dass hier ein Bürgerpark entstehen soll, wurde jedoch erst mit der Kooperationsvereinbarung und schließlich über die Schenkung und den Vereinszweck gesichert. Kooperationsvereinbarungen und andere institutionalisierte Formen der Zusammenarbeit stellen Verbindlichkeit zwischen Partner:innen mit unterschiedlichen Interessen her. Ziel sollte eine Zusammenarbeit auf Augenhöhe im Sinne eines ausgewogenen Machtverhältnisses sein. Die Kooperation der Koop5 ist in dieser Hinsicht neu und wegweisend.

Ein weiteres Instrument, das auch im breiten Diskurs zur Bodenfrage stark diskutiert wird, ist das Erbbaurecht. Die Beispiele zeigen, dass Flächen in Kooperation mit Aktiven durch Erbbaurechtsverträge langfristig als gebaute Orte für Demokratie und Teilhabe gestaltet werden können. So ermöglichen Stiftungen, aber auch Kommunen als Erbbaurechtsgeberinnen durch die Zwecksicherung im Erbbaurechtsvertrag den langfristigen Erhalt der ideellen und gemeinwohlorientierten Ziele. Das Residualwertverfahren ist in Lagen mit besonders hohen Bodenpreisen eine Möglichkeit, um den Erbpachtzins nicht nach dem Bodenrichtwert, sondern nach den zukünftigen Mieten festzulegen.

Doch klar ist, dass Kommunen insgesamt wieder mehr Gestaltungsspielraum benötigen. Nach dem Ausverkauf kommunaler Flächen in vielen deutschen Städten in den letzten Jahren muss wieder mehr Boden in öffentliches Eigentum gelangen. Dazu gehört eine aktive Boden- und Liegenschaftspolitik. Sowohl das bereits benannte Erbbaurecht als auch andere Instrumente, wie die Einrichtung von Bodenfonds, um Gelder zum Ausbau des kommunalen Grundbesitzes zur Verfügung zu haben, gehören dazu. Die zuvor erwähnten leistungslosen Gewinne müssen durch eine veränderte Planungs- und Steuerpolitik stärker abgeschöpft werden können. Die Abschöpfung von Bodenwertsteigerungen oder die Beteiligung an den Kosten des Infrastrukturausbaus sind zwei Ansätze, die aktuell vermehrt gefordert und diskutiert werden.

Demokratie und Teilhabe brauchen Orte, an denen sie gelebt und gefüllt werden können. Nur so lässt sich das Engagement von Akteur:innen langfristig sichern. Boden ist dafür unabdingbar. Die hier beleuchteten Beispiele und viele weitere Orte verdeutlichen, was unter den gegebenen Rahmenbedingungen möglich ist. Sie verdeutlichen aber auch, dass an wichtigen Stellschrauben auf mehreren Ebenen gedreht werden muss, damit Orte für Demokratie und Teilhabe auch weiterhin be- und entstehen können.

Fußnoten

1 Die Erbbaurechtsnehmer:innen erlangen das veräußerliche und vererbliche Recht, ein Bauwerk auf fremden Grund und Boden zu errichten und/oder zu betreiben (vgl. Darr/Luft 2022, 377). Art und Umfang der Bebauung, Nutzungsart (bspw. für gemeinwohlorientierte Strukturen), Erbbauzins, Laufzeit und Heimfall können über den Erbbaurechtsvertrag privatrechtlich ausgestaltet und angepasst werden. Der Erbbauzins richtet sich in der Regel nach dem Bodenrichtwert oder dem Kaufpreis und liegt meist zwischen 3 % und 5 %. Die Laufzeiten betragen meist zwischen 50 Jahren und 99 Jahren (vgl. Sebastian et al. 2020). Das Erbbaurecht ermöglicht somit aufgrund des Wegfalls der Kaufpreisbelastung die gemeinwohlorientierte Nutzung von Räumen bei relativer Autonomie der Aktiven.

2 Ein weiterer Aspekt, der auch im Gängeviertel wie in so vielen Initiativen zu Konflikten führte, waren die hohe unentgeltliche Arbeitsbelastung und die relativ formellen Arbeitsabläufe. Allein die unbezahlte Arbeitszeit in den verschiedenen Kooperationsgremien betrug bei einigen Personen 10 bis 20 Stunden pro Woche, bei manchen deutlich mehr (vgl. Ziehl 2020, 137).

3 In einer Kooperationsvereinbarung wie hier beispielsweise zwischen Kommune (kommunale Planungshoheit), Projektgesellschaft (Entwicklung) und Stiftung (Eigentümerin) werden in der Regel Zuständigkeiten bezüglich Aufgaben, Eigenleistungen und Verantwortungsbereichen transparent kommuniziert und festgehalten.

Literatur

- Belina, Bernd (2021): Bodenpreise und Bodenpreispolitik in Frankfurt/Rhein-Main, in: Betz, Johanna, Svenja Keitzel, Jürgen Schardt, Sebastian Schipper, Sara Schmitt Pacifico und Felix Wiegand (Hrsg.): Frankfurt am Main – eine Stadt für alle?, S. 67–78. Bielefeld
- Brandlhuber, Arno, Olaf Grawert und Anh-Linh Ngo (2018): Editorial, in: Arch+: The Property Issue – Von der Bodenfrage und neuen Gemeingütern, 231, S. 1–4
- Darr, Christian und Jörn Luft (2022): Gemeingut Boden – Erbbaurechte zur Stärkung des Gemeinwohls in der kooperativen Stadt, in: Abt, Jan, Lutke Blecken, Stephanie Bock, Julia Diringer und Katrin Fahrenkrug (Hrsg.): Von Beteiligung zur Koproduktion. Stadtforschung aktuell, S. 363–386, Wiesbaden

- Dzudzek, Iris (2013): Unternehmen oder Unvernehmen? – Über die Krise des Kreativsubjekts und darüber hinaus. in: Geographica Helvetica, 68, 3/2013, S. 181–189
- Dzudzek, Iris (2016): Kreativpolitik: über die Machteffekte einer neuen Regierungsform des Städtischen. Bielefeld
- Halle Saale Händelstadt (2017): Rechtskräftige Bebauungspläne/ Stadtbezirk Ost. Online: https://www.halle.de/de/Verwaltung/ Stadtentwicklung/Bebauungsplaene/index. aspx?RecID=2396&nomobileversion=true (27.07.2022)
- Halle Saale Händelstadt Bürgerinfoportal (2017): Kooperationsvertrag zwischen der Stadt Halle (Saale) der Montag Stiftung Urbane Räume gAG und der Urbane Nachbarschaft Freiimfelde gGmbH, Entwurf 24.05.2017. Online: http://buergerinfo.halle.de/ getfile.asp?id=191541&type=do& (27.07.2022)
- Kulturcampus Frankfurt (k. A.): Der Rahmenplan. Online: https:// www.kulturcampusfrankfurt.de/?page_id=115 (21.03.2022)
- Kühn, Timm (2021): Teu[r]er Neubau führt zu teuren Mieten. Den Boden denen, die drauf wohnen, in: Die Tageszeitung, 09.09.2021. Online: https://taz.de/Teuer-Neubau-fuehrt-zu-teuren-Mieten/ !5795659/ (27.07.2022)
- Kühne, Manfred (2021): Mit Experimentierfreudigkeit aus der Verinselung. Interview mit Francesca Ferguson, Dezember 2021. Online: https://www.modellverfahren-maeusebunker.de/diskurs/ mit-experimentierfreudigkeit-aus-der-verinselung (27.07.2022)
- Laimer, Christoph (2020): Demokratische Räume. Versuch einer Annäherung. in: Demokratische Räume, 81, Oktober 2020, S. 4–6
- Löhr, Dirk (2020): Boden – der blinde Fleck unseres Wirtschaftssystems, in: Rettich, Stefan und Sabine Tastel (Hrsg.): Die Bodenfrage – Klima, Ökonomie, Gemeinwohl, S. 109–115. Berlin
- Lynen, Leona (2020): Koproduktion als Hebel – Das Modellprojekt Haus der Statistik in Berlin, in: Stadtmacherakademie, 10.11.2020. Online: https://www.stadtmacher-akademie.org/koproduktion-als-hebel-das-modellprojekt-haus-der-statistik-in-berlin/ (27.07.2022)
- Montag Stiftung Urbane Räume (o. J.): Chancengerechte Stadtteilentwicklung. Online: https://www.montag-stiftungen.de/hand lungsfelder/chancengerechte-stadtteilentwicklung (27.07.2022)
- Novy, Johannes und Claire Colomb (2012): Debates and Developments: Struggling for the Right to the (Creative) City in Berlin and Hamburg: New Urban Social Movements, New 'Spaces of Hope'?, in: International Journal of Urban and Regional Research, 37(5), S. 1816–1838. Online: https://onlinelibrary.wiley.com/doi/ abs/10.1111/j.1468-2427.2012.01115.x (20.07.2022)
- Offenes Haus der Kulturen e. V. (2021): Offenes Haus der Kulturen – Umsetzungskonzept 2021. Online: https://www.ohdk.de/ fileadmin/media/content/download/2021-oh-umsetzungskonzept_ screen.pdf (27.04.2022)
- Offenes Haus der Kulturen e. V. (o. J.): Offenes Haus der Kulturen. Trägerverein und Plattform. Online: https://www.ohdk.de/plattform (27.04.2022).
- Rettich, Stefan (2020): Der Boden – eine soziale Konstruktion, in: Rettich, Stefan und Sabine Tastel (Hrsg.): Die Bodenfrage – Klima, Ökonomie, Gemeinwohl, S. 11–18. Berlin
- Sassen, Saskia (2014): Expulsions: brutality and complexity in the global economy. Cambridge, Massachusetts
- Schuster, Tim (2021): Wem gehört nochmal die Stadt? Der Campus Bockenheim und der sehr langwierige Versuch einer Rückeroberung des Raums, in: Frankfurt am Main – eine Stadt für alle?, S. 267–276, Bielefeld
- Sebastian, Steffen, Dominik Wagner und Carsten Fritz (2020): Erbbaurecht als Anlageform für institutionelle Investoren, in: Zeitschrift für Immobilienökonomie, 6, S. 81–110. Online: https:// link.springer.com/article/10.1365/s41056-020-00045-1 (20.07.2022)
- Stadtplanungsamt Frankfurt am Main (o. J.): Kulturcampus Frankfurt. Neustrukturierung des ehemaligen Campus Bockenheim. Online: https://www.stadtplanungsamt-frankfurt.de/kulturcampus_ frankfurt_5227.html (22.03.2022)
- Zentrale Kompetenzstelle für Geoinformation beim Hessischen Landesamt für Bodenmanagement und Geoinformation (2022): BORIS Hessen. Online: https://hvbg.hessen.de/immobilienwerte/ boris-hessen (20.07.2022)
- Ziehl, Michael (2020): Koproduktion Urbaner Resilienz – Das Gängeviertel in Hamburg als Reallabor für eine zukunftsfähige Stadtentwicklung von Zivilgesellschaft, Politik und Verwaltung. Online: https://www.researchgate.net/publication/343180137_ Koproduktion_Urbaner_Resilienz_Das_Gangeviertel_in_Hamburg_ als_Reallabor_fur_eine_zukunftsfahige_Stadtentwicklung_von_ Zivilgesellschaft_Politik_und_Verwaltung (20.07.2022)

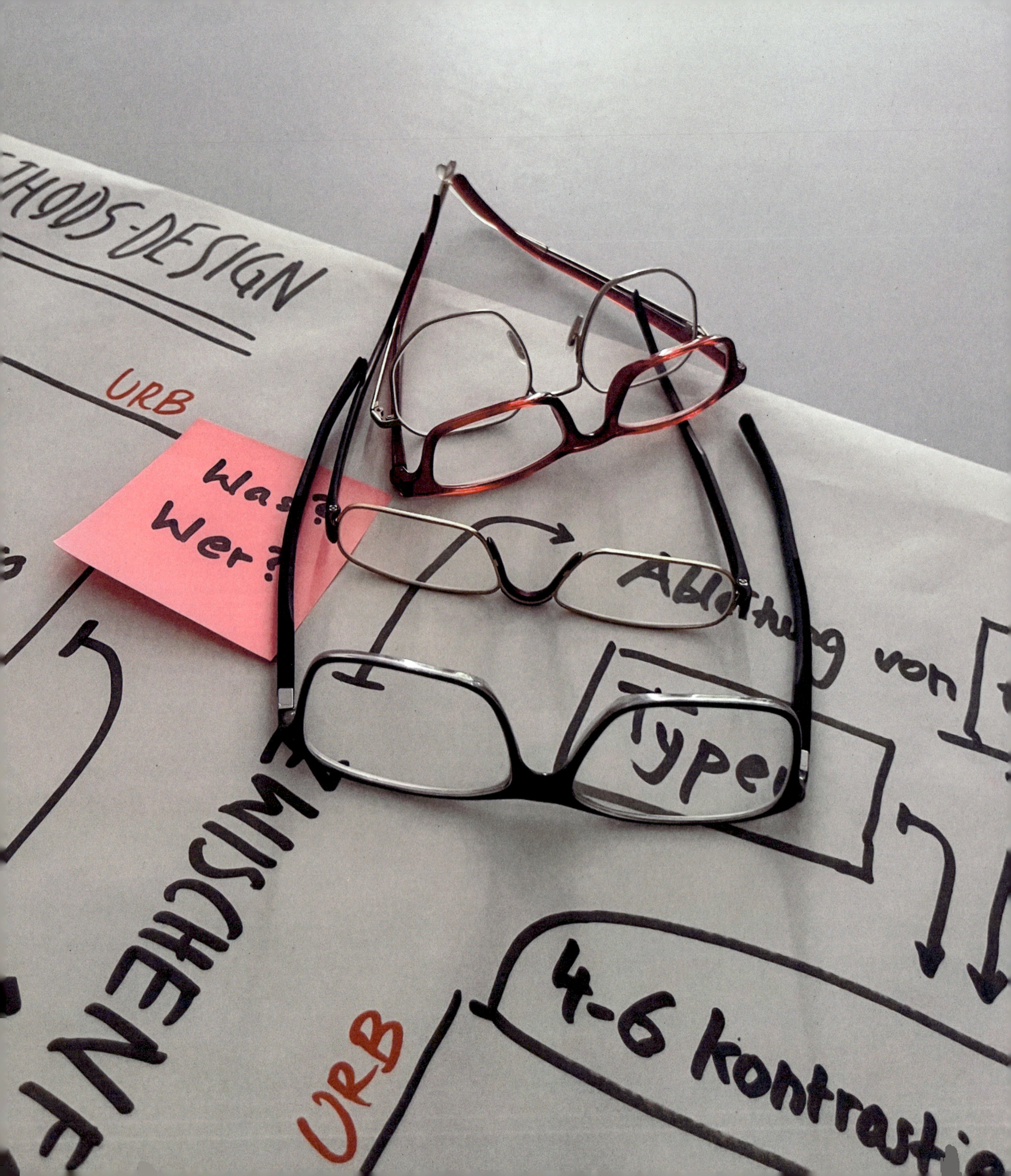

THODS-DESIGN
URB
Was?
Wer?
Ableitung von
Typen
4-6 kontrastie
URB

PERSPEKTIVWECHSEL

Was die Macher:innen selbst über ihre Orte sagen

Antonia Graf, Franziska Lind, Robert Hummel

Illustration: Julia Felker

Der Wettbewerb hat mit seinen 455 Beiträgen eindrucksvoll gezeigt, wie vielfältig gebaute Orte für Demokratie und Teilhabe sind. Was genau aber macht einen gebauten Ort für Demokratie und Teilhabe aus? Auch wenn eine strikte Definition nicht möglich und eine Kategorisierung wenig zielführend ist, sind wir vom Wettbewerbsbüro dieser Frage noch einmal gesondert nachgegangen. Ganz im Sinne empirischer Sozialforschung haben wir sie den Menschen vor Ort gestellt. Im Rahmen einer Befragung aller Orte, die am Wettbewerb teilgenommen haben, wollten wir wissen: Was verstehen sie unter einem gebauten Ort für Demokratie und Teilhabe? Wodurch zeichnet er sich aus? Welche Herausforderungen müssen in der Arbeit vor Ort gemeistert, welche Hürden müssen genommen werden?

Die Befragung fand online im Sommer 2021 statt. 52 Orte sind der Einladung gefolgt, 48 Fragebögen konnten in die Auswertung aufgenommen werden. Sie umfasste insgesamt 14 Fragen unter anderem zur Bedeutung des Gebauten, zu den Merkmalen des Ortes, seinem Zweck und den Zielen, den Akteur:innen und Zielgruppen, den Herausforderungen bei der Ermöglichung von Teilhabe und den Schwierigkeiten bei der Bespielung. Geschlossene Fragen wurden statistisch ausgewertet, Antworten auf offene Fragen systematisch zusammengefasst und Analysekategorien zugeordnet. Die Befragung ist nicht repräsentativ. Die Auswertung ermöglicht jedoch eine Annäherung an die Ziele und Eigenschaften gebauter Orte für Demokratie und Teilhabe sowie die vielfältige Arbeit vor Ort. Die Ergebnisse sind auf den Folgeseiten zusammengefasst und anschließend im Detail textlich und grafisch aufbereitet.

ERMÖGLICHUNG VON AUSTAUSCH, DISKUSSION & VERNETZUNG

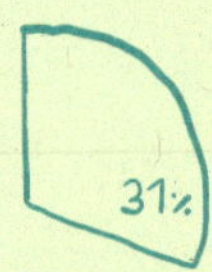

„Ein Ort der Demokratie offeriert Entfaltungsmöglichkeiten für Menschen und bietet ihnen Plattformen des Austauschs und der Beteiligung. Er ist offen für alle Menschen, die demokratische Prinzipien achten und sie auch fortentwickeln wollen."

BESONDERE ARCHITEKTUR & GESCHICHTE

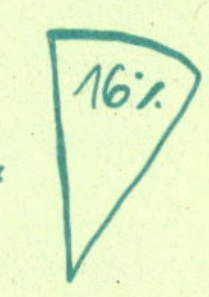

„Ein gebauter Ort für Demokratie und Teilhabe spricht […] auch selbst durch seine Geschichte, den Zweck seiner architektonischen Existenz, d. h. es ist nicht irgendeine Architektur, die Hülle für [die] entsprechende (Projekt-)Arbeit ist."

FÖRDERUNG VON RESPEKT, AKZEPTANZ & SCHUTZ

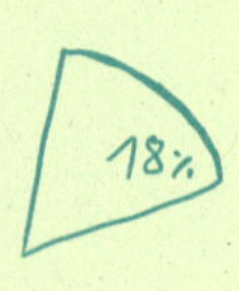

„Ausgrenzung, gruppenbezogene Menschenfeindlichkeit hat dort keinen Platz."

WANDELBARKEIT, WEITERENTWICKLUNG & VIELFÄLTIGKEIT

11%

Er zeichnet sich durch ein „schnelles Anpassungsvermögen an gesellschaftlichen Wandel" aus.

PARTIZIPATION, EMPOWERMENT, TEILHABE- & ANEIGNUNGSMÖGLICHKEIT FÜR ALLE

33%

„Er ist ein Ort des Ideenbrütens, des Zukunftsfindens, der Visionen, die gesund machen, weil sie neue Denkräume eröffnen. Und er ist ein Ort der Taten, nicht nur der Reden, sondern der Umsetzung kleiner und großer Projekte, hin zu einem Mehr an Miteinander, zu einer sich ständig entwickelnden Gemeinschaft."

WELCHE F… DER GEBAUT…

WILLKOMMENS-ATMOSPHÄRE & OFFENHEIT

Die Architektur löst Gefühle des Willkommenseins und Wohlfühlens aus und macht die Offenheit des O… und seiner Angebote deutlich.

VERNETZUNG, DIALOG & BEGEGNUNG

Am gebauten Ort sind das spontane Zusammenkommen und die Interaktion unterschiedlicher Menschen am ehesten möglich.

SAFE SPACE

Das Gebäude dient als sicherer Hafen für die Macher:innen und Nutzer:innen, insbesondere für schutzbedürftige Gruppen.

FLEXIBILITÄT & WANDELBARKEIT

Indem der Ort neu- oder umgebaut wird, kann das demokratische Miteinander gestärkt und auf sich ändernde Bedürfnisse reagiert werden.

WAS MACHT EINEN GEBAUTEN ORT FÜR DEMOKRATIE UND TEILHABE AUS?

Es „braucht einen Ort, der langfristig zur Verfügung steht."

60%

„Ein solcher Ort sollte möglichst allen Menschen zugänglich sein, sowohl im baulichen Sinne (Barrierefreiheit) als auch im intellektuellen Sinne."

20%

ENGAGEMENT

„Wir möchten Menschen für das ehrenamtliche Engagement begeistern, sie in unsere Arbeit für unser Dorf einbeziehen. Wir möchten ihnen deutlich machen, dass wir gemeinsam viel erreichen können und dass ein gutes Gemeinwohl auch ihnen nützt."

16%

BILDUNG

Es „ist ein Ort, der kulturelle und politische Bildung ermöglicht."

VERMITTLUNG VON WERTEN & STIFTEN VON IDENTITÄT

Die Orte „vermitteln, wie wichtig liberale, solidarische und tolerante Werte für eine Gesellschaft sind. Dies kann theoretisch über politische und historische Bildungsarbeit passieren, oder praktisch über ein an diesen Werten orientiertes, gemeinsames Handeln, das auf Empowerment und Teilhabe zielt."

„Die Grundsätze der Demokratie werden hier im ‚Kleinen' gelebt und somit vermittelt. Der Ort sollte das Miteinander fördern und gemeinsam regeln und Zielsetzungen festlegen."

WAS STEHT IM FOKUS IHRER ARBEIT?

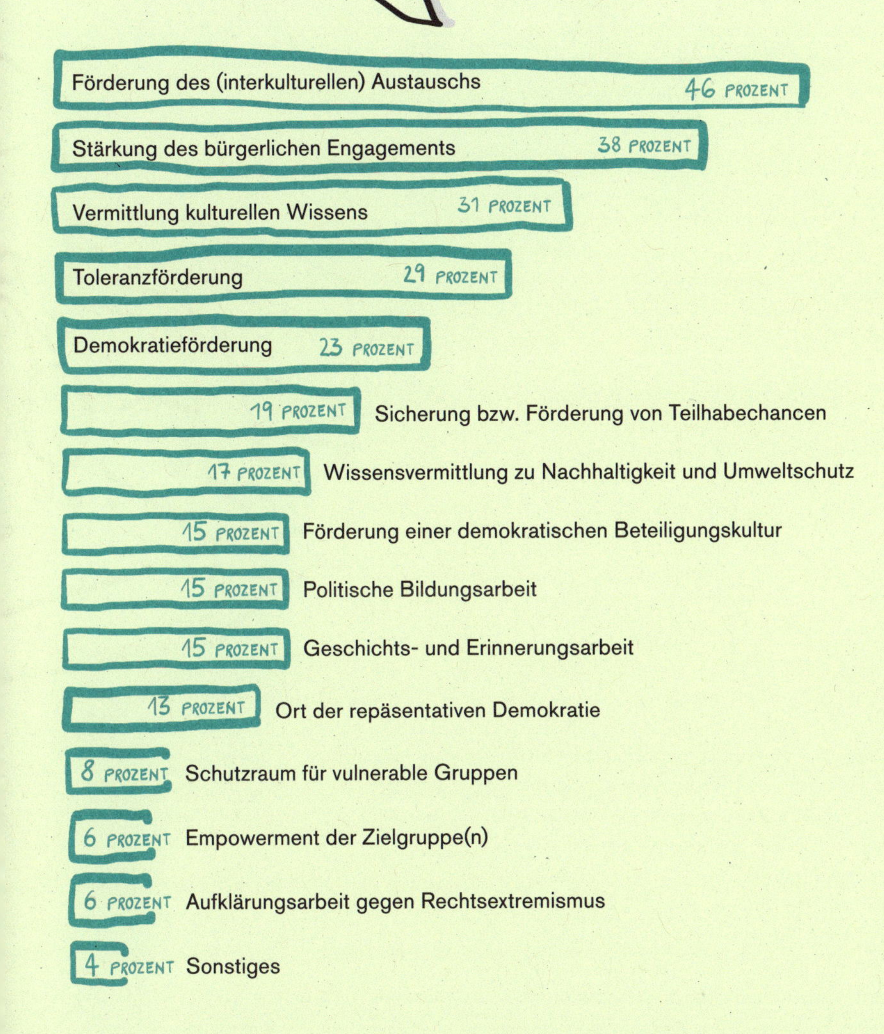

Häufigkeitsverteilung der Antworten auf die Frage nach dem Zweck des Ortes. Aus insgesamt 14 Antwortmöglichkeiten konnten die Befragten drei auswählen.

GEBAUTE ORTE FÜR DE

Die Befragungsergebnisse

DAS GEBAUTE IST VON BESONDERER BEDEUTUNG.

Die Befragung bestätigte die Grundüberzeugung des Wettbewerbs: Gebaute Orte spielen eine wichtige Rolle bei der Förderung von Demokratie und Teilhabe. Aus Sicht der Befragten kann ihre Architektur demokratische Ideale zum Ausdruck bringen (vgl. Noller, 32 ff.). Der konkrete Ort kann zudem Demokratiegeschichte im Alltag erfahrbar machen und in vielen Fällen Partizipation, Vernetzung und Begegnung überhaupt erst ermöglichen. Abhängig von seinen Zielen und Zielgruppen kann er Schutz bieten oder Offenheit und Zugänglichkeit signalisieren (vgl. Levels, 90 ff.). Indem er immer wieder besucht werden kann, fördert der gebaute Ort außerdem die Identifikation und das Vertrauen seiner Nutzer:innen.

NIEDRIGSCHWELLIGKEIT, AUSTAUSCH UND ENGAGEMENT SIND KERNMERKMALE.

Niedrigschwelligkeit und Offenheit sind laut der Befragung zentrale Eigenschaften von vielen gebauten Orten für Demokratie und Teilhabe. In den Antworten werden Austausch und Vernetzung, das Engagement vor Ort sowie die Förderung von Partizipation, Empowerment und Aneignung als weitere Merkmale benannt. Gebaute Orte für Demokratie und Teilhabe können sich außerdem durch eine besondere Architektur und Geschichte auszeichnen. Manche schreiben ihnen Kontinuität und Verlässlichkeit zu. Für andere schaffen sie Bildungsangebote. Sie schulen Respekt, Toleranz und Akzeptanz (vgl. Ateş, 40 ff.) und/oder befördern die demokratische Praxis.

DIE BETEILIGTEN AKTEUR:INNEN UND ZIELGRUPPEN SIND VIELFÄLTIG.

Fast alle Orte, die an der Befragung teilgenommen haben, stehen allen Menschen offen. Nur ein Bruchteil richtet sich an eine definierte Zielgruppe. Knapp ein Drittel setzt jedoch konkrete Ausschlussmechanismen (etwa gegen Rassismus oder Sexismus) ein. Unabhängig von ihren Zielgruppen haben alle Orte das herausragende Engagement der an ihnen Beteiligten gemein. Vor allem werden dabei freie, oft gemeinnützige Träger:innen und Kommunen, aber auch Initiativen oder Genossenschaften benannt. In vielen Fällen ist es ein ganzes Netzwerk, das für die Programmgestaltung verantwortlich ist. Teilhabe entsteht so im Zusammenspiel von institutionalisierten und informellen Angeboten (vgl. Wenng, 84 ff.).

MOKRATIE UND TEILHABE

im Überblick

DIE ORTE ÜBERNEHMEN WICHTIGE AUFGABEN EINER DEMOKRATISCHEN GESELLSCHAFT.

Viele der teilnehmenden Akteur:innen legen ihren Fokus auf die Förderung bürgerschaftlichen Engagements, die Bereitstellung von Räumen für (interkulturellen) Austausch, die Vermittlung kulturellen Wissens und die Förderung demokratischer Ideale. Auch wenn sie in der Befragung unterrepräsentiert waren, können auch politische Bildungs- und Aufklärungs-, Geschichts- und Erinnerungsarbeit sowie Repräsentation wichtige Zielsetzungen sein. Viele Antworten unterstreichen die Rolle gebauter Orte als Repräsentanten unserer demokratischen Gesellschaftsordnung und als Austragungsort einer fortwährenden Auseinandersetzung mit der Demokratie zugleich (vgl. Marg/Trittel 24 ff.).

DAS DIREKTE UMFELD STEHT IM ZENTRUM DER BEMÜHUNGEN.

Viele gebaute Orte für Demokratie und Teilhabe setzen sich zum Ziel, Mehrwerte für die Bevölkerung vor Ort zu erzielen (vgl. Hummel, 68 ff.). Diesen Fokus auf die lokale Ebene teilen die Orte, die an der Befragung teilgenommen haben. So legt die große Mehrheit der Befragten ihren Schwerpunkt auf das direkte Umfeld, wo sie das Vertrauen der ansässigen Bürger:innen (wieder)gewinnen, Gentrifizierung und Segregation entgegenwirken, die Lebensqualität erhöhen und den gesellschaftlichen Zusammenhalt vor Ort stärken will. Die lokalen politischen Gegebenheiten im Blick, setzen sich einige Orte gegen Rechtsextremismus ein, indem sie in der Lebenswelt der Bevölkerung erlebbar werden und Identität stiften.

MIT DER ARBEIT VOR ORT SIND HERAUSFORDERUNGEN VERBUNDEN.

Über die Hälfte der Befragten gab an, dass sie vor Herausforderungen steht. Allem voran werden dabei mangelnde finanzielle und personelle Ressourcen benannt, die wiederum den Abbau von sprachlichen und räumlichen Barrieren, die Förderung von Niedrigschwelligkeit und/oder die Bewerbung des Angebots bei den Zielgruppen erschweren. Die Mehrheit der Befragten bewertet zudem die Beantragung von Fördermitteln, die für viele gebaute Orte essenziell sind, als herausfordernd. Weitere Schwierigkeiten bei der Bespielung des Ortes entstehen durch langwierige interne Aushandlungsprozesse, drohende Verdrängung und/oder Vorbehalte und Widerstände aus der lokalen Bevölkerung.

HIER AUFKLAPPEN UND MEHR ERFAHREN

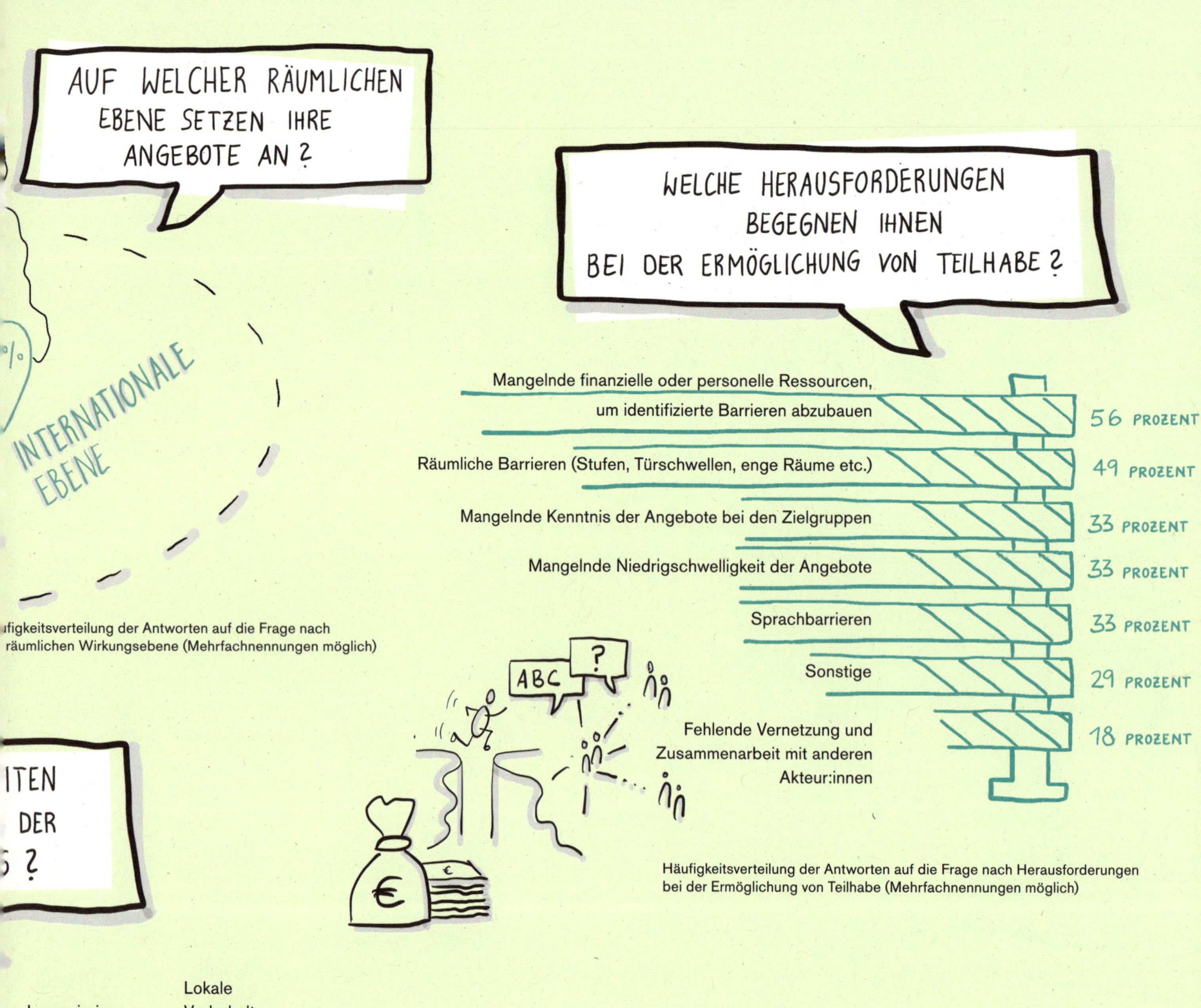

ıfigkeitsverteilung der Antworten auf die Frage nach räumlichen Wirkungsebene (Mehrfachnennungen möglich)

Häufigkeitsverteilung der Antworten auf die Frage nach Herausforderungen bei der Ermöglichung von Teilhabe (Mehrfachnennungen möglich)

Langwierige interne Aushandlungsprozesse

29 PROZENT

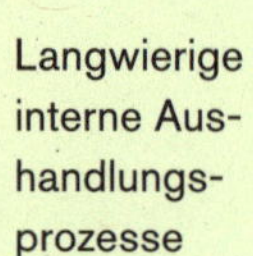

Lokale Vorbehalte oder Widerstände gegen den Ort

29 PROZENT

Bedrohung durch Gentrifizierung und Verdrängung

13 PROZENT

Anfeindungen

13 PROZENT

Mangelndes Interesse bei den Zielgruppen

9 PROZENT

Schwierigkeiten bei der Beschaffung von Räumen

7 PROZENT

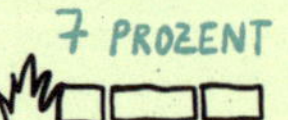

Rassistische Anfeindungen

7 PROZENT

Häufigkeitsverteilung der Antworten auf die Frage nach Herausforderung bei der Bespielung des Ortes (Mehrfachnennungen möglich)

… SPIELT
… FÜR SIE?

KONTINUITÄT VERTRAUEN & IDENTIFIKATION

Die Beständigkeit und Verlässlichkeit des Gebauten fördern das Vertrauen und das Zugehörigkeitsgefühl der Nutzer:innen.

VERTRETER DER GESCHICHTE

Der Ort kann die (regionale) Historie erfahrbar machen und Verwerfungen in der Demokratiegeschichte aufzuzeigen.

PARTIZIPATION & TEILHABE

Am konkreten Ort ergeben sich vielfältige Beteiligungsoptionen und Möglichkeiten, Teilhabe in der Breite zu fördern.

REPRÄSENTATION

…urch eine charakteristische Archi…ektur (z. B. Agora oder Amphitheater) …ann das Gebaute demokratische Ideale …um Ausdruck bringen.

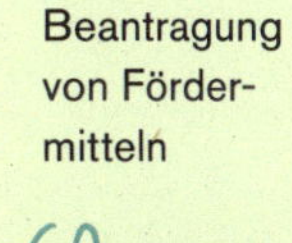

WELCHE SCHWIERIGKE…
ERGEBEN SICH BEI…
BESPIELUNG DES ORTE…

Herausforderungen bei der Beantragung von Fördermitteln

60 PROZENT

Fehlende personelle Ressourcen

40 PROZENT

Sonstiges

31 PROZENT

DOKUMENTATION

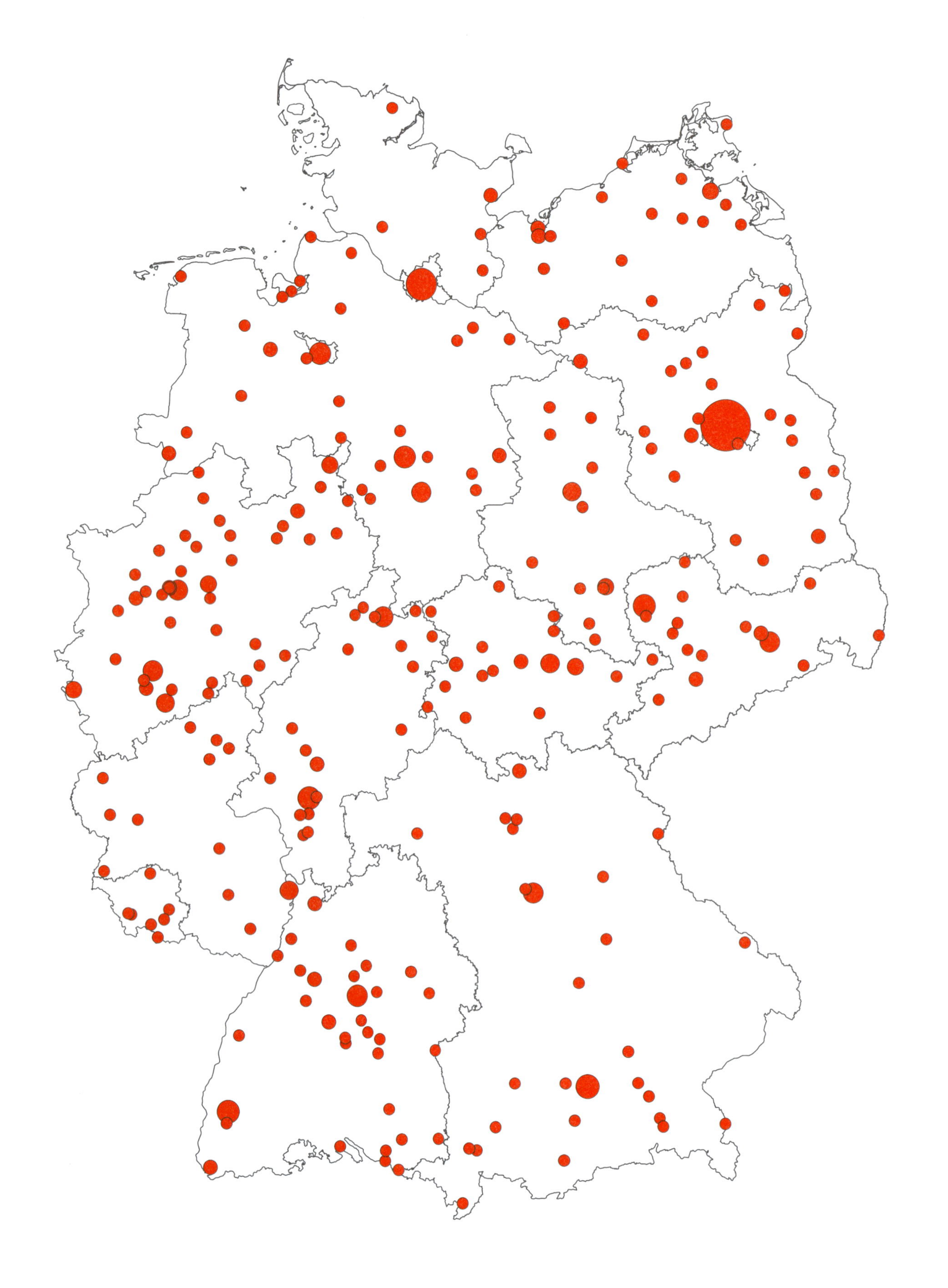

DER WETTBEWERB

Stefan Krämer

Die Entscheidung zur Durchführung dieses Wettbewerbs fiel im Jahr 2018, also noch vor den Anschlägen in Halle, Hanau und Kassel oder den Ereignissen im Landtag von Thüringen. Anlass für die Überlegung, die Bedeutung gebauter Orte für Demokratie und Teilhabe in den Fokus zu nehmen, war der Eindruck, dass in Deutschland das Leben in einer offenen und demokratischen Gesellschaft als selbstverständlich betrachtet wurde. Genau diese Selbstverständlichkeit schien jedoch die Aufmerksamkeit dafür zu trüben, dass immer öfter von verschiedener Seite aus die damit verbundenen demokratischen Werte und die Qualität eines offenen demokratischen Diskurses über die aktuellen gesellschaftlichen, ökonomischen und politischen Herausforderungen in Frage gestellt wurden. Dies galt nicht nur für Deutschland, sondern auch für andere demokratische Gesellschaften, wie vor allem das Beispiel der USA seit 2016 zeigte. Zugleich wuchs global der Trend, chauvinistische und populistische Positionen nicht nur innenpolitisch einzunehmen, sondern auch zur Grundlage für eine Veränderung der internationalen Beziehungen zu nehmen.

Scheinbare Selbstverständlichkeit bietet einer Demokratie keinen ausreichenden Schutz gegen diesen Trend und gegen populistische Stimmungsmache, mit denen ihre grundsätzlichen Werte in Frage gestellt werden. Stattdessen gilt es, auf vielen Ebenen darüber nachzudenken, wie es gelingen kann, die Errungenschaften einer offenen und demokratischen Gesellschaft im Alltag erfahrbar zu machen und auf diese Weise deren aktive Wertschätzung auch innerhalb der Gesellschaft zu stärken. Die Wüstenrot Stiftung ist eine ausschließlich dem Gemeinwohl verpflichtete Stiftung. Als eine ihrer Kernaufgaben betrachtet sie die Bewahrung und Transformation des gemeinsamen kulturellen Erbes. Sie sucht dabei zugleich nach Wegen, dieses Erbe als Orientierungspunkte zu nutzen, um Antworten auf die zentralen Zukunftsfragen zu finden. Die gebaute Umwelt gehört ebenso zum kulturellen Erbe wie die demokratischen Werte und Prinzipien, auf denen unser Zusammenleben beruht. Gebaute, im Alltag erlebbare Orte spielen eine wichtige Rolle für die individuelle und kollektive Wahrnehmung von Identität und Zugehörigkeit; sie bringen die demokratische Haltung und

Orientierung in einer Gesellschaft zum Ausdruck und schaffen zugleich vielfältige Gelegenheiten für Teilhabe und Zugang.

DIE AUSSCHREIBUNG

Der bundesweite Wettbewerb hatte zum Ziel, Beispiele dafür zu finden, wie durch gebaute Orte demokratische Werte im Alltag konkret erfahrbar und die Teilhabemöglichkeiten unterschiedlicher Bevölkerungsgruppen unterstützt werden können. Zur Vorbereitung der Ausschreibung zu diesem Wettbewerb beauftragte die Wüstenrot Stiftung 2019 nach einer ersten eigenen Recherche das Büro Urbanizers mit einer umfassenden bundesweiten Recherche nach gebauten Orten, die der angedachten Wettbewerbsaufgabe entsprechen. Die Ergebnisse aus beiden Recherchen sollten dabei helfen, bereits in der Ausschreibung die Aufgaben und Kriterien benennen zu können, die dann im Wettbewerbsverfahren zur Anwendung kommen. Entschieden hat sich die Stiftung nach den Rechercheergebnissen für eine sehr offen gehaltene Ausschreibung, in der nur wenige zentrale Kriterien benannt wurden. Angesichts der Bandbreite der Beispiele, die

bereits in den Recherchen gefunden wurden, sollte die Vielfalt der gebauten Orte, die Demokratie und Teilhabe im Alltag erfahrbar machen, nicht durch eine zu enge Eingrenzung in der Ausschreibung geschmälert werden.
Im Fokus des Wettbewerbs sollten alle Formen gebauter Orte stehen, die Demokratie wahrnehmbar machen und demokratische Praxis schaffen, die bürgerschaftliche Verantwortung unterstützen und die Raum bieten für eine am Gemeinwohl orientierte Verständigung über die weitere gesellschaftliche, soziale und technische Entwicklung. Es sollten Orte sein, die Dialogfähigkeit und Pluralität fördern und demokratische Werte an Menschen jeglichen Alters und unterschiedlicher Herkunft vermitteln.

Die Ausschreibung wurde im Februar 2020 bundesweit veröffentlicht – im Internet auf einer Reihe von Webseiten, darunter die neu geschaffene www.orte-demokratie.de, über die Newsletter verschiedener Institutionen und Netzwerke sowie durch den postalischen Versand von ca. 35.000 gedruckten Auslobungsflyern an recherchierte Projekte, institutionelle und persönliche Multiplikatoren, öffentliche und private Träger potenzieller Orte sowie an alle Kommunen in Deutschland.

DIE VORPRÜFUNG

Die Wüstenrot Stiftung beauftragte das Büro Urbanizers mit der Organisation und Durchführung des Wettbewerbs, im weiteren Verlauf dann auch mit der redaktionellen Begleitung und Unterstützung der verschiedenen Formen der Dokumentation der Wettbewerbsergebnisse. Das Wettbewerbsbüro von Urbanizers beantwortete Rückfragen, registrierte alle Arten von Einsendungen und stand potenziellen Einsendern im Vorfeld des Einsendeschlusses als Ansprechpartner zur Verfügung. Eine Besonderheit dieses Wettbewerbes war, dass auch Projekte durch Dritte, nicht unmittelbar daran beteiligte Personen und Institutionen, vorgeschlagen werden konnten, wenn diese der Auffassung waren, dass es sich um gebaute Orte im Sinne der Ausschreiung handele.

Insgesamt wurden 455 Orte und Projekte zum Wettbewerb eingereicht. Dann begann die Vorprüfung der Einsendungen durch das Wettbewerbsbüro von Urbanizers. Dazu gehörte zum einen die Vervollständigung und Vereinheitlichung der Informationen über die eingereichten Orte. Hierfür diente ein Fragebogen, der durch die Einsender:innen ausgefüllt wurde, die darüber hinaus jedoch auch jede Art von eigener Information auf unterschiedlichen Medien einreichen konnten. Zum anderen bestand der wesentlich größere Teil der Vorprüfung darin, auf der Grundlage der eingereichten Unterlagen zu jedem gebauten Ort einen sogenannten „Steckbrief“ mit Fotos und den zentralen Informationen anzufertigen.

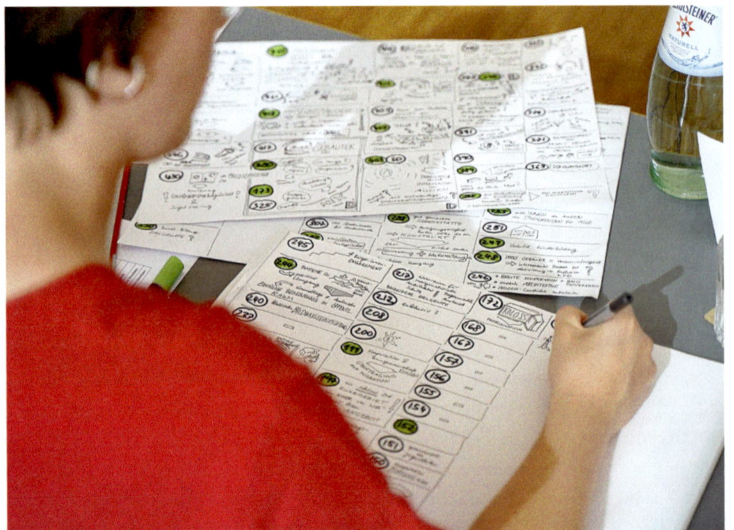

Die Wüstenrot Stiftung wählt dieses Verfahren der Vereinheitlichung der Einsendungen je nach Wettbewerbsaufgabe, um zu vermeiden, dass Aufwand, Gestaltung und Professionalität der Einsendung jenseits der inhaltlichen Kriterien einen Einfluss auf das Verfahren haben könnten. Im Falle einer vertiefenden Diskussion über die jeweilige Einsendung in den Auswahlschritten des Verfahrens standen die originalen Unterlagen allen Beteiligten zur Verfügung, beispielsweise um Detailfragen zu klären, die im Steckbrief nicht berücksichtigt werden konnten.

DAS GREMIUM DER EXPERT:INNEN

Die Bandbreite und Vielfalt der Einsendungen erforderte ein breites Spektrum an unterschiedlichen Erfahrungen und Kompetenzen, um sie angemessen und fair beurteilen zu können. Im Juni 2020 fand deshalb eine dreitägige Sitzung statt, an der insgesamt acht Expert:innen teilnahmen – vier seitens Ausloberin und Wettbewerbsbüro sowie vier externe Personen. Unterstützt wurde dieser Kreis noch durch weitere Beteiligte im Verfahren.

Die acht Expert:innen diskutierten alle 455 Einsendungen und grenzten in mehreren Durchgängen dann 24 Einsendungen ein, die für weitere Informationen und Eindrücke sowie Gespräche mit den beteiligten Personen vor Ort aufgesucht werden sollten.

Die acht Expert:innen:

Robert **Hummel**, Urbanizers
Dr. Stefan **Krämer**, Wüstenrot Stiftung
Franziska **Lind**, Urbanizers
Marie **Neumüllers**, Urbanizers
Dr. Stine **Marg**, Institut für Demokratiegeschichte, Universität Göttingen
Hanna **Noller**, Stadtlücken e. V., Stuttgart
Dr. Martin **Schwegmann**, Atelierbeauftragter für Berlin im Kulturwerk des bkk berlin
Sabine **Wenng**, Arbeitsgruppe für Sozialplanung und Altersforschung, München

Aus Vorprüfung und Wettbewerbsbüro waren außerdem beteiligt: Tinka Legvart, Julia Felker, Anna Magin, Franziska Schmidt und Lena Schreiner (alle Urbanizers).

neu gebaute Räume/Gebäude
umgebaute Räume/Gebäude
Gebäude mit Historie
historisches Ensemble
132
295
248
388
144
149
46
389
418
278
222
56
136
359
407
134
358
GEDENKEN
Wohnen
+
Lebenswirk-
lichkeiten für
SCHUTZBEDÜRFTIGE
Trägerschaft
VIELFALT

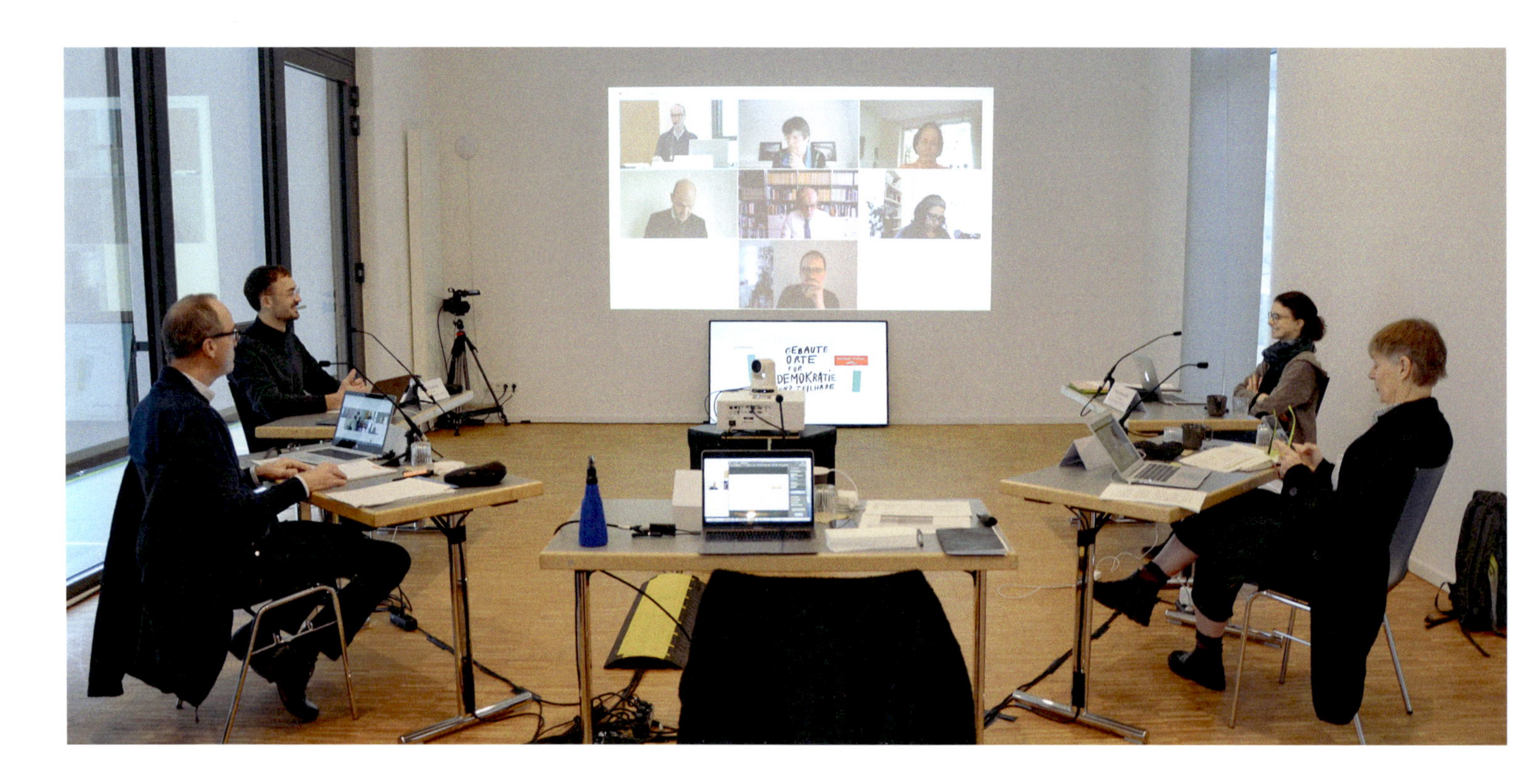

BESUCHE VOR ORT

Die Mitglieder der Jury des Wettbewerbs erhielten die Steckbriefe aller Einsendungen und konnten weitere Vorschläge zur Auswahl der Besuche vor Ort machen. Insgesamt wurden auf Grundlage des Expert:innenvotums und der Vorschläge aus der Jury 26 Projekte vor Ort besucht.

Die eingereichten Orte und Projekte wurden besichtigt, fotografisch dokumentiert und durch Gespräche mit Personen aus dem Kreis des Projektes sowie anderen Beteiligten (Zielgruppe) um weitere Informationen ergänzt. Die lokale Einbindung wurde untersucht, weitere Unterlagen ausgewertet und am Ende ein erweitertes Profil der Einreichung erstellt. Den Besuchen lagen ein inhaltlicher und ein organisatorischer Leitfaden zugrunde. Durchgeführt wurden die Besuche von gemischten Teams aus Ausloberin und Wettbewerbsbüro.

DIE ENTSCHEIDUNG DER JURY

Auf der Grundlage der eingereichten Steckbriefe sowie der erweiterten Profile aus den Besuchen vor Ort hat die Jury des Wettbewerbs dann Ende Oktober 2020 in mehreren Runden ihre Entscheidung über die Vergabe der Prämierungen getroffen. Die Jury hat die Einsendungen, die vor Ort besucht wurden, als ihre „Engere Wahl" bestätigt.

Aus diesen 26 Einsendungen hat die Jury sechs Projekte ausgewählt und die Gesamtpreissumme von 105.000 € aufgeteilt in drei gleichrangige Preise mit je 20.000 € und drei gleichrangige Auszeichnungen mit je 15.000 €. Aus Sicht der Jury sind die sechs Projekte, die diese Prämierungen erhalten haben, besonders herausragende Einsendungen zum Wettbewerb. Sie stehen zugleich stellvertretend für die große und inspirierende Vielfalt gebauter Orte für Demokratie und Teilhabe in Deutschland.

Die Jury:

Prof. Dr. Dr. Udo **Di Fabio** (Vorsitzender)
Seyran **Ateş**
Christian **Bangel**
Prof. Philip **Kurz**
Dr. Rena **Wandel-Hoefer**
Prof. Dr. Kerstin **Wittmann-Englert**

DIE DOKUMENTATIONEN DER ERGEBNISSE

Die Ergebnisse des Wettbewerbs werden in einer transportablen Wanderausstellung, einer Broschüre und in diesem Buch dokumentiert. Die Ausstellung kann kostenfrei bei der Wüstenrot Stiftung ausgeliehen werden, Broschüre und Buch sind ebenfalls kostenfrei erhältlich und können ebenso wie die Ausstellung unter www.wuestenrot-stiftung.de angefordert werden. Mit den Dokumentationen möchte die Wüstenrot Stiftung die Ergebnisse aus dem Wettbewerb möglichst vielen Menschen zugänglich machen, denn sie zeigen eindrucksvoll, wie viel bemerkenswertes Engagement und welche gelebte Solidarität es in unserer Gesellschaft gibt.

Auf der Webseite www.orte-demokratie.de gibt es darüber hinaus einen virtuellen Rundgang zu den Ergebnissen des Wettbewerbs, in dem die Ausstellungsinhalte, die Aufzeichnung der Preisverleihung einschließlich zweier Gesprächsrunden mit den Preisträgern sowie weiteres Material zu den Preisträgern und weiteren Orten aus der Engeren Wahl zu sehen sind.

DOKUMENTATIONS- UND LERNORT BÜCKEBERG

Alternative Wirklichkeit – Fiktion und Inszenierung als populistische Stilmittel entlarven

Bückeberg bei Hameln, Niedersachsen

Kein harmloser Acker: der Bückeberg bei Hameln

Der gefüllte Platz, Postkarte 1935, aus Privatbesitz

BEGRÜNDUNG DER JURY

Auf dem nach Plänen von Albert Speer mit großem Aufwand nur zu diesem Zweck gestalteten Gelände fanden von 1933 bis 1937 die Reichserntedankfeste statt. Sie dienten vor allem dazu, medial verbreitbare Bilder einer Volksgemeinschaft zu erzeugen und die Zugehörigkeit zu dieser Gemeinschaft zu zelebrieren. Am historischen Ort werden nun Fiktion, Inszenierung und mediale Verbreitung als populistische Stilmittel entlarvt und ihre suggestive Verführungskraft nachvollziehbar. Die punktuellen Interventionen der Dokumentationsstätte erhalten die Sichtbarkeit der damaligen Eingriffe in das Gelände und sensibilisieren dafür, wie mit solchen inszenierten Veranstaltungen die Sehnsucht nach Zugehörigkeit zu einer Gemeinschaft missbraucht werden konnte.

Modell des Kundgebungsplatzes 1934, aus Privatbesitz

BEITRAG ZU DEMOKRATIE UND TEILHABE

Auf dem Bückeberg fand von 1933 bis 1937 das „Reichserntedankfest“ statt, eine der größten und wichtigsten Propagandaveranstaltungen der Nationalsozialisten. Auf dem von Albert Speer nur zu diesem Zweck gestalteten Gelände wurden bis zu 1,2 Millionen Menschen versammelt, um sowohl die Volksgemeinschaft als auch den Führerkult zu inszenieren und medial zu verbreiten. Ein historisch-topografisches Informationssystem soll die heute nicht auf den ersten Blick erkennbare Funktion des Geländes erläutern und erfahrbar machen. Verdeutlicht werden soll u.a., mit welchen Mitteln die „Volksgemeinschaft“ inszeniert und Menschen über gezielte Mechanismen von Ausgrenzung und Zugehörigkeitsgefühl manipuliert wurden. Bückeberg war kein Volksfest, sondern mit militärischen Paraden und Manövern sowie dem anschließend medial transportieren Bild einer nationalsozialistischen Gesellschaft ein aufwändig betriebener Teil unmittelbarer Kriegsvorbereitung und gesellschaftlicher Spaltung.

DER ORT

Die zentrale Funktion der Reichserntedankfeste war es, Propagandabilder zu erzeugen, die die Normalität einer nationalsozialistischen Volksgemeinschaft zeigen sollte, die es so nicht gab, die aber bis heute in nationalen wie internationalen Dokumentationen unkommentiert wie echte Bilder aus der damaligen Zeit verwendet werden. Verdeutlicht werden sollten damit auch eine breite Führerverehrung und eine Anerkennung der Landarbeiter:innenschaft. Anhand des Aufwandes, der für diese Inszenierung in die Gestaltung des Geländes wie auch die Zusammenkunft so vieler Menschen investiert wurde, lässt sich nachvollziehen, mit welcher (technischen) Finesse die Nationalsozialisten vorgingen und warum sie damit so erfolgreich waren. Solch eine Inszenierung war nur mit großen Massen möglich; 1938 ist das Reichserntedankfest ausgefallen, weil die Züge, mit denen die Menschen in den anderen Jahren nach Hameln gebracht wurden, für den Transport von Soldaten nach Tschechien benötigt wurden. In den späteren Jahren fehlten die Massen dann aufgrund des begonnenen Krieges.

DAS PROGRAMM

Sogenannte Informationsinseln, die in Zukunft auf dem Gelände entstehen, erläutern sowohl die topografische Gestaltung des Geländes als auch die Elemente von Inszenierung und medialer Verwertung. Die von vielen jungen Menschen oft gestellte Frage, warum so viele Menschen „mitmachten“ und warum so spät der Kern und das Ziel der propagierten Volksgemeinschaft erkannt wurde, kann exemplarisch anhand der damals angewandten Instrumente und Manipulationen verdeutlicht werden. Ziel war es, dadurch sowohl Zugehörigkeit (Volksgemeinschaft) als auch Ausschluss (Diskriminierung) zu generieren und zu demonstrieren. Das schloss ein, wer in Hameln sein Haus schmücken und wer an diesem Fest teilnehmen durfte. Dadurch wurde das von den Nationalsozialisten propagierte Gesellschaftsbild weiter präzisiert und über Bilder und Filme nicht nur national, sondern international verbreitet.
Das „Wehret den Anfängen“ ist anhand der historischen Funktion des Ortes übertragbar auf heute stattfindende Formen von verbaler Ausgrenzung und neu entwickelte Formen von scheinbar homogener Volksgemeinschaft und vermeintlich heterogener Herkunft.

TRÄGERSCHAFT UND NUTZER:INNEN

Trägerin ist die Dokumentations- und Lernort Bückeberg gGmbH, gegründet vom Landkreis Hameln-Pyrmont und vom Verein für regionale Kultur- und Zeitgeschichte Hameln e.V.
Der Bückeberg bleibt ein frei zugänglicher Ort; er soll sowohl für interessierte Erwachsene (unmittelbare Nähe zum Weser-Radweg) als auch vor allem als außerschulischer Lernort für Jugendliche dienen.

Die Topografie des historischen Ortes ist heute noch erkennbar

Bombenflugzeuge über dem Bückedorf 1937, Postkarte aus Privatbesitz

Panoramablick auf die „Schlacht der Zukunft“ 1935, aus Privatbesitz

1933 – 1938
NS-Festgelände

bis 2011
Landwirtschaftliche Nutzung

seit 2011
Bau- und Kulturdenkmal

2016
Konzept und Gestaltungswettbewerb

2018
Gründung der gGmbH

2020/21
Realisierung des Konzepts

3-D-Ansicht Dokumentations- und Lernort Bückeberg, Blick von Norden

1 Position der ehemaligen Rednertribüne
2 Fahrradparkplätze, E-Bike-Ladestation
3 Informationsinseln
4 Graswegenetz
5 Parkplätze für PKW und Busse
6 Empfangstafel mit Übersichtskarte
7 Barrierefreier Einstieg mit Tastmodell, Behinderten-Parkplätze
8 Steg über den Fundamentenresten der ehemaligen Ehrentribüne
9 Aussichtsplattform am Osthang

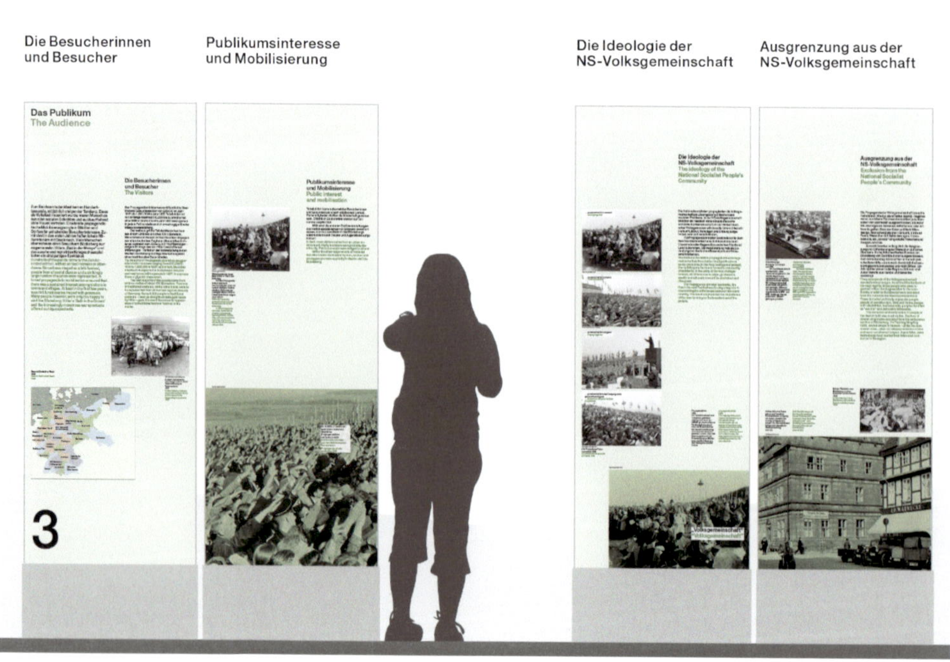

Musteransicht der geplanten Informationstafeln

Geführte Besucher:innengruppe auf dem Gelände

Modell einer Informationsinsel im Gelände

BLAUE BUDE

Raumwunder mit Einladung zur Identifikation

Dinslaken, Nordrhein-Westfalen

Nicht zu übersehen zwischen Durchgangsstraße und Zechenpark: kleines Haus mit großem Anspruch

In der Ruhrgebietskultur verankert

BEGRÜNDUNG DER JURY

Als kleines Raumwunder mit wenigen Quadratmetern schafft die Blaue Bude einen Ort der Identifikation für den vom Kohlebergbau und seinem Ende geprägten Ortsteil Lohberg. Sie knüpft an die im Ruhrgebiet verbreitete „Büdchen"-Kultur an und ist ein bemerkenswertes Beispiel für die Transformation althergebrachter Orte des Austauschs und der Kommunikation, die zu (neuen) Schauplätzen demokratischer Aushandlung und sozialen Miteinanders werden. Besonders gewürdigt wird das Engagement zahlreicher lokaler Akteur:innen für den Neubau am historischen Standort und für ein breit gefächertes, unterschiedliche Zielgruppen ansprechendes Programm.

Zechenpark in der Nachbarschaft

Die Bude steht für viele Programmangebote offen

Erfolg hat viele Eltern: Mitwirkende bei der Eröffnung

BEITRAG ZU DEMOKRATIE UND TEILHABE

Nachbarschaftstreff, Ausstellungsort, Kommunikationshub, Erinnerungskultur: Die wenigen Quadratmeter der blauen Bude sind Schauplatz für ein umfassendes und anspruchsvolles Angebot der Gemeinwesenarbeit, das sich in erster Linie an die sozial heterogene Bewohner:innenschaft der Gartenstadt Lohberg mit ihrem hohen Anteil an Menschen mit Migrationshintergrund richtet. Zugleich leisteten die Projektakteur:innen einen Beitrag dazu, dass die Gruppe gewaltbereiter Salafisten, die seit 2010 für negative Schlagzeilen über Lohberg sorgte, eine isolierte Minderheit im Stadtteil blieb.

DER ORT

Am Ort der heutigen Blauen Bude stand ein Schaffnerhäuschen, von wo aus über mehr als 100 Jahre die Straßenbahn zur Zeche Lohberg fuhr. Das kleine Gebäude liegt an einer Durchfahrtstraße, zwischen Bergarbeiterkolonie und neuem Park, Erholungscluster, Gewerbe mit Kindergarten und einer neuen Wohnsiedlung, angelehnt an die frühere Zechenmauer. Hier am „Büdchen" trafen sich Bergleute und Bewohner:innen der benachbarten Gartenstadt. Die Zechenschließung bedeutete auch das Aus für den informellen Treffpunkt. Nach einer Zwischennutzung für Kunstprojekte stand fest: Lohberg braucht einen solchen Ort, aber Abriss und Neubau sind nötig. Realisiert wurde das durch lokale Unternehmen. Die Eröffnung mit dem programmatischen Schriftzug „ICH bin EINER von WIR" auf dem Dach fand im Frühjahr 2017 statt.

Besprechungsraum oder Konzertbühne

DAS PROGRAMM

Gemeinwesen, Quartier und Lebenswelt der Menschen im Stadtteil sind die Schlüsselbegriffe, die von den Initiator:innen bei der Programmgestaltung aufgerufen werden. Eine tiefe Verwurzelung in der Ruhrgebietskultur sorgt für Lokalkolorit und macht die Blaue Bude überregional attraktiv. Über 70 Veranstaltungen im Jahr – historische Führungen, Kinder- und Nachbarschaftsfeste, Austauschabende für Menschen mit und ohne Behinderung, Kunstprojekte und Konzerte – machen den Ort lebendig. Ein Projekt zur Feinstaubmessung stößt bei Jugendlichen aus der benachbarten Moschee auf ebenso viel Interesse wie bei den Bewohner:innen der neu entstandenen Einfamilienhaussiedlung. Brücken schlagen möchte der Nachbarschaftstreff mit jeder seiner sichtbaren, niedrigschwelligen Aktionen.

TRÄGERSCHAFT UND NUTZER:INNEN

Das lokale Unternehmensnetzwerk „Wirtschaft vor Ort" sorgte für den Bau, Träger ist das Forum Lohberg, Bürgerverein seit 1999 und heute über 50 Mitglieder stark. Ohne das Engagement der Stiftung Ledigenheim und die Unterstützung der Stadt Dinslaken stünde das kleine Gebäude allerdings nicht für die zahlreichen Einzelpersonen, Initiativen, Künstler:innen und Vereine zur Verfügung, die das Programm tragen. Das Spektrum reicht vom Treff des Taubenzuchtvereins bis zum Bluesabend, von der Pflanzentauschbörse bis zu regelmäßigen Treffen des Dinslakener Bündnisses gegen Rechts. Generationen- und milieuübergreifend, dabei Lohberg östlich und westlich der Durchgangsstraße verbindend: Das ist der Anspruch, den die Macher:innen an jedes Programmangebot stellen. Damit wollen sie die niedrigschwellige Kommunikationskultur des Ruhrgebiets reaktivieren und gesellschaftlichen Zusammenhalt im Quartier fördern.

Besuch vor Ort in der Blauen Bude

ca. 1925
Bau als Schaffnerhaus und Kiosk

2005
Stilllegung der Zeche Lohberg

2010–2013
Nutzung für Kunstaktionen

2017
Neubau durch lokale Unternehmen und Bürgerverein

2017
Eröffnung als Nachbarschaftstreff

Die Blaue Bude verbindet Wohngebiet und Zechenpark

Voerde
Dinslaken

INTERKULTURELLER GARTEN „BUNTE ERDE“

Demokratie über das Gärtnern vielfältig erlebbar machen

Chemnitz, Sachsen

Blick in den gemeinschaftlich genutzten Garten

Gemeinsam ist das Stichwort: eine generationsübergreifende Veranstaltung im interkulturellen Garten

BEGRÜNDUNG DER JURY

Ein gemeinsam gestalteter und bewirtschafteter Garten, der allen Besucher:innen offen steht, ist der Ausgangspunkt dafür, über das Gärtnern hinaus Demokratie und demokratische Werte vielfältig erlebbar zu machen. Im Mittelpunkt stehen die selbstverständliche Kommunikation und der alltägliche Austausch zwischen allen Bevölkerungsgruppen in einem gewachsenen Stadtteil, der sich auch durch den Garten in den letzten Jahren verändert hat. Aus den vielen, das Gärtnern erweiternden Angeboten der engagierten Mitglieder des Trägervereins ist ein offener Dialog über die Grundbedürfnisse des Lebens entstanden, der gezielt die Bedeutung der demokratischen Werte in einer Gesellschaft stärkt.

Aufsteller im Eingangsbereich

BEITRAG ZU DEMOKRATIE UND TEILHABE

Im Interkulturellen Garten „bunte erde“ kommen Menschen verschiedener Kulturen und Generationen zusammen. Beim gemeinschaftlichen Bewirtschaften des Gartens entstehen neue Kontakte und Zugehörigkeiten, demokratische Prozesse werden niederschwellig erlebbar. Die Projektarbeit in den Bereichen interkulturelle Bildung und Umweltbildung fördert ökologisch-gärtnerische und interkulturelle Kompetenzen gleichermaßen.

DER ORT

Der Gemeinschaftsgarten liegt in der Innenstadt von Chemnitz und somit in einer Stadt, die nicht zuletzt 2018 wegen ihrer rechtspopulistischen bis rechtsextremen Bewegungen bundesweit für Aufsehen sorgte. Dennoch und gerade deswegen ist der Garten Tag und Nacht frei zugänglich und der Verein Interkultureller Garten Chemnitz e. V. hat bis heute keine Übergriffe oder Vandalismus erfahren. Vielmehr wird der Garten von den Anwohner:innen des Stadtteils seit seiner Gründung im Jahr 2010 – unabhängig davon, ob sie Vereinsmitglieder sind oder nicht – genutzt und gestaltet. Die Grünfläche selbst liegt in einem Karree umschlossen von Jugendstilhäusern und einem Discounter. Neben den Zier- und Nutzgärten befinden sich im Garten ein Pavillon und Schuppen. Für den Aufbau der Infrastruktur werden vorwiegend recycelte Materialien genutzt, um ein Ressourcenbewusstsein unter den Nutzer:innen zu schaffen.

DAS PROGRAMM

Neben dem Gärtnern im eigenen oder im Gemeinschaftsbeet ermöglicht ein vielfältiges Kursprogramm ein generations-, schichten-, und kulturübergreifendes Zusammenkommen über das ganze Jahr hinweg: Vernetzungsangebote für die Nachbarschaft, Veranstaltungen für geflüchtete Familien, Kooperationen mit Schulen und Kitas, offene Bildungskurse für Erwachsene oder zielgerichtete Angebote für Kinder aus sozial benachteiligten Situationen, Menschen mit Behinderungen oder neu Zugezogene. Als Grundlage für alle Aktivitäten hat es sich der Verein erstens zur Aufgabe gemacht, rechten Ideologien und zunehmender Intoleranz mit Völkerverständigung und gelebter Interkulturalität entgegen zu treten und zweitens ökologisch-gärtnerische Kompetenzen zu fördern.

TRÄGERSCHAFT UND NUTZER:INNEN

Entsprechend der breiten Programmatik als Begegnungs-, Lern-, Produktions- und Erholungsort sind auch die Träger:innen und Nutzer:innen vielfältig. Organisiert wird der Ort durch einen Verein mit 35 ehrenamtlich aktiven Mitgliedern, welche die Beete bewirtschaften und das Programm gestalten. Der Verein verfolgt das Ziel, Menschen möglichst vieler verschiedener Kulturkreise aufzunehmen. Darüber hinaus arbeitet der Verein mit unterschiedlichen lokalen Institutionen zusammen, die das Programm mitgestalten oder den Garten mitnutzen: darunter etwa das Quartiersmanagement, Kindergärten, Mittel- und Grundschulen, der Migrationsbeirat Chemnitz, das Umweltzentrum Chemnitz, politische Initiativen und viele weitere Akteur:innen aus dem Bereich Bildung und Kultur. Nutzer:innen sind neben den Vereinsmitgliedern selbst Besucher:innen des Kursprogramms und Menschen aus dem Quartier, die den Garten für Erholung und Freizeit nutzen. Eine zentrale Zielgruppe des Vereins im Rahmen des Kursprogramms sind Kinder und Jugendliche.

Eigenproduktion von Wassermalfarben aus Pflanzen

Programm der Ferienwerkstatt

Essen mit Selbstgeerntetem schmeckt am besten

Die Früchte der Gartenarbeit werden begutachtet

Der Ort lebt von ehrenamtlichem Engagement

Der Garten liegt geschützt in einem Innenhof

In verschiedenen Programmen wird gebaut, gebastelt und gekocht

2006
Idee für den
interkulturellen Garten

2010
Entwicklung des Projekts

seit 2010
Pacht des Garten-
grundstücks

2012
Deutscher
Naturschutzpreis

2014
Chemnitzer Friedenspreis

PLATZPROJEKT HANNOVER

Experimentierfeld für raumwirksame Ideen und Stadtgestaltung

Hannover, Niedersachsen

Container und Kleinarchitekturen als Möglichkeitsräume

Frühlingsfest

BEGRÜNDUNG DER JURY

Als Experimentierfeld für raumwirksame Ideen und für eine gemeinsame Stadtgestaltung gibt das über Jahre gewachsene Projekt vor allem jungen Erwachsenen einen physischen Ort, der ihnen die Erfahrung von Selbstwirksamkeit und Verantwortungsübernahme ermöglicht. Die aufgestellten ehemaligen Schiffscontainer und die ergänzend entstandenen Kleinarchitekturen ermöglichen vielfältige Nutzungen und sind zugleich Ausgangspunkt für eine aktive Teilhabe und Mitwirkung an Themen zukünftiger Stadtentwicklung. Die Durchlässigkeit zum benachbarten, ebenfalls selbstgestalteten Skatepark und die Kooperation mit dem auf dem Gelände angesiedelten PLATZgarten öffnen das PLATZprojekt für zahlreiche weitere Nutzer:innen.

BEITRAG ZU DEMOKRATIE UND TEILHABE
Nicht nur die Bereitstellung von Raum und Infrastruktur für Ideen, die andernorts in der Stadt nicht realisiert werden können, sondern auch die Förderung von Selbstermächtigung, die Hilfe zur Selbsthilfe und Self-Empowerment gehören zu den programmatischen Zielen des PLATZprojekts. Dabei werden bewusst immer wieder neue Entscheidungs- und Nutzungskonzepte der beteiligten Gruppen erprobt und verhandelt. Der soziale Gehalt der unterschiedlichen Vorhaben wird dabei ebenso in den Fokus genommen wie ihr Beitrag zu Kunst, Kultur und Kreativwirtschaft. Der Verein versteht den Ort als selbstorganisierten Raum für Beteiligungsstruktur, an dem Stadt aktiv diskutiert und mitgestaltet werden kann.

Skatepark

DER ORT
Das PLATZprojekt befindet sich auf einer seit über 30 Jahren ungenutzten Brachfläche im Industriegebiet am Lindener Hafen. Passend zum räumlichen Kontext sind auf dem Gelände zahlreiche Überseecontainer aufgestellt, die durch Kleinarchitekturen in unterschiedlich professionellem Ausstattungsstandard ständig ergänzt werden. Entstanden ist über Jahre hinweg ein Ort für Projekte, Teilhabe und ein selbstorganisierter Raum für Beteiligungsstrukturen. „Möglichst kostengünstig Raum für möglichst viele Ideen anbieten" ist neben „Selber miteinander machen" eine Kernidee des PLATZprojekts, und das spiegelt sich auch in der vielfältigen Entwicklung des 3.700 qm großen Areals wider. Mit dem benachbarten urbanen Gemeinschaftsgarten „PLATZgarten e. V." (1.000 qm) und dem Do-It-Yourself Skatepark „2er e. V." (4.000 qm) verbindet das PLATZprojekt eine enge Entwicklungspartnerschaft.

DAS PROGRAMM
Über das programmatische Angebot entscheiden die Nutzer:innen. Gegenwärtig gibt es knapp 30 Projekte. Einige von ihnen bespielen einen der Container alleine, andere teilen sich die Fläche mit mehreren Projekten und wieder andere sind nur temporär in einem der sogenannten „Shared Spaces" untergebracht. 2019 gab es neben den dauerhaften Angeboten über 150 Veranstaltungen und 50 Workshops. Im gleichen Zeitraum kamen über 17.000 Besucher. 95 Prozent der Veranstaltungen sind kostenfrei oder werden auf Spendenbasis angeboten, damit der Zugang niedrigschwellig bleibt. Vom Aktionstheater bis zum Tischfußballverein reichen die Angebote. Der gemeinsame Nenner: Was hier passiert, soll unkommerziell sein, gerne von Minderheiten durchgeführt werden und/oder demokratische und nachhaltige Aspekte beinhalten. Das Bildungs- und Kulturangebot richtet sich an die Anwohner:innen der benachbarten Stadtquartiere ebenso wie an die gesamte Stadtgesellschaft.

TRÄGERSCHAFT UND NUTZER:INNEN
Der PLATZprojekt e. V. als Träger hat mittlerweile über 260 Mitglieder, viele davon zahlen einen Förderbeitrag. Wer einen der Container oder eine der Kleinarchitekturen für ein eigenes Projekt nutzen kann, wird in Plenarsitzungen entschieden. Ohne ehrenamtliche Arbeit, die über Stundenprotokolle nachgewiesen werden muss, ist eine Nutzung nicht vorgesehen. Holocracy und Do-ocracy sind die beiden strukturierenden Prinzipien: Kleine Arbeitskreise erarbeiten autonom Lösungen für Gestaltungsfragen und setzen sie um. Und wer etwas umsetzt, hat Gestaltungsspielraum und Verantwortung gleichermaßen. So soll die Trennung zwischen Konsument:innen und Produzent:innen von Stadtraum aufgehoben werden.

Kreative Aufstockung

Diskussionsrunde

Ort zum Feiern

Gemeinschaftsgarten als Erweiterung der Platzfläche

2004
Erste Skater:innen etablieren Pioniernutzungen auf dem Gelände

2013
Vereinsgründung

2014
Baubeginn

ab 2015
zusätzlicher Gemeinschaftsgarten

2018
28 Teilprojekte

Einer der wenigen Tischfußballvereine ist auf dem Platz zu Hause

Kunst im Angebot beim Urban Nature Festival

REFUGEES' KITCHEN

Soziale Skulptur: Empowerment und interkulturelle Freude am gemeinsamen Essen

Oberhausen, Nordrhein-Westfalen

Küchenmobil bereit zum Einsatz

Gemeinsames Kochen und Essen fördert Integration

BEGRÜNDUNG DER JURY

Als soziale Skulptur verbindet die mobile Küche ein Empowerment für Geflüchtete mit der allgemeinen Freude am gemeinsamen Essen und Feiern. Sie entstand auf Initiative von Künstler:innen in Zusammenarbeit mit lokalen Betrieben und Geflüchteten unterschiedlicher Herkunft; die mobilen Einsätze verbinden an unterschiedlichen Orten interkulturelle Gerichte mit der Schilderung persönlicher Erfahrungen bei Flucht und Vertreibung. Die Mitwirkung in der mobilen Küche vermittelt geflüchteten Menschen konkrete Wertschätzung, stärkt ihr Selbstbewusstsein und hat wesentlich geholfen, ihnen Ausbildungs- und Arbeitsplätze zu erschließen.

BEITRAG ZU DEMOKRATIE UND TEILHABE

Eingebettet in zahlreiche weitere Aktivitäten des Trägervereins kitev e. V. nutzt Refugees' Kitchen einen umgebauten Kleinlaster mit einer Container-Küche als mobile Kantine. Refugees' Kitchen soll ein funktionelles Kunstwerk sein. Essen und Trinken werden bei jedem Catering von der basalen Erfüllung von Grundbedürfnissen zum performativen Akt, der Austausch über Kultur, Politik und soziale Hintergründe der jeweils Kochenden fördern soll. Das Integrationsprojekt gibt Geflüchteten die Rolle der Gastgeber:innen – ein gewollter Bruch mit dem zugewiesenen Status der Geduldeten.

DER ORT

Refugees' Kitchen hat als mobiler Ort begonnen. In einer Industriehalle wurde monatelang an dem Küchentruck geschraubt und lackiert, wobei fachliche Kenntnisse ausgetauscht, soziale Kontakte zwischen Geflüchteten, Künstler:innen-kollektiv und beteiligten lokalen Handwerker:innen geschweißt und Deutsch geübt wurde. 2016 führte die „Jungfernfahrt" auf die Zeche Zollverein. Wo immer das Küchenmobil Station machte, entstand mit dem Essen die Möglichkeit zu Verständigung, Miteinander und Dialog; eröffnet von den Köch:innen, die ihre Geschichten mit den Gerichten verknüpfen und Gesprächsrunden und Begegnungen ebenso wichtig finden wie das leibliche Wohl. Seit einiger Zeit gibt es die „KüfA", die Küche für alle, in einem selbstverwalteten Stadtteil- und Nachbarschaftszentrum in der Innenstadt, und Ende 2020 wurde eine prominent im Bahnhofsgebäude platzierte dauerhafte gastronomische Einrichtung eröffnet.

DAS PROGRAMM

Kochen und gemeinsames Essen sind auf der Erscheinungsebene zentrale programmatische Elemente von Refugees' Kitchen, verbunden mit Möglichkeiten des Spracherwerbs, des Zuverdienstes für die Köch:innen sowie der Erfahrung von Selbstwirksamkeit. Das Projekt ist unlösbar mit einer Vielzahl von Vorhaben des Kollektivs kitev e. V. vernetzt, die 2006 mit der Umnutzung des Wasserturms am Oberhausener Hauptbahnhof begannen. Empowerment des lokalen sozialen Umfelds sowie Interventionen in den urbanen Raum mit den Mitteln der Kunst bilden den roten Faden zwischen den einzelnen Projekten. Migration und Fluchterfahrung sind für diese Projekte ein zentrales Thema.

TRÄGERSCHAFT UND NUTZER:INNEN

kitev – Kultur im Turm e. V. – besteht seit 2006 und führt als Verein vielfältige künstlerische Partizipationsprojekte durch. Bis heute ist der Trägerverein stark geprägt durch die Gründer:innen, eine Architektin und einen Künstler. Sie sehen sich als Vernetzer:innen und den Verein als eine Plattform für alle, deren Vorhaben zu den kulturellen und integrativen Vereinszielen passen. Schon am Bau des Küchenmobils haben ungefähr 50 Geflüchtete mitgewirkt; mitgekocht haben weit über 100, von denen fast alle mittlerweile in Betrieben und Firmen tätig sind. Die Anzahl der ausgegebenen Essen interessiert die Macher:innen weniger als die Bandbreite der Nutzer:innen: „Refugees' Kitchen wurde von Künstler:innen wie von Karnevalist:innen eingeladen".

Das Küchendach fungiert als mobile Bühne

Im Bahnhof von Oberhausen schafft Refugees' Kitchen sich eine dauerhafte Bleibe

Der Bahnhof als Knotenpunkt im Integrationsnetzwerk

Programmatische Installation des Künstlers Christoph Stark für den Verein kitev

Im alten Wasserturm entstehen Ideen für Oberhausen und die Region

2015
Idee und Bau Foodtruck

2016
TÜV-Abnahme und Kochpremiere

seit 2016
Cateringbetrieb

2020
Ausbau eines festen Gastronomieraums im alten Wasserturm des Bahnhofs

SALMEN

Demokratische Geschichte und Werte erfahrbar machen

Offenburg, Baden-Württemberg

Der Glasanbau ergänzt das historische Ensemble

Die Forderungen des badischen Grundrechtekatalogs

BEGRÜNDUNG DER JURY

Das ehemalige Gasthaus macht mit seiner historischen und seiner aktuellen Nutzung demokratische Geschichte und Werte am konkreten Gebäude erfahrbar. Das an die breite Stadtgesellschaft gerichtete Programm beginnt mit dem demokratischen Aufbruch im Jahr 1847, als im Festsaal des Gasthauses erstmals in Deutschland ein demokratischer Grundrechtekatalog verkündet wurde, über die spätere Nutzung als Synagoge bis zu deren Verwüstung 1938 und reicht bis zu den aktuellen kulturellen und bildungspolitischen Angeboten in Kooperation mit unterschiedlichen Partner:innen. Es gibt wechselnde Ausstellungen, im historischen Festsaal finden öffentliche Sitzungen des Gemeinderates statt und die „Salmen-Gespräche" behandeln aktuelle Fragen der Demokratieentwicklung.

Raum zum Gedenken an die jüdischen Opfer des Nationalsozialismus in Offenburg

BEITRAG ZU DEMOKRATIE UND TEILHABE

Der Salmen ist ein Denkmal von nationaler Bedeutung und hat eine eigene Geschichte als Ort der Demokratie. Am 12. September 1847 wurde im Festsaal des damaligen Gasthauses der erste freiheitliche demokratische Grundrechtekatalog in Deutschland mit 13 Thesen verkündet. Ab 1861 wurde der Saal als Synagoge genutzt und von den Nationalsozialisten 1938 verwüstet. Die Stadt Offenburg kaufte das Ensemble 1997 und widmet es nach seiner Sanierung der Nutzung durch die Stadtgesellschaft. Der Salmen ist der Geburtsort der badischen Demokratiebewegung, Zeitzeugnis jüdischer Geschichte und heute ein vitaler Ort der Erinnerung mit Ausstellungen zur Geschichte, mit kulturellen Veranstaltungen und Bildungsangeboten, vor allem rund um Themen der Demokratie. Außerdem dient er als öffentlicher Sitzungssaal des Gemeinderates und damit als Bindeglied zwischen historischer Bedeutung und zeitgenössischer Demokratie.

DER ORT

Der Gebäudekomplex wird ab Januar 2021 noch einmal umgebaut, um ihn barrierefrei zu gestalten und damit einer noch breiteren Öffentlichkeit zugänglich zu machen. Haupt- und Nebenhaus werden dafür verbunden. Im bereits vorhandenen sogenannten Glashaus gibt es eine Ausstellungsfläche, die für aktuelle Themen mit demokratischem Fokus reserviert ist. Aktuell zeigt sie eine Ausstellung zur Vertreibung und Vernichtung der jüdischen Gemeinde, um diesen Teil der Geschichte erfahrbar zu machen und andere Gruppen davon abzuhalten, den Ort aufgrund seiner Geschichte als Startpunkt der badischen Revolution zu vereinnahmen.

DAS PROGRAMM

Im Salmen gibt es neben den Ausstellungen bildungspolitische und kulturpolitische Veranstaltungen, öffentliche Sitzungen des Gemeinderates sowie die jährlich stattfindenden „Salmengespräche“ mit öffentlichen Vorträgen und Diskussionen zu aktuellen Fragen der Demokratieentwicklung. Ein vielfältiges und niederschwelliges Veranstaltungsprogramm soll mit dem Ziel verbunden werden, den Salmen als „Ort der Demokratie“ erfahrbar zu machen.

TRÄGERSCHAFT UND NUTZER:INNEN

Trägerin ist die Stadt Offenburg. Kooperationen bestehen mit der Jüdischen Gemeinde, Museen und Galerien, örtlichen Vereinen und Schulen. Die Nutzer:innen kommen aus allen Bevölkerungsgruppen, darunter Schüler:innen aus den Kooperationsprojekten, Besucher:innen museumspädagogischer Angebote und Zuschauer:innen der öffentlichen Gemeinderatssitzungen.

Historische Aufnahme des großen Saals

Der große Saal heute

Im Glasanbau finden regelmäßig Ausstellungen statt

1787
Bau des Gasthauses

1847
1. demokratischer Verfassungsentwurf

seit 1875
Nutzung als Synagoge

1938
Verwüstung durch Nationalsozialisten

1997–2002
Sanierung durch Stadt Offenburg

2002
Glasanbau und Öffnung als Schauplatz badischer Demokratie

2015–2022
Erweiterung zu Erinnerungs- und Erlebnisstätte

Sonderausstellung „Ausgegrenzt. Geflohen. Vernichtet. Das Schicksal der Offenburger jüdischen Gemeinde“, 2020

»Die Zeichen der Zeit
früh erkannt«
»Die Firma ist erloschen«
Not und Pein«
»Ein Bild unsagbaren
Jammers«
Die Deportation nach Gurs
»Verbote fast im
Monatsrhythmus«
Chronologie der Ausgrenzung
»Schlamm und Ratten«
Alltag im Lager Gurs
enburger Ärztin
al«

BÜRGERPARK FREIFELD

Selbstverwalteter Freiraum als Impuls gemeinsamer Quartiersentwicklung

Halle, Sachsen-Anhalt

Bau- und Pflanzfestival im Bürgerpark FreiFeld

BEITRAG ZU DEMOKRATIE UND TEILHABE
Der Bürgerpark FreiFeld ist ein von einem gemeinnützigen Verein verwalteter öffentlicher Park, der als Freiraum vor allem von der Bevölkerung aus dem umliegenden Quartier genutzt wird. Er entstand in einem gemeinschaftlichen Planungsprozess, wurde von der Montag Stiftung Urbane Räume erworben und steht allen Bewohner:innen offen. Er ist ein Projekt gemeinschaftlicher Stadtentwicklung, dient der Naherholung, als selbstverwalteter Treffpunkt, als Ort für sozialen Austausch und der Pflege nachbarschaftlicher Netzwerke.

DER ORT
Der Park ist aus einer weitgehend vermüllten Brachfläche entstanden. Ab 2013 wurde die Fläche vom Kollektiv Freiraumgalerie als eine Galerie für Kunst im öffentlichen Raum genutzt. Ab 2014 engagierte sich der Verein FreiimFelde e. V. für eine Nutzung der Fläche als Freiraum. Der Park wird inzwischen von der Stadt Halle als Ausgleichsfläche ausgewiesen, wodurch auch Ausgleichszahlungen für den Unterhalt und die Nutzung des Parks zur Verfügung stehen. Er ist die einzige Grünfläche in einem Quartier, das nach Jahren hohen Leerstandes (bis zu 50 Prozent) aufgrund ausstehender Sanierungen und schlechten Images inzwischen eine positive Entwicklung nimmt. Die Bewohner:innen des Quartiers setzen sich aus jungen Familien, Künstler:innen, Arbeiter:innen und Rentner:innen zusammen.

Vom Bürgerpark aus sind verschiedene Wandbilder der Freiraumgalerie sichtbar

Auf dem Bauspielplatz wird gebaut, gespielt und getobt

DAS PROGRAMM
Kern des Programms ist die Nutzung als selbstverwalteter Park, als Bolzplatz, Bauspielplatz, für Urban Gardening, als Open-Air-Veranstaltungsraum für Flohmärkte, Theateraufführungen, Stadtteilfeste und Konzerte. Ziel ist es, soziale und ökologische Nachhaltigkeit mit den flexiblen Nutzungsmöglichkeiten zu verbinden, die sich aus der Selbstverwaltung als gemeinschaftlicher, öffentlicher Park ergeben. Die Offenheit der Nutzung, die sowohl temporäre Projekte als auch kontinuierlichen Wandel zulässt, wird als Vorteil gegenüber anderen öffentlichen Parks gesehen, die in der Regel einem festgelegten Nutzungskonzept unterliegen.

TRÄGERSCHAFT UND NUTZER:INNEN
Träger ist der Verein FreiimFelde e. V. in Kooperation mit der Stadt Halle und der Montag Stiftung Urbane Räume. Genutzt werden können der Park und der Bolzplatz von allen Bürger:innen. Zudem besteht die Möglichkeit, einen Werkstattplatz in der Halle oder ein Hochbeet zu mieten und die Angebote des Apothekengartens und des Bauspielplatzes wahrzunehmen. Als Mitglied im Verein kann die Fläche mitgestaltet werden.

Unterstützt vom Bauspielplatzteam können Kinder ihre eigenen Projekte verwirklichen

In gemeinsamen Aktionen wird der Bürgerpark gestaltet

Auf dem zentralen Platz finden Feste und andere Veranstaltungen statt

Im hinteren Teil wird gegärtnert

Der Bürgerpark entwickelt sich mit seinen Nutzer:innen stets weiter

- seit 2013 Nutzung als Freiraumgalerie
- 2014 Gründung des Vereins zur Umnutzung
- 2015 Programm „Initialkapital" bei der Montag Stiftung
- 2017–2019 Programm Green Urban Labs
- 2018 Beginn der Bauarbeiten
- 2019 Eröffnung des Bürger:innenparks

COMMUNITYartCENTERmannheim

Mit Kunst den Dialog im Quartier suchen

Mannheim, Baden-Württemberg

Das CaCm liegt mitten in der Neckerstadt-West in Mannheim

BEITRAG ZU DEMOKRATIE UND TEILHABE

Im COMMUNITYartCENTERmannheim (CaCm) wird Kunst für, mit und in einem benachteiligten Stadtquartier geschaffen und so der Austausch über Milieu- und Quartiersgrenzen hinweg gefördert. Interaktive und dialogische Kunstprojekte knüpfen an die Problemstellungen und Potenziale der lokalen Bevölkerung an und ermöglichen Auseinandersetzungen im Alltag mit aktuellen gesellschaftlichen und politischen Themen. Die künstlerisch-pädagogische Arbeit des CaCm schafft Bewusstsein für demokratische Werte und sozialen Zusammenhalt.

Die Fensterflächen werden als transparente Kommunikationsmittel genutzt

DER ORT

Ein ehemals gewerblich genutzter Raum im Quartier Neckarstadt-West dient seit 2012 als Büro-, Ausstellungs- und Veranstaltungsort. Die großen Fensterflächen ermöglichen einen fortwährenden Austausch nach außen und einen sehr niedrigschwelligen Zugang zu den Produktionen. Für die verschiedenen Installationen und Aufführungen wird eine Vielzahl von Orten des Alltags, wie der zentrale Quartiersplatz, Gemeinschaftsunterkünfte für Geflüchtete oder Kitas und Schulen genutzt. Digitale Kommunikations- und künstlerische Formate ergänzen die analogen Angebote.

DAS PROGRAMM

Das CaCm tritt aktiv gegen Menschenfeindlichkeit ein und betreibt politische Kampagnenarbeit für zu wenig präsente gesellschaftliche und soziale Fragestellungen wie bspw. Diskriminierung, prekäre Arbeitsverhältnisse, Rechtspopulismus oder Gentrifizierung. Ziel ist es, Menschen zu ermöglichen, über Kunst neue Perspektiven auf für sie relevante Themen zu gewinnen, miteinander in Dialog zu treten und sie zu ermutigen, sich selbst für demokratische Werte und sozialen Zusammenhalt einzusetzen. Kennzeichnend für die Produktionen ist, dass jedes Kunst-Werk eingebettet ist in ein Dialogformat mit den Zielgruppen.

TRÄGERSCHAFT UND NUTZER:INNEN

Seit 2015 steht hinter dem CaCm der selbstständige gemeinnützige Verein COMMUNITY art e.V. Die Mitglieder konzipieren das Programm und zentrale Projekte selbst. An vielen der Projekte sind ein Netzwerk von rund 70 freischaffenden Künstler:innen sowie weitere Vereine und Institutionen beteiligt. Alle Projekte werden über die finanziellen Ressourcen des Vereins, Spenden oder öffentliche und private Projektförderungen getragen. Die Angebote sind grundsätzlich kostenfrei. Insbesondere ärmere Bevölkerungsteile und marginalisierte Gruppen wie Geflüchtete, Sinti und Roma, LSBTQ, People of Color sowie Kinder und Jugendliche sollen einen Zugang zur Kunst erhalten. Verschiedene Formate – von Theaterstücken über Interventionen und Installationen im öffentlichen Raum bis zu Ausstellungen und Konzerten – öffnen den unterschiedlichen Zielgruppen vielfältige Zugänge zur Kunst.

Die Künstler:innen treten mit den Menschen im Quartier in einen direkten Austausch

Über die Musik finden verschiedene Menschen im Quartier zusammen

Blick durch die Fenster

Innenansicht des Ladenlokals

1898
Bau des Mehrfamilienhauses

vor 2012
erste Kunstprojekte
im Stadtteil

2012
Eröffnung des Ortes als Ausstellungs- und Veranstaltungsraum im Rahmen eines Forschungsprogramms des Bundes

2015
Übernahme der Trägerschaft
durch den Verein

EVANGELISCHES BILDUNGSZENTRUM HOSPITALHOF STUTTGART

Lebendiges Veranstaltungszentrum und Plattform für gesellschaftlichen Dialog

Stuttgart, Baden-Württemberg

Der Innenhof des Hospitalhofs lädt zum Verweilen und zur Begegnung ein

BEITRAG ZU DEMOKRATIE UND TEILHABE
Mit ebenso zahlreichen wie unterschiedlichen Kultur- und Bildungsangeboten bietet das evangelische Bildungszentrum Hospitalhof Raum für vorurteilsfreie Diskurse zu Gesellschaft, Politik und Kultur. Dem kirchlichen Bildungsauftrag folgend stellt es im Sinne einer Stadtakademie qualifizierte Informationen zu spirituellen und weltlichen Themen bereit. Der Hospitalhof schafft einen schützenden Raum für die Begegnung der Gäste des Hauses und fördert Akzeptanz und Miteinander in einer interreligiösen und interkulturellen Gesellschaft.

DER ORT
Der im Herzen der Innenstadt gelegene Hospitalhof ist ein Tagungs- und Verwaltungszentrum der evangelischen Kirche. An die Veranstaltungs-, Seminar- und Büroräume gliedert sich die Kapelle der Hospitalkirche an. Namensgebend ist das evangelische Hospital, das im 16. Jahrhundert auf dem Gelände eines Dominikanerklosters errichtet wurde. Nach der Nutzung als Polizeiwache und Gefängnis und der Zerstörung im Zweiten Weltkrieg ging der Hospitalhof zurück in die Hand der Kirche, die den Chorraum in den 1950er Jahren wiederaufbaute. 1980 eröffnete das Bildungszentrum. Der 2014 abgeschlossene Umbau machte das Gebäude barrierefrei und versah es mit einer preisgekrönten Architektur. Durch die Neugestaltung des heute frei zugänglichen Innenhofs öffnete sich der Hospitalhof zum Stadtraum.

Außenansicht

Hospitalkirche

DAS PROGRAMM
Das Bildungs- und Kulturprogramm des Hospitalhofs besteht zur Hälfte aus eigenen Angeboten, zur Hälfte aus Gastveranstaltungen, die sich in die inhaltliche Ausrichtung einfügen. Jährlich finden bis zu 550 Vorträge, Seminare, Fortbildungen, Ausstellungen und Exkursionen sowie Preisverleihungen, Tagungen und Kongresse statt. Die vielfältigen Angebote reichen von Vorträgen zu Religion und Spiritualität über Präventionsgespräche und politische Bildungsreihen hin zu Vernetzungstreffen, interkulturellen Treffpunkten und Kommunikationstrainings. In jüngerer Zeit wurden eigene Programmreihen für junge Erwachsene entwickelt. In der Hospitalkirche finden regelmäßig Gottesdienste statt.

TRÄGERSCHAFT UND NUTZER:INNEN
Trägerin des Hospitalhofs ist die Evangelische Gesamtkirchengemeinde Stuttgart, die hier ihren Verwaltungssitz hat. Die für die Bildungsarbeit eingerichtete Stiftung Hospitalhof konzipiert das Programm und stellt Mittel für Projekte in Eigenregie zur Verfügung. Das Haus finanziert sich aus Mieteinnahmen für die Gastveranstaltungen, die von Religionsgemeinschaften, Bildungs- und Kultureinrichtungen, Ministerien, Stiftungen, Vereinen und gemeinnützigen Organisationen ausgerichtet werden. Die Angebote stehen allen Menschen, unabhängig von Konfession und kultureller Zugehörigkeit, offen. Anspruch des Hauses ist es, durch diverse Gastveranstaltungen und gezielte Ansprachen ein gemischtes Publikum, insbesondere auch jüngere und bildungsfernere Zielgruppen, zu erreichen. Sozialfonds ermöglichen Bedürftigen die Teilnahme.

Die großzügigen Räumlichkeiten bieten Platz für ein vielfältiges Veranstaltungsprogramm

Außenansicht

Der Hospitalhof wurde vom Architekturbüro Lederer Ragnarsdóttir Oei 2012 bis 2014 neugestaltet

15. Jh.
Errichtung des Klosters

1944
Zerstörung im
Zweiten Weltkrieg

1979/80
Gründung Bildungs-
zentrum Hospitalhof

seit 1980
Angebote zur
Erwachsenenbildung

2012–2014
Umbau und
Neugestaltung

HAUS DER STATISTIK

Versuchsfeld für kooperative gemeinwohlorientierte Stadtentwicklung

Berlin

Ein ehemaliges Ladengeschäft ist Schnittstelle zum öffentlichen Raum und Treffpunkt der Akteure

BEITRAG ZU DEMOKRATIE UND TEILHABE

Das Haus der Statistik ist ein bundesweit mit Spannung beobachteter Modellversuch einer koproduktiven Stadtentwicklung. Das Gegeneinander von Top-down und Bottom-up soll durch ein Miteinander im Sinne einer vielstimmigen Gestaltung von Stadt abgelöst werden. Mehrjähriges zivilgesellschaftliches Engagement überzeugte auch das Land Berlin, das mit der Rekommunalisierung des Gebäudekomplexes 2017 die kooperative Entwicklung einleitete. Zahlreiche Nutzungsangebote wenden sich an Gruppen, die sonst, insbesondere in zentralen Stadträumen, von Verdrängung und Marginalisierung betroffen sind.

DER ORT

Der ehemalige Sitz der Staatlichen Zentralverwaltung der Statistik der DDR besteht aus vier Hochhausscheiben mit 9 bis 11 Geschossen sowie Verbindungsbauten. Der gesamte Komplex stand seit 2008 leer. Das Ergebnis eines städtebaulichen Werkstattverfahrens von 2019 sieht vor, dass auf dem mehr als drei Hektar großen Areal ein neues Stadtquartier entsteht und die bestehenden Bauten mit rund 46.000 Quadratmetern Bruttogeschossfläche um weitere rund 70.000 Quadratmeter Neubau ergänzt werden. Aktuell stehen Bruchteile des Gebäudes für unterschiedliche Zwischennutzungen zur Verfügung.

Städtebauliche Dominante am Alexanderplatz

PROGRAMM

Seit Sommer 2019 beleben Pioniernutzungen die Erdgeschosse. Kunst, Kultur, Soziales, Bildung, Nachbarschaft, Klima und Ernährung sind die Themen der Zwischennutzer:innen, die durch die beginnenden Sanierungsarbeiten zu einem hohen Maß an Flexibilität verpflichtet sind. Sie legen großen Wert darauf, mit ihren Angeboten auch Nachbar:innen anzusprechen, die sonst wenig Zugang zu Stadtentwicklung haben. Zugänge für Kinder und Jugendliche genießen ein besonderes Augenmerk. Über 40 Gruppen nutzen das Areal zurzeit. In regelmäßigen Plenarsitzungen werden gemeinschaftliche Themen verhandelt, die Kuratierung der Pioniernutzungen erfolgt durch die Koop5. Mit der Werkstatt Haus der Statistik steht ein Raum für Themenabende, Quartierslabore, Vernetzungsratschläge und ein PlanTisch zur Verfügung, um die kooperative Stadtentwicklung auf den Partizipationsstufen Information, Konsultation, Kooperation und Koproduktion zu ermöglichen.

TRÄGERSCHAFT UND NUTZER:INNEN

Zur Umsetzung des Gesamtvorhabens arbeiten öffentliche Hand und Zivilgesellschaft in einer „Koop5" genannten Kooperationsgemeinschaft zusammen, die aus dem Bezirk Berlin-Mitte, der Senatsverwaltung für Stadtentwicklung und Wohnen, den landeseigenen Gesellschaften WBM (Wohnungsbaugesellschaft Berlin-Mitte) und BIM (Berliner Immobilienmanagement) sowie der Genossenschaft ZUsammenKUNFT Berlin eG (ZKB) besteht. Die ZKB setzt im Auftrag der Koop5 die Mitwirkungsprozesse um und verantwortet die Pioniernutzungen. Für diese gibt es Richtlinien: Sie müssen gemeinwohlorientiert und gemeinschaftlich sein. Der finanzielle Beitrag richtet sich nach den jeweiligen Möglichkeiten. Credo der Genossenschaft ist es, Wirksamkeit erfahrbar zu machen: „Ich kann mein eigenes Lebensumfeld gestalten. Das jedoch muss ich jeden Tag neu mit den Interessen anderer verhandeln."

1970
Fertigstellung

seit 2008
Leerstand

2015
Verhinderung Abriss

2017
Grundstückserwerb Land Berlin

2018
Städtebauliches Werkstattverfahren als Auftakt der Entwicklung durch die Koop5

bis 2029
Sanierung, Neubau

Initiative Haus der Statistik

Haus der Materialisierung

Zwischennutzung der Freiräume zwischen den Gebäuden

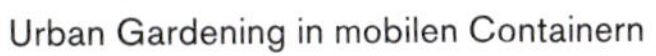

Urban Gardening in mobilen Containern

Planungswerkstatt

Zukunftsvision aus dem Rahmenplan

KULTUR INTEGRATION QUARTIER (KIQ)

Schule für selbstorganisiertes Miteinander

Siegen, Nordrhein-Westfalen

Neubelebung eines alten Schulgebäudes

BEITRAG ZU DEMOKRATIE UND TEILHABE

Das KIQ bietet Raum für die Begegnung von Menschen unterschiedlicher Herkunft, Religion und Hautfarbe auf Augenhöhe. Ehrenamtliche Projekte, die gesellschaftliche und kulturelle Vielfalt zum Gegenstand haben, finden hier ihren Ort. Regelmäßige Plenarsitzungen aller Nutzer:innen sorgen dafür, dass alle Gruppen ihre individuellen Interessen mit denen der anderen abstimmen und so demokratisches Miteinander praktizieren. Daraus erwachsen mehr und mehr gemeinschaftlich getragene Projekte.

Denkmalgeschützter Bau in schwieriger städtebaulicher Lage

DER ORT

Das KIQ ist seit 2016 in der Alten Hammerhütter Schule untergebracht, die davor nach mehrjährigem Leerstand kurz als Unterkunft für Geflüchtete genutzt wurde. Das Gebäude aus dem Jahr 1865 steht seit 2008 unter Denkmalschutz. Aufgrund von Brandschutzauflagen können nur sechs ehemalige Klassenräume sowie ein Gemeinschaftsbüro, ein kleiner Nebentrakt mit Abstellräumen und das Schulhofgelände genutzt werden. Im Quartier Hammerhütte, für das die Stadt Siegen ein umfassendes Entwicklungskonzept vorbereitet, hat der rechtsextreme III. Weg im Sommer 2020 ein Büro eröffnet, was zahlreiche Aktive im KIQ mit Sorge erfüllt.

DAS PROGRAMM

Programm und Angebote unterliegen einer stetigen Veränderung, weil sie durch das Engagement und die Ideen der Nutzer:innen entstehen. Eine Konstante und zugleich „Inkubator" für zahlreiche Ideen ist das wöchentlich stattfindende Café Mayla, in dem auch eine Mitarbeiterin der Stadt Siegen aktiv ist. Aus der Ursprungsidee eines Anlauforts für geflüchtete Frauen wurde mittlerweile ein Ort des Empowerments, von dem immer wieder neue Ideen ausgehen. Syrische und palästinensische Gruppen entwickeln gemeinsame Veranstaltungsreihen zur Gesundheitsaufklärung, Lebensmittelretter und Frauenvereine bieten gemeinsame Kochabende an, und im Sommer 2020 wurde gemeinsam der Außenraum durch Hochbeete und Sitzgelegenheiten aufgewertet. Standen anfangs fast alle Angebote im Zeichen von Migration und Flucht, ergänzen mittlerweile Urban Gardening, Foodsharing und weitere Nachhaltigkeitsinitiativen das Programm. Dass der Radioförderverein hier sein Studio betreibt, hilft bei der Öffentlichkeitsarbeit. Im Nebentrakt wird zusätzlich eine Kulturwerkstatt aufgebaut.

TRÄGERSCHAFT UND NUTZER:INNEN

Das Gebäude ist Eigentum der Stadt Siegen. Zwölf Migrantenselbstorganisationen und etwa 15 weitere Initiativen nutzen das Haus mit unterschiedlicher Frequenz. Manche kommen wöchentlich, andere bieten ihr Programm nur einmal im Monat an. Aber auch wer nur einmalig einen Raum braucht, kann im Kalender prüfen, ob etwas frei ist und dann per Mail unkompliziert anfragen. Die bisherigen Sicherungs- und Instandhaltungsmaßnahmen wurden teilweise in Eigenarbeit geleistet, teilweise aus unterschiedlichen Fördertöpfen finanziert. Mitarbeiter:innen der Stadt helfen beim Erschließen von Fördertöpfen ebenso wie Diakonie und Caritas, die mit regelmäßigen Beratungsangeboten vor Ort präsent sind. Bis heute kommt das KIQ ohne feste Koordinierungs- oder Leitungsstrukturen aus.

1995
Ende des Schulbetriebs

2008
Denkmalschutz

seit 2016
Hilfsangebote für Geflüchtete

seit 2017
Café Mayla
Begegnungsort für geflüchtete Frauen

seit 2018
Raumnutzung durch weitere zivilgesellschaftliche Organisationen

seit 2019
Forschungsvorhaben PraxLab an der Universität Siegen

Graffiti-Aktion „Türen öffnen – sich begegnen"

Ehrenamtsnetzwerk für Geflüchtete

Grafische Produkte der Nutzer:innen

Auch der Außenraum wird genutzt

Deutsch-somalischer Begegnungstag

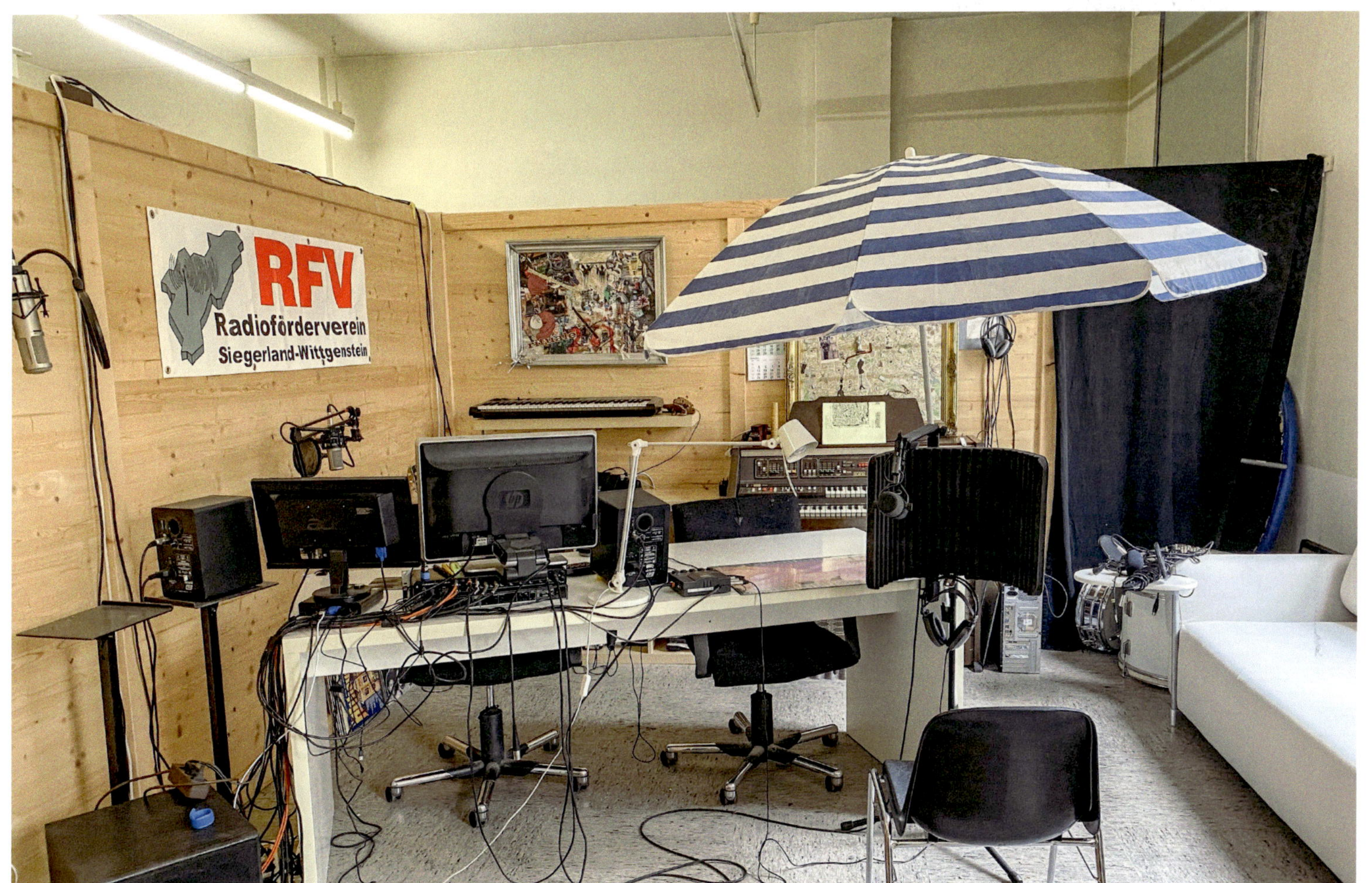

Ein eigener Raum für den Bürgerfunk

MULTIHALLE MANNHEIM

Ein Gebäude für die urbane Zukunft

Mannheim, Baden-Württemberg

Die Multihalle liegt im Herzogenriedpark

BEITRAG ZU DEMOKRATIE UND TEILHABE
Die Stadt Mannheim hat sich zum Ziel gesetzt, die Multihalle Mannheim als Bauwerk zu erhalten und mit einer neuen Nutzung als Teil der urbanen Lebenswelt in Mannheim zu etablieren. Die Multihalle soll dabei zu einem Ort der Begegnung und des Austausches zwischen Administration und Politik einerseits und unterschiedlichen Bevölkerungsgruppen bzw. der Stadtgesellschaft andererseits zur Zukunft Mannheims werden. Außerdem soll die Multihalle als Ort für Veranstaltungen, Initiativen und Vereine wiedergewonnen werden.

DER ORT
Die Multihalle im Mannheimer Herzogenriedpark wurde 1975 anlässlich der Bundesgartenschau nach Plänen von Carlfried Mutschler und Frei Otto als temporäres Bauwerk errichtet. In den 1990er Jahren führten Verformungen des Daches zu einem Auslaufen der Baugenehmigung; 2016 lehnte der Mannheimer Gemeinderat einen Vorschlag zur Sanierung und Weiternutzung der Multihalle zunächst mehrheitlich ab. Der daraufhin erfolgende Protest aus der Architekt:innenschaft und eine wachsende Wertschätzung für das Vermächtnis von Frei Otto führte noch im gleichen Jahr dazu, dass die Stadt Mannheim und die Architektenkammer Baden-Württemberg gemeinsam den Verein Multihalle e.V. gründeten. Ziel ist es, einen Rückbau der Multihalle dauerhaft zu verhindern und neue Perspektiven für deren Nutzung als Teil der urbanen Zukunft Mannheims zu finden.

Große Halle

Temporäre Sitzmöglichkeiten

Deckenkonstruktion der Multihalle

DAS PROGRAMM
Aus einem Fonds sollen die Entwicklung des Konzeptes und die späteren Nutzungen querfinanziert werden. Der Gemeinderat befürwortet inzwischen einen solchen offenen Prozess und ein Konzept, in dem die Fragen und Strukturen der zukünftigen Funktion und Nutzung erst noch geklärt werden. Wie will die politische und administrative Führung von Mannheim gemeinsam mit der Bevölkerung (Stadtgesellschaft) die zukünftige Nutzung gestalten und deren Schwerpunkte festlegen? Wie soll der Wettbewerb zwischen den verschiedenen Angeboten und Zentren in Mannheim stattfinden? Wie soll die Finanzierung der verschiedenen Angebote in einem Mix aus freier Zugänglichkeit und aus finanzierten Angeboten erfolgen?

TRÄGERSCHAFT UND NUTZER:INNEN
Trägerin der Multihalle ist die Stadt Mannheim. In einem vorläufigen Konzept ist vorgesehen, dass der Park rund um die Multihalle zukünftig öffentlich zugänglich ist. Während der Sanierungs- und Umbauphase soll die Multihalle in den kommenden Jahren zunächst wie eine Werkstatt für unterschiedliche Gruppen dienen. Das Quartiersmanagement Herzogenried soll dabei verschiedene Veranstaltungen organisieren und die Entwicklung eines Konzeptes betreuen, mit dem die Multihalle für die ganze Stadt geöffnet werden kann. Vorgesehen ist auch eine offene Plattform im Rahmen der Bundesgartenschau (BUGA) 2023. Die Ausstattung des Gebäudes soll minimal und möglichst nutzungsoffen sein.

Deckenkonstruktion der Multihalle

Entwurf für die Weiternutzung der Multihalle

COFO Architects und PEÑA architecture wurden mit der Ausarbeitung einer ganzjährig nutzbaren „Erstausstattung" der Halle beauftragt

Teilnehmer:innen der Summerschool CO-CREATING HOME 2019

1975
Bau der Multihalle

2016
Abrissbegehren
der Stadt

2016
Gründung
„Multihalle e.V."

2017
Internationaler
Expert:innenworkshop
zur zukünftigen Nutzung

2018
openspace
Biennale Venedig

2023
Wiedereröffnung
zur BUGA

BRÜCKENHAUS

Gemeinsames Engagement für Teilhabe und Zusammenhalt

Tübingen, Baden-Württemberg

Das Brückenhaus und der benachbarte Wohnkomplex der Postbaugenossenschaft

BEITRAG ZU DEMOKRATIE UND TEILHABE

Das Brückenhaus in Tübingen ist ein gemeinsames Projekt bürgerschaftlichen Engagements und aus der Kooperation der Stadt Tübingen, dem Verein für Sozialarbeit, einer privaten Baugemeinschaft und einer Wohnungsgenossenschaft entstanden. In prominenter Lage – zukünftiger Neckarübergang für Fußgänger:innen und Radfahrer:innen – ist ein Ort entstanden, der Menschen verbinden, ihnen die Teilhabe an Bildung und Gesellschaft ermöglichen und günstigen Wohnraum zur Verfügung stellen soll. Das Brückenhaus ist ein fester Standort für die soziale Quartiersarbeit, deren Grundlage ein Empowerment-Ansatz ist, für den im Brückenhaus die Gelegenheiten geschaffen werden.

Lageplan und Grundriss

DER ORT

Das 2020 fertiggestellte Brückenhaus ist im Rahmen eines Konzeptvergabeverfahrens der Stadt Tübingen entstanden. Die Stadt hat das Grundstück in prominenter Lage am Neckar an die private Baugemeinschaft Wolle+ und die Postbaugenossenschaft vergeben. In der Konzeptvergabe wurde bereits die Kooperation aller Beteiligten festgelegt; die Postbaugenossenschaft konnte keinen eigenen konzeptionellen Beitrag leisten und hat sich deshalb vor allem finanziell am Brückenhaus beteiligt. Nach außen und nach innen transparent sind auf einer Fläche von ca. 180 qm unterschiedliche Räume nutz- und gestaltbar. Die großen Fenster schaffen Ein- und Ausblicke und die Terrasse des Brückenhauses geht in einen gemeinsamen Innenhof und den öffentlichen Raum über, der auch im Freien zu Gesprächen einlädt und zum Spielen dient.

DAS PROGRAMM

Das Brückenhaus soll ein multifunktionaler Ort sein, der je nach Nutzung abgeteilt und erweitert werden kann. Es bietet Platz für ein Kontaktbüro zur Beratung, ein Café für Begegnung, Vorträge, Kochen, Spielecke und Rückzugsmöglichkeiten zum vertraulichen Gespräch. Zwei Hochbeete stehen als interkulturelle Gärten für ein gemeinsames Gärtnern zur Verfügung. Außerdem gehören Spielaktionen für Kinder, Hausaufgabenbetreuung, ein Erzählcafé, ein offenes Ess-Zimmer, Bewegungsangebote, Informationsveranstaltungen für geflüchtete Familien und Unterstützungsangebote, ein „Bürokratie-Café", das Hilfe und Unterstützung bei der Verwaltung eigener Unterlagen und dem Ausfüllen von Anträgen leistet, und ein Dolmetscherpool zu den (geplanten) Angeboten.

TRÄGERSCHAFT UND NUTZER:INNEN

Der Tübinger Verein für Sozialtherapie bei Kindern und Jugendlichen e. V. (kit jugendhilfe) ist Eigentümer des Erdgeschosses sowie von drei Mikrowohnungen im Wohnhaus der Baugemeinschaft. Er ist Mitglied in der Baugemeinschaft, die insgesamt das Grundstück und den Rest des Brückenhauses besitzt. Das Obergeschoss ist eine Clusterwohnung für Alleinerziehende mit geringem Einkommen und Studierende. Ihnen wurde bewusst der attraktivste Wohnraum direkt am Neckar zur Verfügung gestellt. Die Belegungsbindung der normalen Wohnungen in der Baugemeinschaft gilt für zehn Jahre; in dieser Zeit hat die Stadt das Belegungsrecht für die Wohnungen. Ziel ist, das ganze Ensemble als gemeinwohlorientiertes Angebot dauerhaft zu sichern. Das Brückenhaus soll allen interessierten Nutzer:innen offenstehen, deren Veranstaltungen einen Nutzen für das Gemeinwohl oder die Nachbarschaft im Quartier erzeugen.

Im Garten wird gemeinsam gespielt und gegärtnert

Mal- und Bastelaktion mit Kindern

Tanzen zur Interkulturellen Woche 2020

Die großzügige Glasfassade lädt zum Eintreten ein

2015
Beginn der Planung als Nachbarschaftszentrum

2016
Beginn der Kooperation der Träger und Baugruppen

2017–2019
partizipative Entwicklung des Konzepts

2018–2020
Bau des Brückenhauses und des Wohnkomplexes

2020
Eröffnung des Brückenhauses

LEBENSORT VIELFALT AM OSTKREUZ

Schutz- und Lebensraum für vulnerable Menschen

Berlin

Buntes Treiben zur Eröffnungsfeier 2018

BEITRAG ZU DEMOKRATIE UND TEILHABE

Der Lebensort Vielfalt am Ostkreuz (LOVO) bietet homosexuellen und trans-intergeschlechtlichen Menschen mit und ohne psychische oder geistige Beeinträchtigung sowie mit und ohne Fluchterfahrung Raum für Rückzug und einen Ort der Repräsentation. Durch die prominente Lage im Berliner Stadtzentrum fördert er die Sichtbarkeit der marginalisierten Gruppen in der Gesellschaft. Die Beratungsangebote fördern Integration, das ansässige Café Transfair sorgt für Teilhabe an der Erwerbsgesellschaft. Von Einzelpersonen in Kooperation mit einer öffentlichen Trägerin initiiert ist der LOVO ein Exempel für gemeinwohlorientierte Bauprojekte aus privater Initiative.

Im Café Transfair arbeiten auch Bewohner:innen des Hauses

DER ORT

Das barrierefreie Wohnprojekt befindet sich in einem sechsgeschossigen Neubau am östlichen Rand des Berliner Stadtzentrums. In den oberen Etagen finden sich Wohnungen unterschiedlicher Größe. In den Erdgeschosszonen sind das Café Transfair und ein Büro der Schwulenberatung Berlin angesiedelt. Der LOVO wurde 2015 von dem Architekten Christoph Wagner und dem Künstler Ulrich Vogel als Reaktion auf den Bedarf an Wohnraum für Geflüchtete initiiert. Zusammen mit der Schwulenberatung Berlin wurde das Konzept auf die heutigen Zielgruppen ausgerichtet und das Projekt realisiert. 2018 zogen die ersten Bewohner:innen ein. 2019 wurde das Haus fertiggestellt.

DAS PROGRAMM

Die ersten vier Stockwerke bieten insgesamt vier Wohngemeinschaften für 31 homosexuelle und trans-intergeschlechtliche Menschen mit und ohne Fluchtgeschichte. In einer der Wohnungen leben Personen mit und ohne psychische oder geistige Beeinträchtigungen. Die Belegung erfolgt durch die Schwulenberatung Berlin. In den beiden oberen Etagen sorgen freivermietete Penthouse-Wohnungen für die soziale Mischung der Hausgemeinschaft. Die Schwulenberatung Berlin bietet Unterstützung und Beratung zur alltäglichen Lebensführung, Pflegeleistungen für Bedürftige, individuelle Hilfeplanung und offene Freizeitangebote. Das Café Transfair, wo einige der Bewohner:innen arbeiten, leistet Eingliederungshilfe. Der LOVO ist kein dauerhafter Wohnort, sondern begleitet seine Bewohner:innen auf dem Weg in ein selbstbestimmtes und eigenständiges Leben.

TRÄGERSCHAFT UND NUTZER:INNEN

Das Haus wird von der Schwulenberatung Berlin betrieben, die sich seit 1981 für die Rechte von LBSTI, Menschen mit besonderen Bedürfnissen und auch Geflüchteten einsetzt. Die Angebote vor Ort richten sich maßgeblich an die Bewohner:innen des Hauses. Das Café Transfair steht auch der Nachbarschaft offen. Das Grundstück wurde mit privaten Mitteln erworben. Das Haus ist für eine Dauer von 30 Jahren an die Schwulenberatung Berlin vermietet und wird profitneutral durch die Mieteinnahmen, insbesondere durch die Einnahmen der Penthouse-Wohnungen finanziert. Die Stiftung Aktion Mensch stellt Fördermittel für das Café Transfair bereit.

2014
Kauf des Grundstücks

2015
Kooperation mit der Schwulenberatung Berlin und Idee für den LOVO

2016
Baubeginn

2018
Einzug erster Bewohner:innen

2019
Fertigstellung und Eröffnung Café Transfair

Büro der Schwulenberatung Berlin

Eingangsbereich

Die Wohnungen sind mit großzügigen Balkonen ausgestattet

Wohnungstür

Der Hinterhof bietet den Bewohner:innen Rückzugsmöglichkeiten

KULTURHAUS RomnoKher

Kultur und politische Bildung als Strategie des Empowerments

Mannheim, Baden-Württemberg

Besuch der Ausstellung im Lichthof vor einer Veranstaltung

Der Kulturkeller soll in Zukunft noch stärker als Lernort genutzt werden

Portraits von Menschen mit Sinti- und Roma-Wurzeln

BEITRAG ZU DEMOKRATIE UND TEILHABE
Das selbstverwaltete Kulturhaus RomnoKher ist ein Ort der Begegnung zwischen Angehörigen der Minderheit der Sinti und Roma und der „Mehrheitsgesellschaft". In diesem geschützten Raum bieten und finden Menschen mit Romani-Hintergrund Angebote und Aktivitäten als Voraussetzung für Identitätsbildung, Selbstentfaltung und Selbstermächtigung. Durch kulturellen Austausch und gemeinsames historisch-politisches Lernen leistet das RomnoKher einen zentralen Beitrag für den Zusammenhalt der Gesellschaft und für die gleichberechtigte Teilhabe einer Minderheit.

DER ORT
Das denkmalgeschützte Gebäude aus dem 19. Jahrhundert wurde als Weingroßhandlung durch einen jüdischen Firmeninhaber betrieben. Das einst auch zu Fabrikationszwecken genutzte Gebäude wurde 1938 „arisiert" und durchlief später den Prozess der „Wiedergutmachung". Am Rande der sogenannten Quadratestadt – Mannheims heutiger Innenstadt – gelegen, finden hier seit 2007 in mehreren Büroräumen, einem Lichthof, einem Kaminzimmer und einem Kulturkeller die Aktivitäten des Kulturhauses statt.

Marionettentheater, das sich spielerisch mit der Aufklärung von Rassismus und Fremdenfeindlichkeit auseinandersetzt

DAS PROGRAMM
RomnoKher ist ein Ort der Begegnung, der Information, Beratung und Betreuung für Sinti und Roma und Interessierte bietet. Zur Förderung von Toleranz und der Wertschätzung von Vielfalt in der Gesellschaft und um dem anhaltenden Antiziganismus entgegenzuwirken, führt der Verein Veranstaltungen in den Bereichen Kultur, Gedenken, Bildung und Politik durch. „Romno" bezeichnet alles, was traditionell und kulturell in der Geschichte der Sinti und Roma verankert ist. Mit Bezugnahme auf diese Bezeichnung finden regelmäßig Konzerte, Kulturfeste, Romanes-Sprachkurse und Gedenkveranstaltungen statt. Es werden mehrdimensionale und interaktive Programme für pädagogisch aufgearbeitete Aufklärungs- und Gedenkarbeit angeboten. Das Programm als außerschulischer Lernort für junge Menschen soll in Zukunft noch weiter ausgebaut werden. Eine Präsenzbibliothek bietet Informationen aus Geschichte und Gegenwart der Sinti und Roma.

TRÄGERSCHAFT UND NUTZER:INNEN
Das RomnoKher wird vom Verband Deutscher Sinti und Roma, Landesverband Baden-Württemberg getragen, der etwa zur Hälfte aus Angehörigen der Sinti und Roma besteht. An der Umsetzung des Angebots sind Ehrenamtliche beteiligt. Zu den intensivsten Nutzer:innengruppen gehören Studierende und Schüler:innen sowie deren Lehrkräfte. Auch Mitarbeiter:innen von Kommunen, Behörden, sozialen und öffentlichen Einrichtungen nutzen das Angebot des RomnoKher. Seit ihrer Gründung 2012 ist die Hildegard Lagrenne Stiftung, die erste von der Minderheit selbst gegründete Stiftung für Bildung, Inklusion und Teilhabe von Sinti und Roma in Deutschland, im RomnoKher beheimatet. Der Landesverband erhält eine seit 2013 per Staatsvertrag festgelegte Grundförderung durch das Land Baden-Württemberg. Einzelne Projekte erhalten zusätzliche Fördergelder.

2019 eröffnete das neu gestaltete Kaminzimmer als Ort für Literatur und Erzählkunst

Die Begegnungsreihe Sinti und Roma führt Menschen aus ganz Europa zusammen

Ausstellung im Lichthof

1874–1877
Fabrikbau

1938
„Arisierung" Weingroß-
handlung Kahn & Wolf

2007
Bezug der Räumlichkeiten
durch den Landesverband

seit 2007
Aufbau und Bespielung des
Kulturhauses RomnoKher

ERFAHRUNGSPARK DES SPORT-UND-JUGENDCLUBS HÖVELRIEGE E.V.

Spielerisch demokratische Werte im Verein lernen

Hövelhof, Nordrhein-Westfalen

Die Burg von Mykene im Erfahrungspark wurde mit Kindern und Jugendlichen gemeinsam gebaut

BEITRAG ZU DEMOKRATIE UND TEILHABE

Der Erfahrungspark leitet Kinder und Jugendliche ab einem frühen Alter an, sich mit der Geschichte der westlichen Demokratie zu beschäftigen. Gemeinsames Werken, Spielen, Darstellen, Diskutieren und Gestalten in der vereinseigenen Kinderkulturgruppe vertiefen diese Inhalte. Durch die Einbindung von jungen Menschen mit Fluchterfahrung fördert der Verein Begegnung und interkulturelle Verständigung. Kinder und Jugendliche üben im Jugendtreff demokratische Prozesse ein und lernen diese zu vertreten. In Verbindung mit herkömmlichen Sportangeboten des Vereins wird der Erfahrungspark so zu einem Lernort der etwas anderen Art.

DER ORT

Der Erfahrungspark des Sport-und-Jugendclubs Hövelriege (SJC) e. V. ist ein Abenteuerspielplatz mit pädagogischem Anspruch auf einem Sportgelände in einem Waldstück am Rande Hövelhofs. Er umfasst verschiedene Nachbauten der griechischen Antike, wie etwa ein Amphitheater oder die Burg von Mykene, die gemeinsam mit Kindern und Jugendlichen aus dem Verein und in schwierigen Lebenslagen gestaltet werden. Ein Grillplatz, Sitzecken sowie Kletter- und Spielgeräte ergänzen das Gelände, das kontinuierlich, zuletzt um einen Permakulturgarten erweitert wurde. Im Jahr 2000 durch ein Forschungsprojekt der Fachhochschule Bielefeld initiiert, um Sport und Geschichtspädagogik zu verbinden, wird der Ort seither durch den SJC weitergeführt.

Eingang zum Erfahrungspark

Burg von Mykene

Fliesenmalerei

DAS PROGRAMM

Auf spielerische Weise vermitteln die Nachbauten der griechischen Antike die Ursprünge der westlichen Demokratie und schulen die Kritik daran. Begleitet wird das Angebot von einer Kinderkulturgruppe, in der Kinder aus dem Verein und benachbarten Aslybewerber:innenheimen unter Anleitung von ausgebildeten Sozialpädagog:innen des Jugendheims Hövelriege sich mit griechischen Sagen in Form von szenischem Spiel, Musik und Kunst beschäftigen. Im vereinseigenen Jugendtreff üben die Jugendlichen demokratische Entscheidungsprozesse ein und lernen selbstbestimmt ihre Interessen zu vertreten. Neben dem gemeinsamen Gärtnern im Permakulturgarten vertiefen die Kinder und Jugendlichen die Auseinandersetzung mit demokratischen Inhalten auf den Freizeitfahrten des Vereins nach Griechenland.

TRÄGERSCHAFT UND NUTZER:INNEN

Der SJC ist ein gemeinnütziger Verein mit aktuell rund 50 Mitgliedern. Die Kinderkulturgruppe wird gemeinsam mit dem Jugendheim Hövelriege e. V. organisiert. Das Grundstück übergab die Gemeinde dem Verein zu einem symbolischen Preis von einem Euro pro Quadratmeter. Die Vereinsarbeit wird hauptsächlich mit Spenden und ehrenamtlicher Arbeit ermöglicht. Für einzelne Projekte akquiriert der Verein private und öffentliche Fördermittel. Der öffentlich zugängliche Erfahrungspark und alle anderen Angebote des SJC richten sich an Kinder und Jugendliche unabhängig von Alter, Geschlecht und Herkunft. Er bindet explizit junge Menschen mit Fluchterfahrung und in schwierigen sozialen Lagen ein.

Kunstobjekte erzählen griechische Mythen

Beim Gärtnern kommen Kinder und Jugendliche unterschiedlicher Hintergründe zusammen

Theateraufführung im Amphitheater

Arbeit mit der Kinderkulturgruppe

Bauarbeiten am Amphitheater

Amphitheather im Erfahrungspark

2000
Idee und Pacht des Grundstücks

2001
Baubeginn und Eröffnung des Erfahrungsparks

seit 2001
Kontinuierliche Erweiterung des Erfahrungsparks

2014–2017
Bau der Burg von Mykene

VOLKSPARK HALLE

Kultur, Bildung und Geselligkeit – damals und heute

Halle an der Saale, Sachsen-Anhalt

Blick auf das denkmalgeschützte Gebäude

BEITRAG ZU DEMOKRATIE UND TEILHABE

Der Entstehungsgedanke des Volksparks, als Reaktion auf eine zunehmende Spaltung der Gesellschaft einen Ort für alle Menschen unabhängig von Bildung, Status, Hintergrund zu schaffen, ist nach über einhundert Jahren so aktuell wie damals. Die für ihre Zeit beispielhaft moderne Architektur bietet darüber hinaus die Chance, Stadtgeschichte und politische Geschichte lebendig nachvollziehbar zu machen.

DER ORT

Der Volkspark Halle ist ein bedeutender Repräsentant der ab Ende des 19. Jahrhunderts in Kontinentaleuropa errichteten Volkshäuser. 1907 als Vereinshaus der SPD eingeweiht, diente das Gebäude nach der Idee von Volkshäusern als Ort der Kultur, Bildung, Versammlung und Erholung besonders für Arbeiter:innen. Im Villenviertel Giebichenstein unweit der Saale gelegen, wirkten die spätwilhelminische Architektursprache und die Jugendstilfassade stadtbildprägend. Das Hauptgebäude, in dem sich der große Veranstaltungssaal für bis zu 1.200 Personen befindet, ist umgeben von einem Garten, einer Kita, einer Turnhalle und einem kleineren Saal. Nach Nutzungsphasen als Kriegslazarett, Großveranstaltungsort und Kulturzentrum drohte das Gebäude nach der Wiedervereinigung und der Rückübertragung an die SPD 1999 zu verfallen. Seit 2004 setzt sich der Verein Volkspark Halle e. V. für den Erhalt und die Nutzung des Gebäudes ein. Nach Übernahme des Gebäudes konnte das Hauptgebäude 2011 teilsaniert werden.

Ausstellung „Hängende Gärten“, 2020

DAS PROGRAMM

Derzeit ist der Verein vorwiegend Gastgeber von kulturellen Veranstaltungen wie Galerieeröffnungen, Lesungen, Konzerten, Streamings, Tanz und Theater. Weiterhin finden neben Tagungen und Kongressen politische Veranstaltungen und Vorträge statt. Das in Erarbeitung befindliche Programm soll die ursprüngliche Idee des Volkshauses integriert und zeitgemäß weiterführen. Der Fokus liegt auf den Sparten Kunst, Kultur, Bildung und Begegnung. Mit der Integration neuer Akteur:innen sollen neue Formate zu Partizipation und Protestformen, sozialer Ungleichheit und Digitalisierung entstehen. Es ist vorgesehen, die Geschichte des Gebäudes museal interaktiv und digital aufzubereiten.

TRÄGERSCHAFT UND NUTZER:INNEN

Der Verein Volkspark Halle e. V. ist seit 2010 Eigentümer des Ensembles. In der Tradition des Volkshauses soll der Ort ein Teilhaberaum für möglichst viele werden. 2020 startete ein Workshopverfahren, in dem u. a. Fridays for Future, junge Architekt:innen, Historiker:innen und Initiativen aus Halle Ideen zur programmatischen Ausrichtung des Ortes sammelten. Die Burg Giebichenstein Hochschule für Kunst und Design betreibt seit 2000 eine Galerie im Hauptgebäude. Der Verein strebt eine durchmischte Nutzer:innenschaft an; neben kulturellen und kommerziellen Akteur:innen ist die Schaffung von Räumen für bürgerschaftliche und migrantische Initiativen, für Kampagnen gegen Fremdenfeindlichkeit und politischen Austausch vorgesehen.

1907
Bau des Volkshauses

1919
Gründungsort KPD Halle

1920
Zerstörung während Kapp-Putsch

bis 1945
Aneignung durch NSDAP

bis 1990
Ort politischer Veranstaltungen

2004
Gründung Volkspark Halle e.V.

Modenschau der Abschlussklasse der Burg Giebichenstein Kunsthochschule Halle

Ausstellungseröffnung

Studierende können die Räumlichkeiten für Fotografieprojekte nutzen

Großer Saal

QUERSTELLER

Ein Zentrum für antifaschistische Arbeit

Fulda, Hessen

Mit vielfältigen Aktionen zeigt der Verein Fulda stellt sich quer e. V. Präsenz im Stadtraum

BEITRAG ZU DEMOKRATIE UND TEILHABE

Der Quersteller ist Keimzelle und Ausgangspunkt für antifaschistische Arbeit in Fulda und der Region. Mit verschiedenen Aktionen und Veranstaltungen fördert der Verein Fulda stellt sich quer e. V. die politische Meinungsbildung und betreibt Aufklärungsarbeit zu Rechtsextremismus, Fremdenfeindlichkeit und Antisemitismus. Auch angesichts zahlreicher Anfeindungen setzt er vielfältige Projekte zur politischen Bildung, zu Antirassismus und zu Erinnerungskultur um und bietet Menschen, die sich politisch engagieren wollen, eine Anlaufstelle.

DER ORT

Der Quersteller ist ein Ladenlokal unweit vom Fuldaer Stadtzentrum, das sich als antifaschistisches und antirasisistisches Zentrum versteht. Gab es im ersten „Quersteller", der 2019 eröffnet wurde, noch Seminar- und Gruppenräume sowie ein kleines Bistro, steht in den 2020 bezogenen Räumlichkeiten neben einem kleinen Büro ein Beratungsraum sowie eine Sitzecke mit Bibliothek zur Verfügung. Ein großes Schaufenster zur Straße bietet die Möglichkeit, die zahlreichen Aktivitäten des Trägervereins auch für Passant:innen sichtbar zu machen. Der neue Ort etabliert sich zunehmend als Treffpunkt für Veranstalter:innen und Zielgruppen aller Vereinsaktivitäten, die im Stadtraum oder an anderen Orten stattfinden. Die Aktiven heben die besondere Bedeutung des eigenen Raums in einer Stadt hervor, an deren Rändern antidemokratische Strömungen starken Zulauf erfahren.

Aktion zum Tag der Befreiung

DAS PROGRAMM

Wesentliche Elemente des Programms werden durch den Verein gestaltet. Im Zentrum steht dabei die Aufklärung über Antisemitismus, Fremdenfeindlichkeit und rechte Tendenzen in der Gesellschaft. Jährlich finden etwa 25 Veranstaltungen statt, die in Kooperation mit Kirchen, Schulen, Stiftungen, Parteien, zivilgesellschaftlichen Gruppen, Vereinen und Einzelpersonen durchgeführt werden. Die Projektgruppenarbeiten, Filmabende, Diskussionsrunden, Lesungen in Schulen, Exkursionen, Zeitzeug:innengespräche und andere Kulturveranstaltungen beschäftigen sich etwa mit der Aufklärung zu Verschwörungstheorien, der Aufarbeitung der deutschen Geschichte in Fulda oder der Bekämpfung rechtsextremer Tendenzen in der Gesellschaft.

TRÄGERSCHAFT UND NUTZER:INNEN

Der Verein Fulda stellt sich quer e. V. ging 2015 aus dem Widerstand gegen den Fuldaer Ableger der Pegida-Bewegung hervor und umfasst heute 145 Mitglieder. Die ehrenamtlich ausgeführten Aktivitäten finanzieren sich ausschließlich durch Vereinseinnahmen wie Mitgliedsbeiträge, Spenden, Crowdfunding und dem Verkauf von Fanartikeln. Einzelne Veranstaltungen werden durch das Bundesprogramm „Demokratie leben!" gefördert. Die Angebote, die auch durch die Impulse Außenstehender initiiert werden, richten sich an alle politisch engagierten Menschen in der Region. Einzelne Programme wenden sich gezielt an Schulklassen. Über soziale Medien erreicht der mehrfach ausgezeichnete Verein aktuell über 60.000 Menschen.

1750
Bau des Gebäudes am ersten Standort

bis 2018
Nutzung als Geschäftsgebäude

2019
Umbau, Beginn der Nutzung durch den Verein

2020
Bezug der neuen Räumlichkeiten

Neue Büroräume

Fanartikel des Vereins

Der erste „Quersteller" bot Seminar- und Gruppenräume

BÜRGERHAUS WILHELMSBURG

Veranstaltungsfläche und Resonanzraum für die Stadt(teil)gesellschaft

Hamburg

Mitten in Wilhelmsburg: Das Bürgerhaus steht allen offen

BEITRAG ZU DEMOKRATIE UND TEILHABE

Für das interkulturell und migrantisch geprägte Hamburg-Wilhelmsburg ist das Bürgerhaus Netzwerkmotor, Beteiligungsplattform und Kulturvermittler zugleich. Unter der Prämisse „Build With Not For" aktiviert und vernetzt es lokale Ökonomien und Initiativen und ermöglicht den Bürger:innen, ihren Lebensraum mitzugestalten. Dadurch stärkt es die Stadtteilidentität und fördert die Selbstwirksamkeitserfahrung der sozial benachteiligten Bevölkerung. Mit Musik als universaler Weltsprache führt das Haus Menschen aller Kulturen zusammen und bestärkt Wilhelmsburg auf dem Weg zu einer teilhabeorientierten Stadt(teil)gesellschaft, in der die Vielfalt der kulturellen Ausdrucksformen eine tragende Rolle spielt.

DER ORT

Das Bürgerhaus liegt auf den Elbinseln inmitten Hamburg-Wilhelmsburgs. Um den sozialen Stigmata des ursprünglich industriell geprägten Stadtteils entgegenzuwirken, initiierte die Projektgruppe Bürgerhaus Wilhelmsburg zusammen mit dem Hamburger Senat das Bürgerhaus. 1985 als kommunikatives Zentrum eröffnet bietet der Klinkerbau seither für die vielfältigen Aktivitäten und Veranstaltungen Wilhelmsburgs auf über 3.700 Quadratmetern Nutzfläche zwei Bühnen, zwei Säle, ein geräumiges Foyer, Workshop- und Tagungsräume sowie ein Restaurant. Aktuell werden die Fassaden erneuert, die Außenräume erweitert und das Haus unter Mithilfe eines Fachbeirats aus Menschen mit körperlichen Einschränkungen barrierefrei umgebaut.

Musik ist das zentrale Thema in allen Angeboten des Hauses

DAS PROGRAMM

Ziel aller Aktivitäten ist die Stärkung der lokalen Stadtteilgemeinschaft. Von 2007 bis 2013 thematisierte die Internationale Bauaustellung (IBA) mit dem „Sprung über die Elbe" das Zusammenwachsen der nördlichen und südlichen Teile Hamburgs, auch in Wilhelmsburg. Für die daran anschließenden Entwicklungsprojekte baut das Bürgerhaus Wilhelmsburg seither Brücken zwischen Bürgerschaft, Planung und Verwaltung. Während es zuvor hauptsächlich eigene Angebote unterbreitetet, stehen heute ko-kreative Prozesse im Vordergrund, in denen lokale Akteure befähigt werden, ihre eigenen Projekte umzusetzen. Einerseits bietet es Räume für Tagungen, Versammlungen, Stadtteilkonferenzen und Sitzungen. Andererseits werden Veranstaltungen wie das Festival „48h Wilhelmsburg" ausgerichtet, bei denen Musik als Medium für kultur- und generationenübergreifende Verständigung genutzt wird.

TRÄGERSCHAFT UND NUTZER:INNEN

Trägerin ist die Stiftung Bürgerhaus Wilhelmsburg. Das Haus wird institutionell durch den Bezirk Hamburg-Mitte, Spenden und Eigeneinnahmen finanziert. Die Projekte werden maßgeblich durch Drittmittel realisiert. Über das Programm entscheidet der Stiftungsrat, der sich aus Vertreter:innen des Bezirks und des Fördervereins Bürgerhaus Wilhelmsburg e. V. zusammensetzt. Eine Tochtergesellschaft übernimmt den wirtschaftlichen Tagungsbetrieb. Die in Kooperation mit lokalen Netzwerken ausgerichteten Angebote richten sich hauptsächlich an lokale Akteur:innen, etwa politische Parteien, Vereine, Kunstschaffende und Unternehmen. Explizites Anliegen ist es, besonders schwer erreichbare Gruppen wie die ansässige Sinti- und-Roma-Gemeinschaft einzubinden.

- 1982 Initiative für die Einrichtung eines Bürgerzentrums
- 1985 Eröffnung des Bürgerhauses
- 2007 – 2013 IBA „Sprung über die Elbe"
- seit 2009 Veranstaltungsort „48h Wilhelmsburg"
- seit 2020 Sanierung und barrierefreier Umbau

Festival „48h Wilhelmsburg“

Das Bürgerhaus bietet viel Platz für Aufführungen, Veranstaltungen und Seminare

GEDENKSTÄTTE GRAFENECK

Ein Ort gegen das Vergessen

Gomadingen, Baden-Württemberg

Die Gedenkstätte Grafeneck auf der Schwäbischen Alb

BEITRAG ZU DEMOKRATIE UND TEILHABE
Die Gedenkstätte Grafeneck ist eine der fünf deutschen Euthanasie-Gedenkstätten in Deutschland. Sie ist Dokumentationszentrum, Begegnungsort sowie Betreuungs- und Wohnort für Menschen mit Behinderungen (Samariter-Stift). Erinnert wird an die Opfer der „Euthanasie“-Morde und daran, dass zur Vorgeschichte der hier begangenen Verbrechen ein mangelnder Respekt vor dem Leben von Menschen und vor deren Recht auf Selbstbestimmung gehört. Zugleich ist es ein Ort, an dem Verwandte ihrer Angehörigen gedenken können.

DER ORT
Grafeneck ist seit 1929 eine Einrichtung des Samariterstiftes. 1939 beschlagnahmte das Württembergische Innenministerium die bestehende Behinderteneinrichtung des Samariterstiftes für „Zwecke des Reiches“. Die Bewohner:innen wurden vertrieben und Grafeneck wurde in eine Tötungsanstalt umgebaut. Ab Januar 1940 wurden hier 10.654 Menschen mit einer sogenannten geistigen Behinderung oder psychischen Erkrankung ermordet. Sie wurden mit (grauen) Bussen aus Heil- und Pflegeeinrichtungen in den heutigen Bundesländern Baden-Württemberg, Bayern und Nordrhein-Westfalen abgeholt, in Grafeneck registriert und noch am gleichen Tag in der Gaskammer auf dem Gelände ermordet. Ab 1941 diente der Ort für die Kinderlandverschickung; 1946 wurde er an die Samariterstiftung zurückgegeben. 1990 wurde die Gedenkstätte errichtet, 2005 das Dokumentationszentrum. Neben Gedenkstätte und Dokumentationszentrum ist Grafeneck weiterhin Lebensraum, Wohnort und Arbeitsplatz für behinderte sowie psychisch erkrankte Menschen.

Dokumentationszentrum Gedenkstätte Grafeneck

Gedenktafel

DAS PROGRAMM
Kern des Programms von Gendenkstätte und Dokumentationszentrum ist es, den Opfern einen Namen und ihren Verwandten einen Gedenkort zu geben. Grafeneck ist Mahnstätte und Zentrum für Bildung, Information, Dokumentation und Forschung. Die Gedenkstätte ist für Gruppen und Einzelpersonen ganzjährig geöffnet; es gibt Fortbildungen, Führungen, Vorträge und Seminare, Bildungsangebote in leichter Sprache sowie eine mobile Wanderausstellung.

TRÄGERSCHAFT UND NUTZER:INNEN
Träger von Gedenkstätte und Dokumentationszentrum ist der Verein Gedenkstätte Grafeneck e. V.; Eigentümerin des gesamten Areals ist die Samariterstiftung. Sie betreut ca. 60 Bewohner:innen in mehreren Wohngruppen auf dem Areal. Die Bewohner:innen werden möglichst in die Arbeit der Gedenkstätte und des Dokumentationszentrums eingebunden. Nutzer:innen sind Angehörige der Opfer, Schulklassen und einzelne Besucher:innen. Ein Schwerpunkt liegt auf einer barrierefreien Zugänglichkeit des Dokumentationszentrums mit Materialien in leicht verständlicher Sprache.

Die Dauerausstellung erzählt die Geschichte des Ortes

Rauminstallation von Jochen Meyder

Eingangsbereich des Dokumentationszentrums

Die Tonfiguren erinnern an die Opfer der Euthanasie

Dauerausstellung im Dokumentationszentrum

1929
Erwerb durch
Samariterstiftung

1940
Beginn der „Euthanasie“

1946
Rückgabe an die
Samariterstiftung

1990
Errichtung der Gedenkstätte

2005
Dokumentationszentrum

OFFENES HAUS DER KULTUREN

Kultur und Politik, selbstorganisiert und interdisziplinär

Frankfurt am Main, Hessen

Blick auf den Eingang

Ehemaliges studentisches Begegnungshaus, 1950er Jahre

BEITRAG ZU DEMOKRATIE UND TEILHABE
Das Offene Haus der Kulturen befindet sich im Wandel vom Studierendenhaus mit 70-jähriger demokratischer Tradition hin zu einem soziokulturellen Zentrum und Begegnungsort für selbstverwaltete Initiativen. Seit der Eröffnung durch Max Horkheimer steht das Haus für eine zeitgenössische Auseinandersetzung mit politischen, gesellschaftlichen und künstlerischen Fragen, die sich oft im Widerspruch zu den bestehenden Verhältnissen artikuliert. Durch eine Öffnung des jetzigen Studierendenhauses für die lokale Zivilgesellschaft kann der Bestand und die kulturelle Vielfalt dieses Ortes erhalten und das Haus als offenes und selbstverwaltetes Haus weitergeführt werden.

DER ORT
Zunächst in den 1950er Jahren als studentisches Begegnungshaus mit drei Geschossen und einem großzügigen Innenhof erbaut und mit amerikanischen Geldern für den Wiederaufbau finanziert, wurde das selbstverwaltete Haus auf dem Campus Bockenheim der Universität Frankfurt zu einem bedeutenden Symbol für die Demokratisierung nach der Zeit des Nationalsozialismus und des Zweiten Weltkriegs. Seit 2001 werden die umliegenden Einrichtungen der Universität an einen neuen Standort verlagert, womit zukünftig die Nutzung des Hauses durch den Allgemeinen Studierendenausschuss (AStA) wegfallen wird. Das zwischenzeitlich bereits zum Abriss vorgesehene Gebäude konnte durch das Engagement von Bürger:innen erhalten werden und steht unter Denkmalschutz.

DAS PROGRAMM
Ziel ist es, einen Raum für politische Diskussion und kulturellen Austausch für die ganze Stadtgesellschaft auszugestalten. Die Formate reichen von Begegnungscafés über Workshops, Diskussionen und Filmvorführungen bis hin zu Ausstellungen, Konzerten, Performances und digitalen Angeboten. Thematisch adressiert werden neben den Schwerpunkten der einzelnen Initiativen auch übergeordnete Herausforderungen wie Klimawandel, globale Migrationsströme, Rassismus und rechten Strukturen, Recht auf Stadt oder die Geschichte des Ortes und die Zukunft Frankfurts. Der bereits jetzt ansässige Kindergarten und ein Studierendenwohnheim sollen erhalten bleiben.

TRÄGERSCHAFT UND NUTZER:INNEN
Das Studierendenhaus wird derzeit noch vom AStA verwaltet. Der Verein Offenes Haus der Kulturen e. V. bündelt rund 30 Initiativen, die sich bereits seit 10 Jahren basisdemokratisch und kollektiv an der programmatischen Gestaltung des Hauses beteiligen. Geplant ist eine Trägerschaft durch den Verein, sobald der AStA auszieht. Das Haus bietet prinzipiell jedem Räumlichkeiten, insbesondere aber Menschen, Gruppen und Initiativen, die aus ökonomischen Gründen, aufgrund ihrer Herkunft, Klasse, Sexualität, ihres Geschlechts, kritischen Charakters oder ihrer Bedürfnislagen woanders wenig Platz haben. Oberste Entscheidungsinstanz ist die Mitgliederversammlung und das zweimal im Monat tagende, allen Interessierten offenstehende Plenum. Finanziell wird der Verein durch die Kulturförderung der Stadt Frankfurt und projektbezogene öffentliche oder private Einzelförderungen getragen.

Frauenkongress im Studierendenhaus 1974

Veranstaltung im Saal

Saal im Studierendenhaus

Die Räumlichkeiten können von verschiedenen Gruppen genutzt werden

Ausstellung in den Gängen

Das Café KoZ befindet sich im Erdgeschoss

Darstellung der Menschenrechte

1953
Eröffnung durch
Max Horkheimer

1995
Sanierung

2000
Denkmalschutz

seit 2006
Bürger:inneninitiativen
setzen sich für Erhalt ein

2019
Konzept zum Offenen
Haus der Kulturen

GRIPS THEATER

Eine Bühne für Emanzipation und Partizipation für Jugendliche und Kinder

Berlin

Eingangsbereich mit Fliesenmosaik von Rainer Hachfeld

BEITRAG ZU DEMOKRATIE UND TEILHABE
Theater wird hier als politisches Instrument verstanden, das Kinder und Jugendliche dazu befähigt, ihre Interessen zu erkennen, auszudrücken und demokratisch durchzusetzen. Der partizipative Ansatz findet sich dabei auf allen Ebenen: künstlerische, programmatische sowie pädagogische Arbeit funktionieren unter Mitbestimmung der Zielgruppe. Durch die stetige Selbstreflexion und Anpassung des Programms schafft es das GRIPS Theater im Wandel der Zeit, seinem emanzipatorischen Anspruch gerecht zu werden.

DER ORT
Das GRIPS Theater wurde 1969 gegründet und befindet sich seit 1973 im ehemaligen Kino Bellevue, im Hansaviertel in Berlin-Tiergarten. Das Kino wurde ebenso wie das Hansaviertel 1957 im Rahmen der Internationalen Bauausstellung eröffnet. Die bauliche Unaufgeregtheit des Ortes reiht sich in das Konzept des Theaters ein: sie materialisiert die Überzeugung, dass Theater, genauso wie der Supermarkt nebenan, allen offenstehen soll. Die Hauptspielstätte des GRIPS Theaters ist das alte Kino, das die Theaterbühne, die Theaterinfrastruktur und die Theaterverwaltung beherbergt. Der alte Vorführungssaal ist als Dreiseitenbühne umgebaut, sodass die Zuschauer:innen von fast allen Seiten auf die ebenerdige Bühne blicken. Weiterhin verfügt das GRIPS über einen Seminar- und Workshopraum sowie eine zweite Bühne in Berlin-Mitte.

DAS PROGRAMM
Als Autor:innentheater greift das GRIPS alltagsrelevante Themen der Kinder und Jugendlichen auf. Politische oder tabuisierte Themen, wie Gewalt in der Familie oder Alkoholismus, werden zugänglich gemacht und ihr gesellschaftlicher Horizont aufgezeigt. Im Mittelpunkt steht nicht das Belehren, sondern ein Ort, der Raum für Austausch Auseinandersetzung und Selbstermächtigung bietet. Dabei sticht die Einbindung der Kinder und Jugendlichen heraus: Vertreter:innen können über Programm, Themen und Umsetzung der Stücke mitentscheiden. Format und (Aus-) Wahl der Vertreter:innen werden jährlich neu konzipiert. Das Theaterangebot wird ergänzt durch ein umfangreiches theaterpädagogisches Programm. Schwerpunkt hier ist die Arbeit mit Schulklassen. Durch die Einbettung und Nachbereitung wird das Gesehene kontextualisiert und es eröffnen sich Gesprächsräume. Zudem finden Ferienprogramme statt, Jugend- und Kinderclubs sowie Kinder- und Jugendbeiräte kommen hier zusammen.

TRÄGERSCHAFT UND NUTZER:INNEN
Trägerin des Theaters ist eine gemeinnützige GmbH, die hauptamtlich geleitet ist. Circa 60 feste Mitarbeiter:innen beschäftigt die gGmbh, darunter ein festes Schauspielensemble. Hinzu kommen circa 50 freie Mitarbeiter:innen sowie Kinder und Jugendliche, die an künstlerischen und organisatorischen Prozessen mitwirken. Der demokratische Ansatz spiegelt sich auch in der alltäglichen Arbeit und in verschiedenen Gremien wider. So werden bspw. alle Fragen über spielplanrelevante Inszenierungen mit gewählten Vertreter:innen aus allen Abteilungen in einem Gremium beschlossen. Das Angebot richtet sich an Kinder und Jugendliche ab zwei Jahren, steht aber allen Altersgruppen offen. Insbesondere benachteiligte und theaterferne Mitglieder der Gesellschaft sollen erreichet werden, unter anderem durch Kartenkontingente für Geflüchtete oder Freikarten, die in Kinderarztpraxen an benachteiligte Familien weitergegeben werden. Eine Grundfinanzierung leistet der Berliner Senat für Kultur und Europa. Für viele Vorhaben gibt es zusätzlich öffentliche oder private Projektförderungen.

1957
Bau des Bellevue-Kinos am Hansaplatz

1969
erstes preisgekröntes Stück

1973
Umzug an heutigen Standort

1986
Premiere LINIE 1

2019
Internationale 50-Jahr-Feier

Eingangsbereich

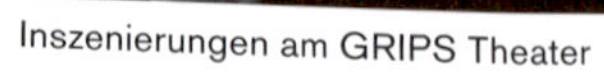
Inszenierungen am GRIPS Theater

Die Zuschauer:innen können auf drei Seiten neben der Bühne platziert werden

Das Theater behandelt insbesondere auch tabuisierte Themen

Das Publikum ist im GRIPS Theater ganz nah dran und mit dabei

UNIKATUM KINDER- UND JUGENDMUSEUM

Große Fragen der Zeit spielerisch erfassen

Leipzig, Sachsen

Der Sitz des Kinder- und Jugendmuseums im Leipziger Stadtteil Plagwitz

Spielerisch die ganze Welt erklären

BEITRAG ZU DEMOKRATIE UND TEILHABE
Das UNIKATUM Kinder- und Jugendmuseum versteht sich als Ort für Familien, der gesellschaftliche Themen anspricht und Unterhaltung bietet. So sollen Kinder mithilfe eines attraktiven Freizeitangebots für die wichtigen Fragen der Zeit und die mit ihnen verbundenen Aufgaben sensibilisiert werden. In Sommerwerkstätten und mit Wettbewerben werden Themen partizipativ bearbeitet und damit Prozesse demokratischer Teilhabe vermittelt. Die Integration der Arbeitsergebnisse in die jeweiligen Ausstellungen sorgt für Identifikation und die Wahrnehmbarkeit von unterschiedlichen Positionen.

DER ORT
Gegründet wurde das Museum 2010. Ursprünglich hatte die Gründerin gar nicht an einen festen Ort gedacht, sondern wollte probeweise einzelne Ausstellungen für Kinder- und Jugendliche gestalten. Die Etablierung des Museums folgte dem großen Anklang und dem Bedürfnis, der wachsenden Sammlung an Exponaten ein dauerhaftes Zuhause zu geben. Die Räumlichkeiten in einem um 1900 erbauten Stadthaus in Leipzig-Plagwitz konnten günstig angemietet werden; geplant ist der Erwerb zur Sicherung der Unabhängigkeit des Hauses. Mittlerweile gibt es in mehreren Etagen Ausstellungsräume, außerdem ein ganzes Geschoss voller Spiel-, Tobe- und Bastelmöglichkeiten. Seit der letzten großen Erweiterung komplettieren ein Garten, der in die Ausstellungskonzepte einbezogen wird, und ein Café für Familien das Freizeitangebot. Als einziges Kinder- und Jugendmuseum in Ostdeutschland ist das UNIKATUM über den Leipziger Raum hinaus ein attraktives Freizeitziel für Familien.

DAS PROGRAMM
Die wechselnden, interaktiven Ausstellungen sind als „begehbare Bilder" inszeniert, die von den Besucher:innen erspielt werden können. „Spielerisch die Welt entdecken" ist das Motto des Angebots. Die Themen reichen von Nachhaltigkeit und Ökologie über Toleranz und Demokratie bis hin zur Erschließung ökonomischer Fragestellungen über das Stichwort „Geld". Beispiele des Jahres 2020 sind die Ausstellung „Wenn ich Bürgermeister wär", in der die lokalen demokratischen Institutionen erklärt und erlebbar gemacht werden, oder „Was uns auf den Teller kommt" rund um das Thema Essen und Ernährung. Kindergeburtstage, Gruppenführungen, Angebote für Schulklassen, Ferienprogramme und Workshops zu den jeweiligen Ausstellungen ergänzen das Programm. Die Verknüpfung attraktiver Möglichkeiten der Freizeitgestaltung mit einem Bildungsanspruch steht im Mittelpunkt der Anstrengungen.

TRÄGERSCHAFT UND NUTZER:INNEN
Trägerin des Museums ist eine gemeinnützige GmbH, die ehrenamtlich geleitet ist und neben einigen festen Mitarbeiter:innen zahlreiche Honorarkräfte beschäftigt. Ein Netzwerk von Ehrenamtlichen unterstützt das Team. Die Einnahmen aus Eintrittsgeldern und aus dem Betrieb des Cafés werden ergänzt durch eine institutionelle Förderung seitens der Stadt Leipzig. Für die Ausstellungen müssen jeweils projektbezogene Mittel aus unterschiedlichen Fördertöpfen akquiriert werden, was bei der Themenfindung mitbedacht wird. Das Angebot richtet sich an Kinder zwischen 1 und 14 Jahren und ihre Eltern, wobei ein erkennbarer Schwerpunkt auf dem ersten Lesealter liegt.

1900
Bau des Hauses

1970er Jahre
Verfall des Hauses

2010
Sanierung

2010
Gründung des Museums

2020
Übernahme als Eigner oder Erbpächter

Von Kindern mitgestaltete Exponate

Raum und Material zum Anfassen

Außenbereich mit Freiluft-Ausstellung

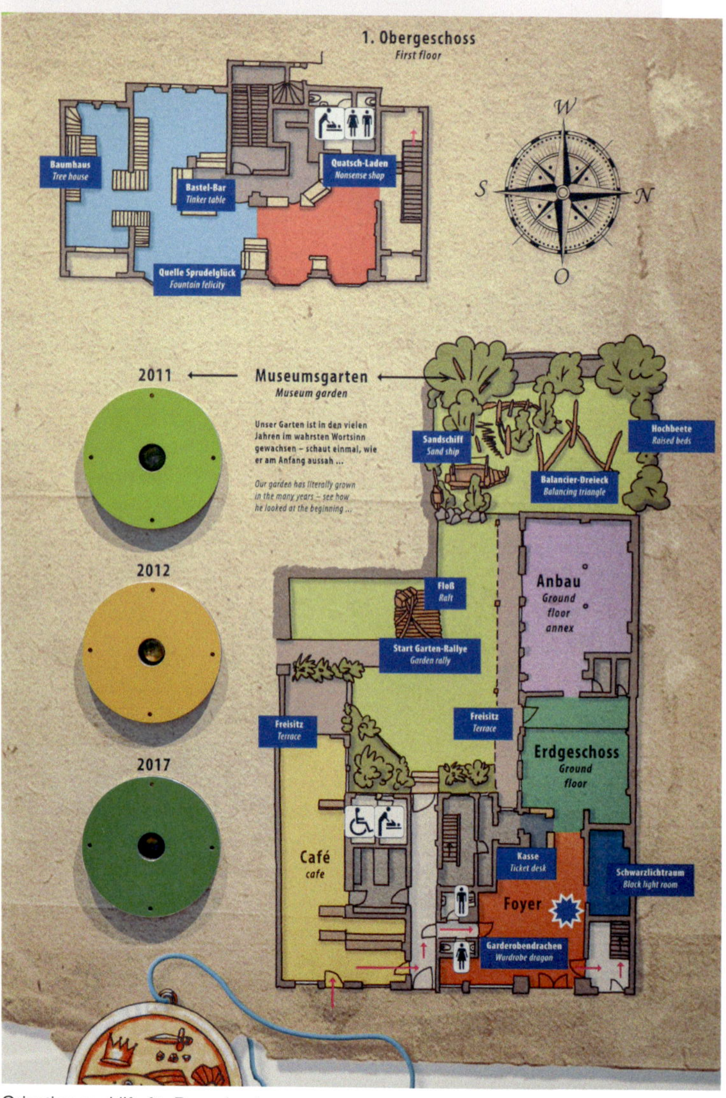

Orientierungshilfe für Besucher:innen

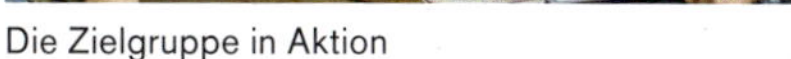

Die Zielgruppe in Aktion

Crossmediale Angebote

Kinderreporter im Einsatz

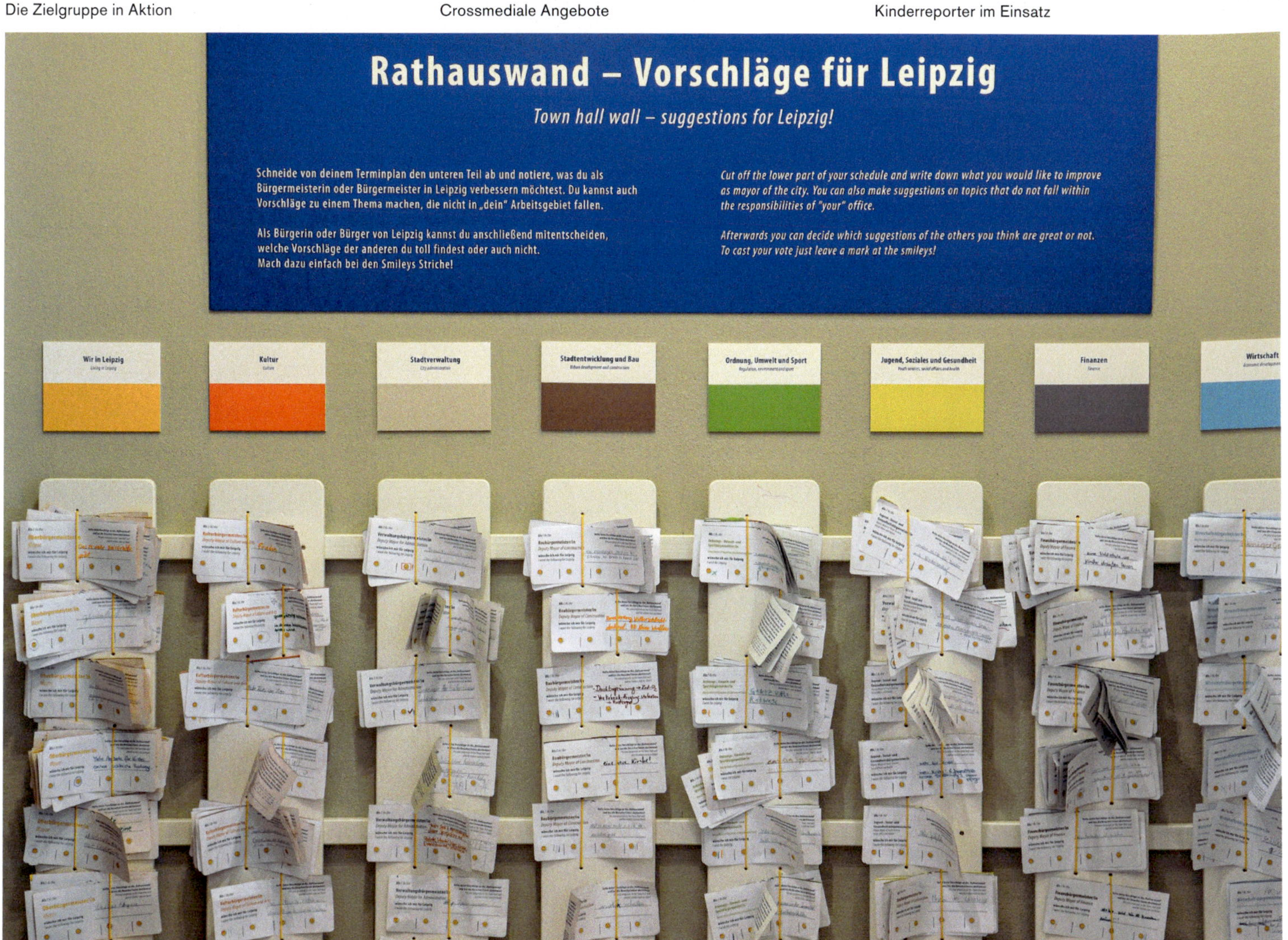

Ausstellung „Wenn ich Bürgermeister wäre ...“: gesammelte Vorschläge

SOZIOKULTURELLES ZENTRUM IM ALTEN GASOMETER

Ein konzentrierter Ort für Demokratiebündnisse

Zwickau, Sachsen

Das Soziokulturelle Zentrum im alten Gasometer

BEITRAG ZU DEMOKRATIE UND TEILHABE
Das Programm im Alten Gasometer in Zwickau umfasst Jugend-, Kultur- und Demokratiearbeit. Mit niederschwelligen Angeboten werden die Bedeutung und das Zusammenspiel von Vielfalt, Bildung und Teilhabe als Grundlage einer demokratischen Gesellschaft vermittelt. Dafür wird mit verschiedenen Partner:innen gezielt der öffentliche Raum in Zwickau außerhalb des Gasometers aufgesucht, seit 2019 verstärkt auch der ländliche Raum. Der Schwerpunkt des Angebotes im Bereich der Demokratiearbeit liegt insgesamt auf Jugendlichen.

DER ORT
Der Gasometer wurde 1875 zur Erzeugung von Gas in Betrieb genommen. Nach der Wende wurde er zunächst als Lagerraum genutzt, bevor ab Mitte der 1990er Jahre seitens der Stadt ein Konzept zur Erhaltung des Industriedenkmals und zur Nutzung als soziokulturelles Zentrum entwickelt wurde, dessen Eröffnung nach Umbau im Jahr 2000 stattfand. Angesiedelt sind in den angeschlossenen Büroräumen neben dem Verein auch die Koordinationsstellen des lokalen Bündnisses für Demokratie und Toleranz der Zwickauer Region sowie von „Schule ohne Rassismus – Schule mit Courage“ und von „Zwickauer Partnerschaft für Demokratie“ im Rahmen des Bundesprogramms „Demokratie leben!“. Der alte Gasometer selbst ist ein Veranstaltungsort für Kultur, Musik und Bildung.

Blick vom Garten auf den ehemaligen Gasometer

DAS PROGRAMM
Die Angebote, die von den verschiedenen Koordinierungsstellen ausgehen, reichen von Jugendarbeit (u.a. offener Jugendtreff, Streetwork-Team, Geschichtswerkstatt) über Kulturarbeit (u.a. Kino, Kleinkunst, Stadtfest) bis zur Demokratiearbeit (Vernetzung, Projekttage, Begleitung des Jugendparlaments). Es gibt eine institutionelle Förderung der Stadt Zwickau sowie weitere Projektförderungen, sodass insgesamt mehrere Vollzeitstellen zur Verfügung stehen. Fördermittel kommen von Bund, Land, Landkreis, Gemeinden sowie Zweckverbänden und Stiftungen. Vereinsmitglieder sind u.a. die Oberbürgermeisterin, eine Bürgermeisterin und einige Stadtratsmitglieder.

TRÄGERSCHAFT UND NUTZER:INNEN
Träger ist der Verein Alter Gasometer e.V. in Zwickau. Seine Wurzeln reichen bis in die Friedensbewegung zu Zeiten der DDR; heute bestimmt ein soziokultureller und kulturpolitischer Ansatz die Ausrichtung der Inhalte. Nutzer:innen sind vor allem junge Menschen, in einer Reihe von Angeboten – z.B. Projekttage und Weiterbildungen für Bildungseinrichtungen und Firmen – auch spezifische andere Zielgruppen oder bei Kino, Theater und Lesungen die allgemeine Öffentlichkeit.

1874
Bau des Gasometers

1990
Gründung des vorläufigen Friedenzentrums

1992
Gründung des Vereins

2000
Eröffnung als soziokulturelles Zentrum

seit 2008
Arbeitsbereich „Demokratiearbeit“

seit 2009
„Demokratietage“

Sommerbühne am alten Gasometer

Veranstaltung im Saal

Jugendliche bei einem Workshop im soziokulturellen Zentrum

Saal im alten Gasometer

HAUS AM TEURINGER

Ein inklusiver Begegnungs- und Lebensort als neues Herz der kleinen Gemeinde

Oberteuringen, Baden-Württemberg

Das Haus am Teuringer ist der zentrale Treffpunkt Oberteuringens

Im Innenhof begegnen sich die Besucher:innen der verschiedenen Einrichtungen

DAS PROGRAMM

Der Familientreff und die Kindertagesstätte bieten altersgruppenspezifische Angebote. Die Pflegeeinrichtung verfügt über insgesamt 45 Plätze und versorgt zwölf Menschen mit sehr hohem Unterstützungsbedarf mit einer verlässlichen Tagesstruktur. Die Lebensräume für Jung und Alt sind ein Mehrgenerationenwohnprojekt, das 20 barrierefreie Wohnungen umfasst. Die Mediathek bietet eine Kinderbibliothek und Lesestoff in leichter Sprache sowie für Menschen mit eingeschränktem Sehvermögen. Das Café ist der zentrale Treffpunkt der Gemeinde. Koordiniert und vernetzt werden die Einrichtungen durch das Büro für Gemeinwesenarbeit. Dieses unterstützt das örtliche Ehrenamt und Engagement, berät zu Wohnen, Versorgung und Gesundheit und vermittelt bei Fragen der Teilhabe. Neben Gemeindefesten organisiert es Angebote für Kinder und Jugendliche, z.B. einen Kinder- und Jugendbeirat, und betreibt Integrations- und Inklusionsarbeit.

BEITRAG ZU DEMOKRATIE UND TEILHABE

Als Treffpunkt von Menschen aller Generationen, mit und ohne körperliche oder geistige Beeinträchtigung steht das zentral gelegene Haus am Teuringer symbolisch für das Miteinander der Gemeinde im Sinne der Inklusion. Das Gebäudeensemble mit seinen Freiflächen fördert Kontakt, Austausch und Dialog von Menschen, die sich sonst nicht begegnen würden. Der lebendige Ort gibt Gruppen, die gerade in Kleinstädten häufig im Zusammenleben unsichtbar sind, Raum inmitten der Gesellschaft. Entstanden aus dem Zusammenwirken von Gemeinde, bürgerschaftlichem Engagement und der Stiftung Liebenau ist das Haus am Teuringer nicht nur Ermöglicher von Teilhabe, sondern zugleich Produkt eines demokratischen Strebens nach Gleichberechtigung und Inklusion mit Strahlkraft über die Ortsgrenzen hinaus.

DER ORT

Das Haus am Teuringer ist ein Gemeindezentrum im Ortskern Oberteuringens. Auf über 7.000 Quadratmetern bietet es Platz für Gemeinwesenarbeit, einen Familientreff, eine Kindertagesstätte, eine Mediathek, die Tagespflegeeinrichtung, das Bildungs-, Begegnungs- und Förderzentrum und die Lebensräume für Jung und Alt der Stiftung Liebenau. Das Café am Teuringer und der Innenhof schaffen Raum für Aufenthalt und Begegnung. Das 2018 fertiggestellte, barrierefreie Zentrum ist das Ergebnis jahrzehntelanger Zusammenarbeit und gemeinsamer Zielsetzung der Gemeinde als Bauherrin, lokalen Initiativen und der Stiftung Liebenau Teilhabe, die im Ort eine weitere dezentrale Pflegeeinrichtung betreibt. Das Haus am Teuringer ist kein Solitär, sondern das größte unter vielen Inklusionsprojekten der stark wachsenden Gemeinde.

TRÄGERSCHAFT UND NUTZER:INNEN

Die Gemeinwesenarbeit wird durch die Gemeinde getragen. Ein externer Dienstleister ist für das Café zuständig. Die Mediathek ist ehrenamtlich organisiert. Trägerin des Mehrgenerationenwohnens und der Pflegeeinrichtung ist die Stiftung Liebenau Teilhabe, die in Baden-Württemberg mehrere dezentrale Pflegeeinrichtungen betreibt. Über das Haus hinausgehende Projekte werden mit lokalen Gruppen, etwa dem Sozialbeirat oder der Bürgerstiftung Oberteuringens, koordiniert. Als öffentliches Zentrum und mit seinen breiten Angeboten richtet sich das Haus an Menschen aller Altersgruppen und Herkünfte, mit und ohne körperliche oder geistige Beeinträchtigungen.

Mittendrin: Sommerfest der Gemeinde

„Neubürgerbegrüßung“ im Café am Teuringer

Räume des Familientreffs

Lageplan des Haus am Teuringer

2012
Beginn der Planungen

2016–2018
Bau Haus am Teuringer

2018
Eröffnungsfeier

BELLEVUE DI MONACO

Integrationshaus und offener Ort inmitten von Stadt und Gesellschaft

München

Prominent gelegen im Glockenbachviertel: das Bellevue di Monaco

Der Innenhof lädt zum Verweilen ein

Veranstaltung im Innenhof

Theateraufführung

BEITRAG ZU DEMOKRATIE UND TEILHABE
Als Ort der Begegnung zwischen Einheimischen und Neuankommenden fördert das Bellevue di Monaco den offenen Dialog zu Themen wie Flucht, Migration und Integration. Geflüchtete werden hier nicht an den Rand gedrängt. Vielmehr finden sie einen Platz im Zentrum, wo Lösungen gemeinsam entwickelt werden können. Aus zivilgesellschaftlichem Protest hervorgegangen wendet sich das Bellevue di Monaco gegen Gentrifizierung und Leerstand und steht symbolisch für eine soziale Stadtentwicklung, die sich von kommerziellen Interessen abwendet und sich am Gemeinwohl orientiert.

DER ORT
Das Bellevue di Monaco ist ein dreiteiliges Gebäudeensemble im Münchner Glockenbachviertel. In den Häusern finden sich Wohnungen für junge Erwachsene mit Fluchterfahrung, ein Begegnungscafé sowie Räume für kulturelle Veranstaltungen. Als die Stadt 2012 den benachbarten Ballspielplatz überbauen und die bis dahin leerstehenden Häuser abreißen wollte, regte sich Widerstand in einer Gruppe Kunst- und Kulturschaffender. Eine künstlerische Protestaktion gegen den Abriss erzeugte große mediale Resonanz. Mit einem Konzept, das die Bedarfe von Geflüchteten aufgriff, überzeugte die Gruppe 2015 den Stadtrat. In Kooperation mit der WEGENO eG gründete sich die Sozialgenossenschaft Bellevue di Monaco eG, die das Haus bis 2018 gemeinsam mit Geflüchteten sukzessive sanierte und in Betrieb nahm. Der 2020 fertiggestellte Ballspielplatz auf dem Dach des Ensembles rundet die Entstehungsgeschichte ab.

DAS PROGRAMM
Das Bellevue di Monaco bietet in fünf Wohngemeinschaften Raum für zwanzig junge Erwachsene mit Fluchterfahrung als Übergang zwischen Erstaufnahme und eigenständigem Leben. Zusätzlich finden hier sieben geflüchtete Familien und zwei Bestandsmietparteien ein Zuhause. Das Café bietet Arbeitsplätze und Raum für Begegnung zwischen Alt- und Neumünchner:innen. Neben Angeboten wie Sprachkursen, Lern- und Hausaufgabenhilfe sowie Reparaturwerkstätten finden breite Kulturprogramme statt, von Poetry-Slams hin zu Lesungen, Konzerten und Filmabenden, die die Themen Flucht und Integration behandeln. Beratungsangebote zu den Themen Asyl und Migration, Arbeitsmarkt, Wohnen sowie spezifische Programme für geflüchtete Frauen ergänzen das Programm.

TRÄGERSCHAFT UND NUTZER:INNEN
Das Gebäudeensemble wurde für 40 Jahre per Erbpacht an die Sozialgenossenschaft übergeben, die heute fast 700 Genoss:innen umfasst, darunter prominente Personen aus der Münchner Kultur- und Kunstszene. Die Wohnungen der jungen Geflüchteten sind an verschiedene Jugendhilfeträger vermietet. Das Café ist ein eigener Wirtschaftsbetrieb der Genossenschaft. Die Beratungs-, Sprach- und Kulturangebote werden mit zahlreichen Kooperationspartner:innen realisiert. Das Programm wird in großen Teilen ehrenamtlich getragen. Das Bellevue die Monaco finanziert sich aus den Kapitaleinlagen der Genossenschaft, Spenden, Förderungen durch Stiftungen, Sponsoren und Benefizveranstaltungen. Die Angebote richten sich an Geflüchtete und Nichtgeflüchtete zugleich.

1826
Bau der Müllerstr. 2–4

1950er Jahre
Bau der Müllerstr. 6

2000er-Jahre
Leerstand

2014–2015
Konzept
Bellevue di Monaco

2016
Erbpachtvergabe und
Renovierung

2018
Inbetriebnahme
Integrationshaus

Der neue Dachsportplatz

Das Integrationshaus wurde mit den Bewohner:innen renoviert.

Viel Platz für Musik, Theater und Kultur

Café des Bellevue di Monaco

Das Café ist Verweil-, Begegnungs- und Veranstaltungsort

Plakate am Hauseingang

Möbelbau-Workshop im Bellevue di Monaco – ein Beispiel für das vielfältige Veranstaltungsprogramm

ANHANG

WETTBEWERBSBEITRÄGE

ACT_Lab
Berlin

Akademie für interdisziplinäre Prozesse »afip!«
Offenbach am Main

Alexander-Haus
Potsdam

ALL IN
Kassel

Alle Straßen und Plätze in Deutschland

Allgemeine Homosexuelle Arbeitsgemeinschaft (AHA-Berlin)
Berlin

Alltägliche imaginäre Orte
Berlin

Alte Rollschuhbahn Bad Lausick
Bad Lausick

Alte Spitzenfabrik Grimma
Grimma

ALTER
Mannheim

Altes Kloster Bad Saulgau
Bad Saulgau

Antikriegshaus im Friedens- und Nagelkreuzzentrum Sievershausen
Sievershausen

Architektur- und Umwelthaus (AUH)
Naumburg

art der stadt mit der Spielstätte fundament
Gotha

b-05 Kunst-Kultur-Natur Forum
Montabaur

B-Side
Münster

Bahnhof Röblingen am See
Röblingen am See

Balower Kultur- und Kommunikationszentrum (KUK)
Balow

Bauen mit Lehm für Groß und Klein
Hamburg

Bauspielfarm Recklinghausen Suderwich
Recklinghausen

bea – Bochumer Ehrenamtsagentur
Bochum

Begegnungsraum Stuttgart
Stuttgart

Begegnungsstätte Schloss Gollwitz
Brandenburg an der Havel

Begegnungszentrum Bärenkämpen
Minden

Bellevue di Monaco eG
München

Besucher- und Dokumentationszentrum der Gedenkstätte Gardelegen
Gardelegen

bilderhaus
Gschwend

Bildung für alle
Freiburg

Bispinghof Nordwalde
Nordwalde

Blaue Blume
Friedrichshafen

Blaue Bude
Dinslaken

BlueBoxBochum
Bochum

Botschaft für Kinder
Berlin

Brückenhaus
Tübingen

BuchHaus Hahnbach
Hahnbach

BUENA VISTA Atriumhaus
Herrenberg

Burg Frankenberg Kultur & Begegnung
Aachen

Bürger- und Kulturzentrum kabelmetal
Windeck

Bürger- und Rathaus der Gemeinde Murr
Murr

Bürgerdorf am Alsberg
Waldbröl

Bürgerhaus „Haus der lebendigen Mitte“
Lastrup

Bürgerhaus am Markt
Bad Berleburg

Bürgerhaus Gnarrenburg
Gnarrenburg

Bürgerhaus mit Bürgerhof und Kulturscheune
Erlabrunn

Bürgerhaus Wilhelmsburg (Büwi)
Hamburg

Bürgerpark FreiFeld
Halle

Bürgerpark Kennedywiese
Puchheim

Bürgerzentrum Braugasse 1
Hoyerswerda

Bürgerzentrum Kleine Markthalle
Stendal

Bürgerzentrum Neue Vahr
Bremen

Campus für Demokratie in der ehemaligen Stasi-Zentrale
Berlin

Campus Schloss Trebnitz
Müncheberg

Caritas-Pirckheimer-Haus
Nürnberg

Chapel – Raum für Stadtkultur
Heidelberg

Circus MoMoLo
Jena

Circus Schatzinsel
Berlin

Clemens-August-Campus
Brühl

Coachingzentrum Freiburg
Freiburg

Cohaus Kloster Schlehdorf
Schlehdorf

Collegium Academicum
Heidelberg

COMMUNITYartCENTERmannheim
Mannheim

Conne Island Skatepark / SK8ISLAND
Leipzig

Corona-Ausstellung des Corona Design Lab
Kaufbeuren

CREAPOLIS
Coburg

Das digitale Bürgerhaus
Digital

Das Glasperlenspiel in Asperg
Asperg

Das Hallo Projekt
München

Demokratiebahnhof
Anklam

Demokratieladen
Eisenach

DemokratieWagen
Frankfurt am Main

Denkmal und Gedenkstätte für die „Wasserburger Opfer“ des Nationalsozialismus am Heisererplatz in Wasserburg am Inn
Wasserburg am Inn

Deutsches Auswandererhaus
Bremerhaven

DIESE Kulturwerkstatt
Darmstadt

Diester – Ort offener Begegnungen
Prenzlau

different people
Chemnitz

Dirtbikepark Hilchenbach
Hilchenbach

Doku Blumenthal
Bremen

Dokumentations- und Lernort Bückeberg
Hameln

Dokumentationsstätte Gnadenkirche Tidofeld
Norden

Dorfgasthaus bolando
Bollschweil

Dorfgemeinschaftshaus Alsbach
Alsbach

Dorfgemeinschaftshaus in Hausen
Hausen (Wied)

Dorfladen Odernheim
Odernheim am Glan

Dörphus Dierhagen
Dierhagen

Dreifaltigkeitskirche
Hamburg

Drop In Jugendtreff auf dem RAW-Gelände
Berlin

Dußlinger Projekt-Café
Dußlingen

East Side Gallery
Berlin

ecovillage hannover-kronsberg
Hannover

Eden-Agora
Oranienburg

Ehemalige Synagoge Rexingen
Horb am Neckar

Ehemaliges Zwangsarbeiterlager Ehrenbürgstraße
München

Ein Ort der Mitte in der Mitte des Ortes
Betzigau

einsA
Dülmen

Einschnitt – Erinnerungsort Olympia-Attentat München 1972
München

Eisenhüttenstadt mit der Ergänzung um die „Architektur des kommunikativen Ortes"
Eisenhüttenstadt

Erdhaus der Kindertagesstätte Wichtelhausen
Altmärkische Höhe

Erfahrungspark des SJC Hövelriege e.V.
Hövelhof

Erinnerungs- und Lernort im Turm der Garnisonkirche
Potsdam

Erinnerungsort BADEHAUS
Wolfratshausen

Erinnerungsstätte Notaufnahmelager Marienfelde
Berlin

ESTA-Haus der Vielfalt
Neuruppin

Europa-Speicher – Akademie für Europäische Bildung
Oberuckersee

Europäische Akademie Otzenhausen
Nonnweiler

Europäische Jugendbildungsstätte Magdeburg
Magdeburg

Europe-Dome der Initiative European Public Sphere
Köln

Evang.-Luth. Gemeindezentrum Prien am Chiemsee
Prien am Chiemsee

Evangelischer Campus Daniel
Berlin

Evangelisches Bildungszentrum Hospitalhof Stuttgart
Stuttgart

Evangelisches Familienzentrum Großziethen
Schönefeld

Expedition Metropolis in der Alten Desinfektionsanstalt
Berlin

Fahrradwerkstatt Pommernanlage
Wolfhagen

Familien- und Generationenzentrum Neustadt
Neustadt

Familienzentrum des Deutschen Kinderschutzbundes OV Kassel e.V.
Kassel

Familienzentrum Pfleghof
Metzingen

Feldsteinscheune Bollewick
Bollewick

Festival-Infrastruktur Jamel
Jamel

Fliegendes Forum
Leipzig

Floating Campus
Berlin

Forsthof Jamel mit dem Festival „Jamel rockt den Förster"
Jamel

Forum Dommitzsch
Dommitzsch

Fotoausstellung „Gesichter der Demokratie"
Wolfenbüttel

FREI_RAUM für Demokratie und Dialog
Leipzig

Freibad Maibach
Butzbach

Freiraum für Kunst – Kunst im Freiraum
Stolzenau

Freiraum Mitte
Gera

Friedensobelisk in Klosterlechfeld
Klosterlechfeld

Friedrich-Ludwig-Jahn-Museum
Freyburg (Unstrut)

Fritz-Reuter-Haus
Grabow

Frizz23
Berlin

Fünf Orte in Bochum
Bochum

Futurium Berlin
Berlin

Gallus Zentrum
Frankfurt am Main

Gängeviertel
Hamburg

Gans Woanders
München

Garten der Weltoffenheit – „Weltoffenheit übern Gartenzaun"
Angersdorf

Garten des Buches im Kloster Lindow
Lindow (Mark)

Gebäudeensemble der Ev.-Luth. St.-Johannes Kirchengemeinde
Oldenburg

Gedenkort für die wegen ihres Widerstandskampfes gegen das Nazi-Regime ermordeten Eisenbahner
Berlin

Gedenkstätte Grafeneck
Gomadingen

Gedenkstätte KZ-Außenlager Schlieben-Berga
Schlieben

Gedenkstätte Point Alpha
Geisa

Gedenkstätte Zuchthaus Cottbus
Cottbus

Geestschaukel
Hamburg

Gemeindehaus der Ortsgemeinde Platten
Platten

Gemeindehaus und Wiese der Martin-Luther-Kirchengemeinde
Hildesheim

Gemeindesaal der ev. Kirchengemeinde Bad Endorf
Bad Endorf

Gemeindezentrum der Evangelischen Kirchengemeinde Wilferdingen
Remchingen

Gemeindezentrum Grünstraße Burg
Burg

Gemeindezentrum Pieskow
Friedland

Gemeinschaftsgarage
Radolfzell am Bodensee

Gemeinschaftshaus Wulfen (Agora)
Dorsten

Gemeinschaftszentrum Stetten-Neumatt
Lörrach

Generationenbahnhof Erlau
Erlau

GeSCHICHTENberg Itzehoe
Itzehoe

Gesundbrunnenviertel
Berlin

GOgarten
Nürnberg

Grafschaft Bentheim
Nordhorn

Grenzmuseum Schifflersgrund
Asbach-Sickenberg

Grethergelände Freiburg
Freiburg

GRIMMWELT
Kassel

GRIPS Theater
Berlin

Gröninger Hof
Hamburg

GrowWorkLab
Witzenhausen

Gut Alt Schurzelt
Aachen

Gutshaus Glashagen
Wittenhagen

Gutshof Neuendorf im Sande
Steinhöfel

Haldenfamilie im Lippepark Hamm
Hamm

Hallenbad Stuttgart-Feuerbach
Stuttgart

Haus am Teuringer
Oberteuringen

Haus am Westbahnhof
Landau in der Pfalz

Haus auf der Alb
Bad Urach

Haus Brelinger Mitte
Brelingen

Haus der Begegnung Bedburg-Kaster
Bedburg

Haus der Begegnung in Rodenbeck
Minden

Haus der Europäischen Geschichte
Brüssel

Haus der Geschichte der Bundesrepublik Deutschland
Bonn

Haus der Jugend
Cuxhaven

Haus der Jugend Pforzheim
Pforzheim

Haus der Kulturen
Lübeck

Haus der Statistik
Berlin

Haus der Weimarer Republik – Forum für Demokratie
Weimar

Haus des Engagements
Freiburg

Haus Neues Landleben mit Streuobstwiese
Ziegendorf

Haus Posen
Kassel

Haus Reichstein
Gelsenkirchen

Haus Wiesmann
Bochum

Hausprojekt Nika
Frankfurt am Main

Heimathaus des Vereins Altenberge e.V.
Altenberge

heimatLABOR
Ballenstedt

Heini-Klopfer-Skiflugschanze Oberstdorf
Oberstdorf

heizhaus
Nürnberg

Helferkreiswohnung
Kaiserslautern

Herrenhaus der Stiftung Adam von Trott
Bebra

himmelbeet Gemeinschaftsgarten
Berlin

Himmelsfels
Spangenberg

Hitzacker/Dorf
Hitzacker

Hoch(stedt)KULTUR
Hochstedt

Hofkünstlerei und Fachwerk
Melbeck

Horváth-Zentrum
Mörfelden-Walldorf

HP8 Kreativ Quartier
München

IBiS Schulen Maria Montessori Wittenberge
Wittenberge

Ideenwerkstatt Darmstadt
Darmstadt

in:takt
Magdeburg

Inklusives Kulturcafé Anna Blume
Hannover

Innenhof in der Bergmannstraße
Berlin

Integrationshaus
Köln

Integrationszentrum Weingarten
Weingarten

Integratives Zentrum Futura & Paul-Gustavus-Haus
Altenburg

Interkultureller Garten „Bunte Erde"
Chemnitz

Internationale Begegnungsstätte „Lohgerberei"
Mölln

Johanniter-Carrée „Oeynhausener Schweiz"
Bad Oeynhausen

Johannstädter Kulturtreff
Dresden

Jugendbeirat Sassnitz
Sassnitz

Jugendcafé im Schloss Dryburg
Bad Langensalza

Jugendclub „Alte Schlosserei"
Wittstock

Jugendclub Bliesransbach
Kleinblittersdorf

Jugendclub Staupitz
Gorden-Staupitz

Jugendhof Dörnberg
Dörnberg

Jugendkulturzentrum forum Mannheim
Mannheim

Jugendkulturzentrum St. Ingbert in Selbstverwaltung e.V.
Sankt Ingbert

Jugendorchester Karlsruhe
Karlsruhe

Jugendtreffpunkt „Blaues Haus"
Duisburg

Jugendzeltplatz Almke
Wolfsburg

Jugendzentrum Campus Moabit
Berlin

Junge Kirche Aachen (in der Dreifaltigkeitskirche Aachen)
Aachen

Junity
Friedberg

JUST – der Jugend.Stadt.Turm
Greifswald

Justus Delbrück Haus – Akademie für Mitbestimmung
Jamlitz

Juz „Utopia“ Saarlouis
Saarlouis

KD 11/13 – Zentrum für Kooperation und Inklusion
Essen

KIEZ – Kultur im Einkaufszentrum
Dresden

Kiezanker 36
Berlin

Kinder- und Jugendbüro „Piranha“
Schönebeck

Kinder-Jugend-Kultur-Zentrum Oberhaid
Oberhaid

Kinderhaus Weimar
Weimar

Kindertagesstätte „Felsenzwerge“ in Papstdorf
Papstdorf

KIQ – KulturIntegrationQuartier
Siegen

Kirchenburg Walldorf
Walldorf

Kirchenruine Wachau
Markkleeberg

Kloster Wiedenbrück
Rheda-Wiedenbrück

KOMBÜSE 53° Nord und Freie Schule „LernArt“ Oberndorf
Oberndorf

Kommunikationsinsel im Grünen an der Synagogenüberdachung
Schwedt/Oder

kreativ:LABOR
Oldenburg

Kultur- und Bildungszentrum „Land & Kunst“
Asendorf

Kultur- und Bürger_innenzentrum D5
Wurzen

Kulturbahnhof Idstein
Idstein

KULTURBöRSE Gnoien
Gnoien

Kulturbunker Strausberg
Strausberg

Kulturfabrik Krawatte
Barsinghausen

KulturGießerei Saarburg
Saarburg

Kulturhaus „Ostblock“ Bielefeld
Bielefeld

Kulturhaus Kino Brüssow
Brüssow

Kulturhaus RomnoKher
Mannheim

Kulturhof der Künstlerstadt Kalbe
Kalbe

Kulturinsel Stuttgart
Stuttgart

KulturMarktHalle
Berlin

Kulturrausch Waltershausen
Waltershausen

KulturSALON in der Alten Weinpresse
Dresden

Kulturschlachthof Jena
Jena

Kulturwerk Weissenseifen
Weissenseifen

Kulturzentrum Pavillon
Hannover

Kulturzentrum Schlachthof
Kassel

Kulturzentrum Seefelder Mühle
Seefeld

Kunst- und Kulturzentrum Brotfabrik
Berlin

KV – Verein für zeitgenössische Kunst Leipzig e.V.
Leipzig

Labyrinth an den Elbwiesen
Radebeul

Landesverband der kommunalen Migrantenvertretungen Baden-Württemberg
Stuttgart

Landtag Mecklenburg-Vorpommern
Schwerin

Laube im Prinzessinnengarten
Berlin

LeBeN 1.0
Graben-Neudorf

Lebendige Plätze Nordstadt
Hildesheim

Lernort Keibelstraße
Berlin

Lichtspiele Kalk
Köln

Lidice unter uns
Bremen

LOT-Theater
Braunschweig

LOVO Lebensort Vielfalt am Ostkreuz
Berlin

Lügenmuseum
Radebeul

MakingCulture
Coburg

Malteser Campus St. Maximilian Kolbe
Hamburg

Märchenkoffer
Hannover

MARCHIVUM
Mannheim

Marinehaus – Museums- und Kreativquartier am Köllnischen Park
Berlin

Mehrgenerationenhaus „Alte Schule“
Bad Wildungen

METROPOLENHAUS mit Kulturplattform feldfünf
Berlin

MIGRApolis Haus der Vielfalt
Bonn

Minitopia
Hamburg

Mitmach-Park Weinstadt
Weinstadt

Mitterkreither Hof
Beratzhausen

Monacensia im Hildebrandhaus
München

mosaique – Haus der Kulturen Lüneburg
Lüneburg

Müllerhof Mittweida
Mittweida

Multifunktionaler Ort der Begegnung und Kommunikation im Rathaus Brühl
Brühl

Multihalle Mannheim
Mannheim

Münsterforum
Freiburg

Nachbarschaft Samtweberei
Krefeld

NachbarschaftsEtage
Berlin

Nachbarschaftszentrum Niedergirmes
Wetzlar

Naturfreunde-Haus Egelsbach
Langen

Nellie Nashorn auf dem Flachsländerhof
Lörrach

Neubau des Visagebäudes der Deutschen Botschaft in Sri Lanka
Colombo

Neubau Stiftungshaus MEDICO International im Lindleyquartier
Frankfurt am Main

Neue Nachbarschaft/Moabit
Berlin

Neue Synagoge Ulm
Ulm

Neuer St.-Jacobi-Friedhof
Berlin

Niketempel Weimarer Lesemuseum und Radio Lotte
Weimar

Nikolaus von Zinzendorf Haus
Köln

Nordgarten Nürnberg
Nürnberg

NUNATAK – Kultur.Ideen.Raum.
Bremen

Nürtingen-Grundschule
Berlin

Offenes Bürgerhaus Klosterhof
Herrenberg

Offenes Haus der Kulturen
Frankfurt am Main

Ökosoziale Siedlung Bamberg
Bamberg

ONE WORLD Kulturzentrum
Reinstorf

Open Space für Bildung, Dialog, Demokratie und Teilhabe
Hildesheim

Orangerie, das Gewächshaus für Kinder und Jugendliche
Frankfurt

Ort der Begegnung | Landmarke an der deutsch-tschechischen Grenze
Bärnau

Orte der Kinderrechte in Koblenz
Koblenz

Ortsmitte Fraunberg
Fraunberg

Ostritzer Marktplatz
Ostritz

PARKS
Hamburg

Parktunnel im Englischen Garten
München

Pavillon in der HiCoG-Siedlung Bonn-Tannenbusch
Bonn

Pax and People – Kirche im Europaviertel
Frankfurt am Main

Peißnitzhaus
Halle

Peter-Weiss-Haus
Rostock

Pfarrscheune „Konktakt.punkt"
Dorf Mecklenburg

Pfefferberg
Berlin

Platz der Städtefreundschaft
Lennestadt

Platz ohne Namen/KALEIDOSKOP Südpark
Halle

PLATZprojekt
Hannover

Pöge-Haus
Leipzig

Projekt Ma(h)lzeit
Duisburg

Projekt Rathausplatz Berlin-Mitte
Berlin

Projekthalle
Hürth

Projektwerkstatt
Neustadt

proVie Theater Hohenbüssow
Alt Tellin

44309 PUBLIC//ART SPACE
Dortmund

Quartier Alte Kaserne
Bitburg

Quartiersbüro Rechte Weserseite Minden
Minden

Quartiersmanagement und Sozialer Stadtteilladen Heuberg
Eschwege

Quartiersoase
Gelsenkirchen

Quartierstreffpunkt Am Hausacker
Bochum

Quartierszentrum der Stadt Heubach
Heubach

Quersteller
Fulda

Radio Dreyeckland
Freiburg

Rathaus der Gemeinde Schlaitdorf
Schlaitdorf

Rathaus Maitenbeth
Maitenbeth

Rathaus-Sanierung und -Erweiterung
Westerstede

Refugees' Kitchen
Oberhausen

Robert-Bosch-Gesamtschule Hildesheim
Hildesheim

ROM.HOF
Bonn

Rosengarten Seppenrade
Lüdinghausen

#Rosenwerk
Dresden

Rothes Haus
Meißen

Saarpolygon
Ensdorf

Salmen Offenburg
Offenburg

Schloss Ludwigsthal
Lindberg

Schloss Schwarzburg – Denkort der Demokratie
Schwarzburg

Schloss Wiehe
Roßleben-Wiehe

Schlossgarten und Schlossgraben Kösching
Kösching

Schwerter Mitte
Schwerte

Selbstverwaltetes Jugendzentrum Neunkirchen
Neunkirchen

Skatepark in Brück
Brück

smac – Staatliches Museum für Archäologie Chemnitz
Chemnitz

Sonnentreff
Leutkirch

Sozialer Indoorspielplatz „PlayTogether"
Leipzig

Sozialprojekt HS 7/9
Gundelsheim

Sozialraum-Programm in den Modularen Unterkünften
Berlin

SozialZentrum Fels Albersloh
Albersloh

Soziokulturelles Zentrum im Alten Gasometer
Zwickau

Space – Raum für Alle
Freilassing

SPIEGEL|ARCHE Roldisleben
Rastenberg

Spiegelfabrik Fürth
Fürth

Sportbude
Gelsenkirchen

SprengelHaus – interkulturelles Gemeinwesenzentrum mit Gesundheitsförderung
Berlin

Stadel H11 als neue Bibliothek
Kressbronn am Bodensee

Stadtbibliothek Gütersloh – „Digitaler Werkraum“
Gütersloh

Stadtbibliothek Wismar
Wismar

Stadtbücherei Glücksburg
Glücksburg

Stadthaus Cottbus
Cottbus

StadtHaus Hessisch Oldendorf
Hessisch Oldendorf

Stadtkloster Segen
Berlin

Stadtquartier der ehemaligen Spinnerei/Weberei
Kempten (Allgäu)

Stadtsalon Safari – Raum für Kultur
Wittenberge

Stadtteil- und Kulturzentrum MOTTE
Hamburg

Stadtteilzentrum am Herrenberg
Erfurt

Stadtteilzentrum Bürgerwache am Siegriedplatz
Bielefeld

Stechlin-Institut
Stechlin

Steinplatz
Berlin

Stellwerk Jugendkultur in Dörentrup-Farmbeck
Extertal

STRAZE Kultur- und Initiativenhaus Greifswald
Greifswald

Studentendorf Schlachtensee
Berlin

T30
Demmin

Tanzendes Theater Wolfsburg
Wolfsburg

Taufkapelle der Frauenfriedenskirche
Frankfurt am Main

Teilstück der Berliner Mauer am DDR-Museum Pforzheim
Pforzheim

Theater Altes Hallenbad
Friedberg

Theater am Markt (TAM)
Eisenach

Theater im Geiger
Stuttgart

Theaterhaus Hildesheim
Hildesheim

Theologisches Konvikt leben.lernen.glauben
Berlin

Thüringer Kinder- und Jugendzirkus TASIFAN
Weimar

Tille-Reineke & Friends
Horn-Bad Meinberg

Tomorrow Club Kiosk
Dortmund

Train of Hope
Dortmund

Treff im Lindengarten
Wismar

Troisdorf
Troisdorf

Tugenden-Rundweg mit sieben Stationen
Lingen

Türkische Gemeinde in Niedersachsen e. V.
Hannover

Tyger Trimiar Gym
Hamburg

U20-Poetry-Slam
Greifswald

Übergangswohnheim „Kalscheurer Weg“
Köln

ufaFabrik
Berlin

Unabhängiges Jugendzentrum Kornstraße
Hannover

UNIKATUM Kinder- und Jugendmuseum
Leipzig

Unterhaus
Oberhausen

Urban Station – ein Ort für urbane Kunst und Kultur
Bremen

UT Connewitz
Leipzig

UTOPIASTADT
Wuppertal

UWC Robert Bosch College
Freiburg

Verband saarländischer Jugendzentren in Selbstverwaltung
Saarbrücken

Verbund der Gedenkstätten im ehemaligen KZ-Komplex Natzweiler (VGKN)
Stuttgart

Vier Begegnungsorte der Gemeinde Oberreichenbach
Oberreichenbach

Vier Nachbarschaftshäuser in vier Stadtteilen
Delmenhorst

Villa Fohrde
Havelsee

Villa Rosenthal Jena
Jena

Vitopia
Magdeburg

Volksbad Buckau
Magdeburg

Volkspark Halle
Halle

W3 – Werkstatt für internationale Kultur und Politik
Hamburg

wagnisART
München

Waldsaumgarten Steinfurth
Steinfurth

Wallmow – Dorfschule Wallmow, Kita, Jugendkunstschule
Wallmow

Wanderausstellung „Welches Land wollen wir sein?“

Welcome In! Wohnzimmer
Fulda

Weltladen Falkensee
Falkensee

WERKHAUS Münzviertel
Hamburg

WERKRAUM im Rieth
Erfurt

Weserschlösschen Blexen
Nordenham

Wohnprojekt Brachvogelweg
Hamburg

Wohnprojekt Lindenhof
Lauffen am Neckar

Wolhynier Umsiedlermuseum
Linstow

Wunderkammer der Zukunft in den Museen der Stadt Lüdenscheid
Lüdenscheid

Z-Bau – Haus für Gegenwartskultur
Nürnberg

zeitraumexit
Mannheim

Zentralbibliothek der Stadtbibliothek Bremen
Bremen

Zentralwerk Dresden
Dresden

Zentrum für Jugendkulturen
Hamburg

Zentrum Via Adrina
Arfeld

Zinnschmelze
Hamburg

Zionskirche Berlin-Mitte
Berlin

ZK/U Berlin – Zentrum für Kunst und Urbanistik
Berlin

ZwischenZeit Nordhorn
Nordhorn

BIOGRAFIEN

Seyran Ateş *1963, Rechtsanwältin mit eigener Kanzlei und Autorin. Der Schwerpunkt ihrer Arbeit und ihres politischen Engagements liegt auf der Bekämpfung religions- und traditionsbedingter Gewalt an Frauen und Kindern. 2011 erreichte sie das Ziel, Zwangsheirat als eigenen Straftatbestand in das deutsche Strafgesetzbuch aufzunehmen. 2017 eröffnete sie die liberale Ibn Rushd-Goethe Moschee in Berlin.

Christian Bangel *1979, Autor und Journalist. Von 2012 bis 2018 war er Chef vom Dienst und Co-Leiter des Pop-up-Ressorts #D17/#D18 bei ZEIT ONLINE. Seit 2022 ist er Redakteur im Ressort Politik, Wirtschaft, Gesellschaft. Schwerpunkte seiner journalistischen Arbeit liegen auf den Themen Rechtsextremismus, Ostdeutschland und politischer Konservatismus.

Julia Felker *1992, Stadt- und Regionalplanerin M.Sc. Seit 2020 ist sie wissenschaftliche Mitarbeiterin bei Urbanizers, Berlin. Sie arbeitet und forscht zu vielfältigen Aspekten der integrierten Stadtentwicklung. Schwerpunkte liegen auf der Gestaltung von Partizipation, Grün in der Stadt, Digitalisierung und ländlichen Räumen sowie der Prozessvisualisierung.

Antonia Graf *1994, Studium M.Sc. Public Health. Seit 2021 unterstützt sie als studentische Hilfskraft der Wüstenrot Stiftung und von Urbanizers das Projektteam des Wettbewerbs. Ihre Interessensschwerpunkte liegen an der Schnittstelle von Public Health, Stadtentwicklung und sozialen Determinanten von Gesundheit sowie im Bereich wissenschaftlicher Befragungen und Analysen.

Robert Hummel *1992, B.Sc. Psychologie und M.A. Historische Urbanistik. Seit 2019 ist er wissenschaftlicher Mitarbeiter bei Urbanizers, Berlin. Seine Forschungs- und Arbeitsschwerpunkte liegen in den Bereichen Partizipation, sozialer Zusammenhalt und Teilhabe, Kleinstädte und ländlicher Raum sowie Digitalisierung im Kontext der Stadtentwicklung.

Stefan Krämer, Dr. *1960, Dipl.-Soziologe, bis 8/2021 stellvertretender Geschäftsführer der Wüstenrot Stiftung und Leiter der Themengebiete Zukunftsfragen der Gesellschaft sowie Stadt und Land. Zu seinen Arbeitsschwerpunkten zählen demografischer Wandel, gemeinschaftliche Wohnprojekte, soziale und territoriale Aspekte gesellschaftlicher Teilhabe und Lebensqualität, Zukunftsperspektiven kleinerer Gemeinden.

Annika Levels, Dr. *1984, Dipl.-Ing. Landschaftsplanung. Seit 2017 ist sie wissenschaftliche Mitarbeiterin bei Urbanizers, Berlin. Ihr Arbeitsfeld ist die integrierte Stadtentwicklung mit besonderem Schwerpunkt auf den Themenfeldern grüne Infrastruktur, Mobilität und Digitalisierung. Fragen der Partizipation und Teilhabe, Gleichberechtigung und Diversität sind für sie übergreifend von Bedeutung.

Franziska Lind *1986, B.Sc. Raumplanung und Politikwissenschaften, M.A. Internationale Entwicklung. Seit 2016 ist sie wissenschaftliche Mitarbeiterin bei Urbanizers, Berlin. In ihrer Arbeit beschäftigt sie sich unter anderem mit bürgerschaftlichem und zivilgesellschaftlichem Engagement in der Stadt, Fragen der Stadtentwicklungspolitik, Demokratie und Teilhabe.

Stine Marg, Dr. *1983, M.A. Politikwissenschaft sowie Mittlere und Neuere Geschichte, Geschäftsführerin des Göttinger Institut für Demokratieforschung. Ihre Forschungsschwerpunkte sind unter anderem politische Kulturforschung sowie Protest- und Bewegungsforschung.

Marie Neumüllers *1964, M.A. Germanistik und Politische Wissenschaften, geschäftsführende Gesellschafterin von Urbanizers, Berlin. Ihre Arbeits- und Forschungsschwerpunkte sind Prozesssteuerung und -moderation, Politikberatung, Forschung zu raumwirksamen Aspekten der digitalen Transformation, baukulturellen Prozessen und neuen Akteur:innen in der integrierten Stadtentwicklung sowie die Gestaltung von Partizipation.

Hanna Noller *1984, M.A. Architektur, Dipl.-Betriebswirtin (DH) und gelernte Schreinerin. Seit 2020 ist sie wissenschaftliche Mitarbeiterin am Institut für Städtebau und Entwerfen der Leibniz Universität Hannover. Sie ist Mitgründerin des Stadtlücken e. V., der das Urbane Experimentierfeld Österreichischer Platz und den Weiterentwicklungs- und Beteiligungsprozess der Kirche St. Maria in Stuttgart initiierte.

Anja Reichert-Schick, PD Dr. *1973, Geographin, Leiterin der Themengebiete Zukunftsfragen und Bildung der Wüstenrot Stiftung. Zu ihren Arbeits- und Forschungsschwerpunkten zählen die integrierte Stadt- und Raumentwicklung, Gestaltung sozialer Innovation und gesellschaftlicher Transformation, zukunftsfähige Entwicklung ländlicher Räume, Quartiersentwicklung, Wohnoptionen und -trends, nachhaltige Siedlungsentwicklung unter den Bedingungen der Digitalisierung.

Lena Schreiner *1995, Sozialwissenschaftlerin M.A. und Regionalkoordinatorin in der Sozialraumorientierten Planungskoordination. Studium der Soziologie in Heidelberg und der Sozialwissenschaften in Berlin. Abschlussarbeit zur deliberativen Demokratietheorie und der Integration demokratischer Innovationen in repräsentative Entscheidungsprozesse. Interessensschwerpunkte integrierte Stadt- und Quartiersentwicklung, Gestaltung partizipativer Prozesse.

Katharina Trittel, Dr. *1984, M.A. Deutsche Philologie, Mittlere und Neuere Geschichte und Kulturanthropologie/ Europäische Ethnologie. Seit 2012 ist sie als wissenschaftliche Mitarbeiterin am Göttinger Institut für Demokratieforschung tätig. Ihre Forschungsschwerpunkte sind Rechtsradikalismus, Deutsche Geschichte des 20. Jahrhunderts und Protestforschung.

Sabine Wenng *1958, Dipl.-Geographin und Dipl.-Psychogerontologin. 1984 gründete sie die Arbeitsgruppe für Sozialplanung und Altersforschung GbR gemeinsam mit Dipl.-Soziologe Dieter Kreuz. Seit 2006 leitet sie die Koordinationsstelle „Wohnen im Alter“ gefördert durch das Bayerischen Staatsministeriums für Familie, Arbeit und Soziales und seit 2020 die Koordinationsstelle „Pflege und Wohnen“ gefördert durch das Bayerische Staatsministerium für Gesundheit und Pflege.

BILDQUELLEN

8–9
Vorwort
Sofie Puttfarken: 8 oben links. Christoph Stark, Kultur im Turm e.V.: 8 Mitte links. Stadtarchiv Offenburg: 8 Mitte rechts. mjung|ermisch|kerck + partner landschaftsarchitekten mbB: 8 unten links. Peter Psiuk, Stiftung Ledigenheim Dinslaken-Lohberg: 8 unten rechts.

10–21
Demokratie und Teilhabe – Herausforderung und Verantwortung
Urbanizers: 10. Stefan Krämer: 15–17.

24–31
Fundamente der Demokratie
Democracy International e.V./IG Eurovision: 24. Deutscher Bundestag/Stephan Erfurt: 27.

32–39
Wer Wir sagt, sagt eigentlich Wo
Stadtlücken e.V./Sebastian Klawiter: 32. Stadtlücken e.V./ Sascha Bauer: 39. Sabine Kastner: 34–38.

40–45
Ibn Rushd-Goethe Moschee
Maximilian Gödecke: 40.

46–53
Rechte Immobilien
Thomas Lobenwein: 46.

54–59
Die Bedeutung gebauter Orte für die Daseinsvorsorge und Demokratiebildung in ländlichen Räumen
Jens Paul Taubert: 54. proVie Theater: 59.

60–67
Demokratie in der Krise?
Urbanizers: 60.

68–75
Miteinander statt Nebeneinander!
Urbanizers: 68. graphicrecording.cool/Johanna Benz: 70–73.

76–83
Über den Ort hinaus
Marie Neumüllers: 76. graphicrecording.cool (Johanna Benz) aus Räume in Veränderung – Ein visuelles Lesebuch Johanna Hoerning/Philipp Misselwitz, 2021: 77–83.

84–89
Funktion und Wandel institutioneller Angebote gesellschaftlicher Teilhabe
Stiftung Liebenau: 84. Urbanizers: 87. Matthias Hamberger: 88.

90–95
„Sie bekommen einen Kochlöffel in die Hand und können einfach loslegen“
Urbanizers: 90.

96–103
Demokratie braucht Boden
Der Tagesspiegel/Thilo Rückeis: 96. Tara Lipke/Rhein Main Verlag: 99. Urbanizers: 100.

104–112
Perspektivwechsel
Urbanizers: 104.

114–121
Der Wettbewerb
Urbanizers: 114–121.

122–127
Dokumentations- und Lernort Bückeberg
Sammlung Bernhard Gelderblom: 123, 124, 125 unten. kerck + partner landschaftsarchitekten mbB: 126 oben. Weidner Händler Atelier: 126 unten. Osterwaldbühne: 127 oben. mjung | ermisch | kerck + partner landschaftsarchitekten mbB: 127 unten.

128–133
Blaue Bude
Janet Rauch, Stiftung Ledigenheim Dinslaken-Lohberg: 128/129, Rückseite Umschlag. Peter Psiuk, Stiftung Ledigenheim Dinslaken-Lohberg: 129, 130 unten.

134–139
Interkultureller Garten „Bunte Erde"
Anja Hüttner, Interkultureller Garten Chemnitz e.V.: 135, 137, 138.

140–145
Platzprojekt Hannover
Sofie Puttfarken: 141, 142. Jamuna Putzke: 143 oben rechts. China Hopson: 143 unten links.

146–151
Refugees' Kitchen
Christoph Stark, Kultur im Turm e.V.: 146–150, Rückseite Umschlag.

152–157
Salmen
Wilfried Beege 152/153. Braxart – Hubert Braxmaier: 153, 154, 155 unten links, rechts. Stadtarchiv Offenburg: 155 oben links. Holzer Kobler Architekturen: 156/157, Rückseite Umschlag.

158–161
Bürgerpark FreiFeld
Marcus-Andreas Mohr: 158, 160 unten, 161 oben, Rückseite Umschlag.

162–165
COMMUNITYartCENTERmannheim
Jessica Uhrig: 164, Rückseite Umschlag.

166–169
Evangelisches Bildungszentrum Hospitalhof Stuttgart
Roland Halbe: 166, 167 oben, 169.
Sacha Dauphin: 168 oben, Rückseite Umschlag.

170–173
Haus der Statistik
Nils Koenning: 170, 171. ZUsammenKUNFT Berlin eG: 172 oben links. Teleinternetcafe und Treibhaus: 171 oben rechts, unten, Rückseite Umschlag.

174–177
Kultur Integration Quartier (KIQ)
Torsten Büker, Universitätsstadt Siegen: 174, Rückseite Umschlag. AWO Kreisverband Siegen-Wittgenstein/Olpe: 176 oben links. Universitätsstadt Siegen: 176 oben rechts, 177 oben.

178–181
Multihalle Mannheim
Cofo-Pena: 180 unten, 181 oben. LA.MAG: 181 unten, Rückseite Umschlag.

182–185
Brückenhaus
kit jugendhilfe: 182, 184, Rückseite Umschlag.
frei raum concept sinz-beerstecher + böpple landschaftsarchitekten PartGmbB: 183.

186–189
Lebensort Vielfalt am Ostkreuz
Christoph Wagner Architekten: 186, Rückseite Umschlag. Eric Tschernow: 189.

190–193
Kulturhaus RomnoKher
Verband Deutscher Sinti und Roma e.V., Landesverband Baden-Württemberg: 190 oben, 191, 192 rechts, Rückseite Umschlag.

194–197
Erfahrungspark des Sport-und-Jugendclubs Hövelriege e.V.
Klaus Vollmer: 196 oben, 197, Rückseite Umschlag.

198–201
Volkspark Halle
Christine Fuhrmann: 198. Max Mendez: 199, Rückseite Umschlag. Martin Büdel: 200 oben.

202–205
Quersteller
Arno Westerhoff, Fulda stellt sich quer e.V.: 202, 203, 205, Rückseite Umschlag.

206–209
Bürgerhaus Wilhelmsburg
Katja Scheer, Bürgerhaus Wilhelmsburg: 206. Jo Larsson, Bürgerhaus Wilhelmsburg: 207, 208 unten, Rückseite Umschlag. Jan Linnemann, Bürgerhaus Wilhelmsburg: 208 oben.

210–213
Gedenkstätte Grafeneck
Gedenkstätte Grafeneck: 210, 211 oben.

214–217
Offenes Haus der Kulturen
Universitätsarchiv Frankfurt: 215 oben. Institut für Stadtgeschichte Frankfurt am Main (ISG FFM), S7Wer Nr. 51, Inge Werth: 215 unten. Christian Schuller: 216 oben.

218–221
GRIPS Theater
Jan Schenk: 218, 219. David Baltzer: 220 unten, 221 oben rechts, unten, Rückseite Umschlag.

222–225
UNIKATUM Kinder- und Jugendmuseum
Roland Kersting, UNIKATUM Kinder- und Jugendmuseum Leipzig: 222, 225 oben, Rückseite Umschlag.

226–229
Soziokulturelles Zentrum im alten Gasometer
Alter Gasometer e.V.: 226–228, Rückseite Umschlag.

230–233
Haus am Teuringer
Annika Taube: 232 oben, Rückseite Umschlag.
Matthias Strobel: 232 unten links. Project GmbH: 230, 231, 233.

234–237
Bellevue di Monaco
Sozialgenossenschaft Bellevue di Monaco eG: 234 links, 235, 236 unten links, rechts, 237 rechts, Rückseite Umschlag. Frank Schroth: 236 oben links.

Alle nicht extra aufgeführten Abbildungen stammen aus den Archiven von Urbanizers und der Wüstenrot Stiftung.

IMPRESSUM

Herausgeberin
Wüstenrot Stiftung
Hohenzollernstraße 45
71638 Ludwigsburg
info@wuestenrot-stiftung.de
www.wuestenrot-stiftung.de

Redaktion
Antonia Graf, Robert Hummel, Stefan Krämer,
Franziska Lind, Marie Neumüllers, Anja Reichert-Schick

Grafik und Layout
Sophie Bleifuß, Berlin

Produktion
HillerMedien, Berlin

Druck
GCC Grafisches Centrum Cuno, Calbe

Printed in Germany

ISBN 978-3-96075-024-6

Die Publikation kann kostenfrei bestellt werden unter
www.wuestenrot-stiftung.de